CRH 动车组系列教材
全国高等职业教育"十三五"规划教材

动车组电机与电器

（第 2 版）

主　编　◎　张　龙
主　审　◎　郭世明

西南交通大学出版社
·成　都·

内容提要

本书是根据动车组驾驶、检修专业人才培养方案，参照职业技能规范，结合动车组运用、检修生产实际编写的。全书共分九章，第一、二章介绍直流电机基础、直流电机的电力拖动；第三章至第五章介绍异步电动机基础，动车组用三相交流异步牵引电动机的特点、原理、基本构成和交流电动机的检修；第六章介绍变压器的基本知识，动车组用牵引变压器的运行特点、基本参数；第七章至第九章介绍电器理论基础，动车组用接触器、继电器、网侧高压电气设备的结构、工作原理、主要技术参数等。

本书为高等职业院校动车组驾驶、检修专业的教材，也可作为普通中等职业学校动车组专业的教材，还可作为动车组驾驶和检修人员的岗位培训教材。

图书在版编目（ＣＩＰ）数据

动车组电机与电器 / 张龙主编. —2 版. —成都：
西南交通大学出版社，2017.8（2022.5 重印）
CRH 动车组系列教材
ISBN 978-7-5643-5643-9

Ⅰ.①动… Ⅱ.①张… Ⅲ.①高速动车 – 电机 – 高等职业教育 – 教材②高速动车 – 电器 – 高等职业教育 – 教材
Ⅳ.①U266

中国版本图书馆 CIP 数据核字（2017）第 183445 号

CRH 动车组系列教材

动车组电机与电器

（第 2 版）

主　编 / 张　龙
责任编辑 / 穆　丰
助理编辑 / 张文越
封面设计 / 何东琳设计工作室

西南交通大学出版社出版发行
（四川省成都市金牛区二环路北一段 111 号西南交通大学创新大厦 21 楼　610031）
发行部电话：028-87600564　028-87600533
网址：http://www.xnjdcbs.com
印刷：四川森林印务有限责任公司

成品尺寸　185 mm × 260 mm
印张　14.75　字数　349 千
版次　2017 年 8 月第 2 版
印次　2022 年 5 月第 9 次

书号　ISBN 978-7-5643-5643-9
定价　45.00 元

课件咨询电话：028-81435775
图书如有印装质量问题　本社负责退换
版权所有　盗版必究　举报电话：028-87600562

前言

"动车组电机与电器"是动车组驾驶、检修专业的一门专业课程,主要讲授动车组上应用的各种电机、电器的基本原理、结构特点、工作特性、技术参数、维护保养等。本书以 CRH 系列动车组应用的各种电机、电器为典型介绍其具体结构。本书是"动车组电机与电器"课程的理论教材,课程教学中的实践环节应由各院校根据具体的设备状况编写相应的指导书,以达到全面培养学生能力的目标。

本书在编写中力求体现以下特色:

- 结合实际

教材紧扣教学大纲基本要求,结合当前高等职业教育教学现状,理论知识以"必需、够用"为度,培养学生对所学知识的应用能力。

- 内容适当

教材既介绍电机、电器的基本理论知识,同时又注意反映我国当前动车组运用与检修的现状,以交-直-交传动的 CRH 系列动车组应用到的各种电机、电器为对象进行介绍。

- 有利自学

教材减少了繁杂的理论分析、公式推导,力求做到图文并茂、语言规范、深入浅出、通俗易懂,以突出教学重点,满足自学的需求。

本书由陕西铁路工程职业技术学院张龙主编,西南交通大学郭世明教授主审。张龙编写第一、二章,陕西铁路工程职业技术学院毛向德编写第三章,陕西铁路工程职业技术学院田栋栋编写第四章,西安铁路职业技术学院武军编写第五章,郑州铁路职业技术学院高伟编写第六章,广州铁路职业技术学院童巧新编写第七章,南京铁道职业技术学院刘睿勃编写第八、九章。本书编写过程中,得到很多单位和职业教育界同仁的帮助,在此一并表示感谢。

由于编者水平有限,书中疏漏和不当之处在所难免,恳请广大读者批评指正。

编 者

2017 年 5 月

PCONTENTS / 目录

第一章 直流电机基础 ... 1
第一节 直流电机基本工作原理 ... 1
第二节 直流电机基本结构 ... 4
第三节 直流电机的磁场 ... 7
第四节 直流电机的感应电动势和电磁转矩 ... 14
复习思考题 ... 17

第二章 直流电机电力拖动 ... 18
第一节 直流电机基本方程 ... 18
第二节 直流电动机工作特性 ... 21
第三节 直流电动机启动、反转、调速和制动 ... 24
复习思考题 ... 29

第三章 异步电动机基础 ... 30
第一节 异步电动机基本结构 ... 30
第二节 交流绕组 ... 35
第三节 交流绕组的电势和磁势 ... 45
第四节 三相异步电动机工作原理及运行分析 ... 48
第五节 三相异步电动机启动、反转、调速和制动 ... 57
第六节 单相异步电动机 ... 66
复习思考题 ... 69

第四章 三相交流异步牵引电动机 ... 72
第一节 三相交流异步牵引电动机变频调速的基本原理 ... 72
第二节 异步牵引电动机运行的方式和特性 ... 80
第三节 机车牵引中异步牵引电动机的特性调节 ... 86
第四节 典型动车组用三相交流异步牵引电动机 ... 90
复习思考题 ... 95

第五章 交流电动机的检修 · 97

第一节 交流电动机的解体 · 97

第二节 交流电动机的检修 · 100

第三节 交流电动机的组装 · 112

第四节 交流电动机的检查试验 · 113

第五节 交流电动机定子绕组大修 · 120

复习思考题 · 129

第六章 动车组变压器 · 131

第一节 变压器的分类、铭牌及基本结构 · 131

第二节 变压器的工作原理及运行分析 · 138

第三节 单相变压器的连接组别 · 146

第四节 其他用途变压器 · 148

第五节 典型动车组用牵引变压器 · 152

复习思考题 · 159

第七章 电器基本理论 · 161

第一节 电器的发热与电动力 · 161

第二节 电弧的产生和灭弧方法 · 163

第三节 触 头 · 169

第四节 传动装置 · 179

复习思考题 · 184

第八章 接触器和继电器 · 185

第一节 接触器基本知识 · 185

第二节 动车组用接触器的结构和原理 · 187

第三节 继电器基本知识 · 194

第四节 动车组用继电器的结构和原理 · 197

复习思考题 · 204

第九章 网侧高压电气设备 · 206

第一节 受电弓 · 206

第二节 主断路器 · 213

第三节 高压互感器 · 219

第四节 避雷器 · 225

复习思考题 · 228

参考文献 · 229

第一章　直流电机基础

第一节　直流电机基本工作原理

直流电机是直流发电机和直流电动机的总称。直流电机具有可逆性，既可作直流发电机使用，也可作直流电动机使用。作直流发电机使用时，它将机械能转换成直流电能输出；作直流电动机使用时，则将直流电能转换成机械能输出。

一、直流电机模型结构

图 1.1 所示为直流电机简单模型图。N、S 为定子上固定不动的两个主磁极，主磁极可以采用永久磁铁，也可以采用电磁铁，在电磁铁的励磁线圈上通以方向不变的直流电流，便形成一定极性的磁极。

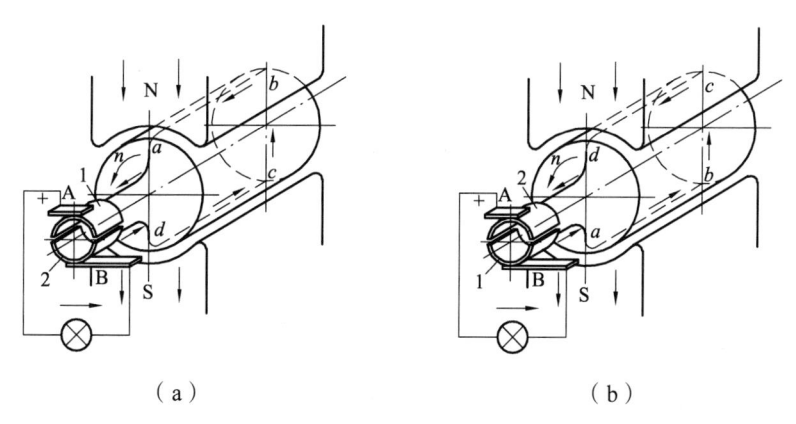

（a）　　　　　　　　　　（b）

图 1.1　直流电机简单模型图

在两个主磁极 N、S 之间装有一个可以转动的、由铁磁材料制成的圆柱体；圆柱体表面嵌有一线圈 *abcd*（称为电枢绕组），线圈首末两端分别连接到两个弧形铜片（称为换向片）上。换向片及间隙中的绝缘材料构成一个整体，称为换向器，它固定在转轴上（但与转轴绝缘）并随转轴一起转动，整个转动部分称为电枢。为了接通电枢内电路和外电路，在定子上装有两个固定不动的电刷 A 和 B，并压在换向器上，与其保持滑动接触。

二、直流发电机工作原理

1. 感应电动势的产生

当直流发电机的电枢被原动机拖动，并以恒速 v 逆时针方向旋转时，如图 1.1（a）所示。线圈两个有效边 ab 和 cd 将切割磁力线而感应产生电动势 e，其方向用右手定则确定。导体 ab 位于 N 极下，导体 cd 位于 S 极下，感应电动势方向分别为 b→a，d→c。若接通外电路，电流从"换向片 1→A→负载→B→换向片 2"。电流从电刷 A 流出，具有正极性，用"＋"表示；从电刷 B 流入，具有负极性，用"－"表示。

当电枢转过 90°时，线圈有效边 ab 和 cd 转到 N、S 极之间的几何中心线上，此处磁密为零，故此时瞬时感应电动势为零。

当电枢转过 180°时，导体 ab 和 cd 及换向片 1、2 位置互换，如图 1.1（b）所示。导体 ab 位于 S 极下，导体 cd 位于 N 极下，线圈两个有效边产生的感应电动势方向分别为 a→b，c→d，电势方向恰与开始瞬时相反。外电路中流过的电流从"换向片 2→A→负载→B→换向片 1"。由此可见，电刷 A（B）始终与转到 N（S）极下的有效边所连接的换向片接触，故电刷极性始终不变，A 为"＋"，B 为"－"。

由以上分析可知，线圈内部为一交变电动势，但电刷引出的电动势方向始终不变，为一单方向的直流电动势。

2. 感应电动势的波形

根据电磁感应定律，每根导体产生的感应电势 e（单位为伏特）为：

$$e = B_x L v \tag{1.1}$$

式中　B_x——导体所在位置的磁通密度（T）；
　　　L——导体切割磁力线的有效长度（m）；
　　　v——导体切割磁力线的线速度（m/s）。

要想知道电动势的波形，先得找出磁密的波形，前已设电枢以恒速 v 旋转，v 为常数，L 在电机中不变，则 $e \propto B_x$，即导体电动势随时间的变化规律与气隙磁密的分布规律相同。设想将电枢从外圆某一点沿轴切开，把圆周拉成一直线作为横坐标，纵坐标表示磁密，而绘出的 B_x 分布曲线如图 1.2 所示，为一梯形波。由于 $e \propto B_x$，电动势波形与磁密波形可用同一曲线表示，只需换一坐标即可得到线圈内部交变电动势波形，如图 1.2 所示。

通过电刷和换向器的作用，及时地将线圈内的交变电动势转换成电刷两端单方向的直流电动势，如图 1.3 所示，但它是一个大小在零和最大值之间变化的脉振电动势。

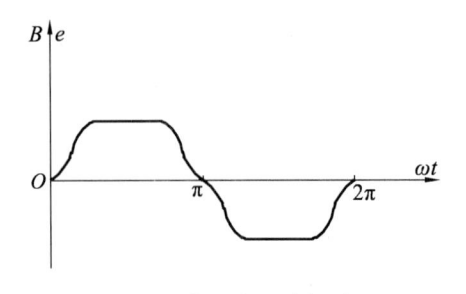

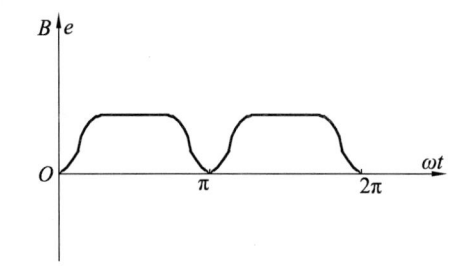

图 1.2　线圈内电动势波形　　　　图 1.3　电刷两端的电动势波形

对于图 1.1 所示的直流电机简单模型图，由于电枢上只嵌放了一个线圈，所以感应电动势数值小，波动大。为了减小电动势的脉动，实际电机中，电枢上放置许多线圈组成电枢绕组，这些线圈均匀分布在电枢表面，并按一定规律连接起来。图1.4表示一台两极直流电机，电枢上嵌有在空间互差90°的两个线圈产生的电动势波形，由图可见，其脉动程度大大减小了。实践证明，若每极下线圈边数大于8，电动势脉动的幅值将小于1%，基本为一直流电动势，如图1.5所示。

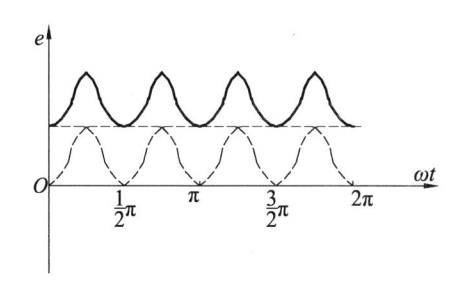

图1.4 两个线圈换向后的电动势波形　　　图1.5 多个线圈电刷两端的电动势波形

3. 直流发电机产生的电磁转矩

当直流发电机电刷两端获得直流电动势后，若接上负载，便有一电流流过线圈，电流 i 与电动势 e 的方向相同。同时，载流导体在磁场中必然产生一电磁力 f，其方向用左手定则确定。电磁力对转轴形成一电磁转矩 T，T 与电枢旋转的方向相反，起到了阻碍作用，故称为阻转矩。直流电机要维持发电状态，原动机就必须输入机械能克服电磁转矩 T，正是这种不断的克服，实现了将机械能转换成为电能。

三、直流电动机工作原理

图1.6所示为两极直流电动机工作原理图。直流电动机结构与直流发电机相同，不同的是电刷A、B外接一直流电源。图示瞬时电流的流向为"+→A→换向片1→a→b→c→d→换向片2→B→－"。根据电磁力定律，载流导体 ab、cd 都将受到电磁力 f 的作用，其大小为：

$$f = B_x L i \tag{1.2}$$

式中　i——导体中流过的电流（A）。

导体所受电磁力的方向用左手定则确定，在初期瞬时，ab 位于N极下，受力方向从右向左，cd 位于S极下，受力方向从左向右，电磁力对转轴便形成一电磁转矩 T。在 T 的作用下，电枢便逆时针旋转起来。

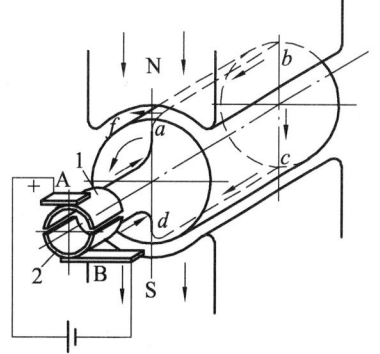

图1.6 直流电动机工作原理图

当电枢转过90°，电刷不与换向片接触，而与换向片间的绝缘片相接触，此时线圈中没有电流流过，$i=0$，故电磁转矩 $T=0$。但由于惯性，电枢仍能转过一个角度，电刷A、B则又将分别与换向片2、1接触。线圈中又有电流 i 流过，此时，导体 ab、cd 中电流改变了方向，即为 $b→a$，$d→c$，且导体 ab 转到S极下，ab 所受的电磁力 f 方向从左向右，cd 转到N极下，cd 所受的电磁力 f 方向从右向左。因此，线圈仍然受到逆时针方向电磁转矩的作用，电枢始终保持同一方向旋转。

在直流电动机中，电刷两端虽然加的是直流电源，但在电刷和换向器的作用下，线圈内部却变成了交流电，从而产生了单方向的电磁转矩，驱动电机持续旋转。同时，旋转的线圈中也将感应产生电动势 e，其方向与线圈中电流方向相反，故称为反电动势。直流电动机若要维持继续旋转，外加电压就必须高于反电动势，才能不断地克服反电动势而流入电流，正是这种"不断克服"，实现了将电能转换成为机械能。

由此可见，直流电机具有可逆性，即一台直流电机既可作发电机运行，也可作电动机运行。当输入机械转矩将机械能转换成电能时，电机作为发电机运行；当输入直流电流产生电磁转矩，将电能转换成机械能时，电机作为电动机运行。

第二节　直流电机基本结构

一、直流电机的额定值

每一台电机都有一块铭牌，上面标注着各种额定数据，以简要地介绍这台电机的型号、规格、性能。铭牌是用户合理选择和正确使用电机的依据。

根据国家标准要求设计和试验所得的一组反映电机性能的主要数据，称为电机的额定值。

1. 额定功率 P_N

它指电机按规定的工作方式运行时，所能提供的输出功率。发电机的额定功率是指接线端子处的输出功率；电动机的额定功率是指电动机转轴的有效机械功率，单位为千瓦（kW）。额定功率、额定电压和额定电流的关系为：

发电机　　　　　$P_N = U_N I_N$ 　　　　　　　　　　　　　　　　　（1.3）

电动机　　　　　$P_N = U_N I_N \eta_N$ 　　　　　　　　　　　　　　　（1.4）

2. 额定电压 U_N

它指在额定输出时电机接线端子间的电压，单位为伏（V）。

3. 额定电流 I_N

它指电机按照规定的工作方式运行时，电机绕组允许流过的最大安全电流，单位为安（A）。

4. 额定转速 n_N

它指电机在额定电压、额定电流和额定输出功率时，电机的旋转速度，单位为转/分（r/min）。

此外，还有工作方式、励磁方式、额定励磁电压、额定温升、额定效率 η_N 等。

额定值是选用或使用电机的主要依据，一般希望电机按额定值运行。但实际上，电机运行时的各种数据可能与额定值不同，它们由负载的大小来确定。若电机的电流正好等于额定值，称为满载运行；若电机的电流超过额定值，称为过载运行；若比额定值小得多，称为轻载运行。长期过载运行将使电机过热，降低电机寿命甚至造成损坏；长期轻载运行又使得电机的容量不能充分利用。这两种情况都将降低电机的效率，都是不经济的，故在选择电机时，应根据负载的情况，尽可能使电机运行在额定值附近。

二、直流电机基本结构

直流电机由静止的定子和旋转的转子两大部分组成，在定子和转子之间有一定大小的间隙（称气隙），如图1.7所示。

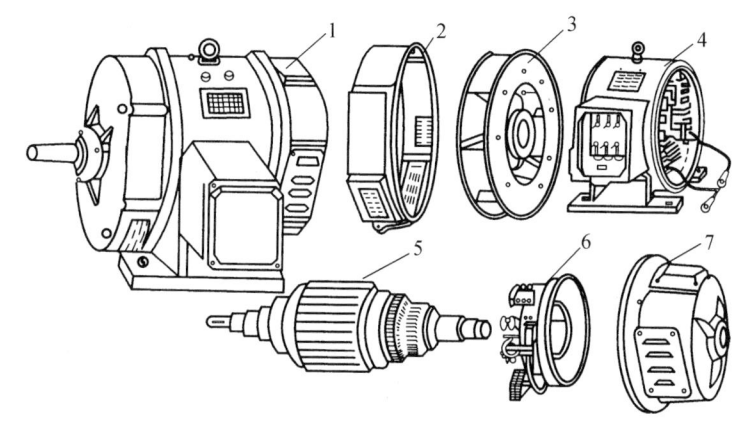

图1.7 直流电机结构图

1—直流电机总成；2—后端盖；3—通风器；4—定子总成；5—转子（电枢）总成；
6—电刷装置；7—前端盖

1. 定 子

直流电机定子的作用是产生磁场和作为电机的机械支撑，主要由机座、主磁极、换向极和电刷装置等组成。

1）机 座

机座兼起机械支撑和导磁磁路两个作用。它既用来作为安装电机所有零件的外壳，又是联系各磁极的导磁铁轭。机座通常为铸钢件，也有采用钢板焊接而成的。对于换向要求较高的电机，可采用叠片结构的机座。

2）主磁极

主磁极如图1.8所示，由主极铁心和主极线圈两部分组成。主极铁心一般用1~1.5 mm厚的薄钢板冲片叠压后再用铆钉铆紧成一个整体。小型电机的主极线圈用绝缘铜线（或铝线）绕制而成，大中型电机主极线圈用扁铜线绕制，并进行绝缘处理，然后套在主极铁心外面。整个主磁极用螺钉固定在机座内壁。

3）换向极

换向极又称为附加极，它装在两个主极之间，用来改善直流电机的换向。换向极由换向极铁心和换向极线圈构成。换向极铁心大多用整块钢加工而成。但在整流电源供电的功率较大电机中，为了更好地改善电机换向，换向极铁心也采用叠片结构。换向极线圈与主极线圈一样也是用圆铜线或扁铜线绕制而成后，经绝缘处理再套在换向极铁心上，最后用螺钉将换向极固定在机座内壁。

4）电刷装置

电刷装置的作用是通过电刷与换向器表面的滑动接触，把转动的电枢绕组与外电路相连。电刷装置一般由电刷、刷握、刷杆、刷杆座等部分组成，如图1.9所示。电刷一般用石墨粉压制而成。电刷放在刷握内，用弹簧压紧在换向器上，刷握固定在刷杆上，刷杆装在刷杆座上，成为一个整体部件。

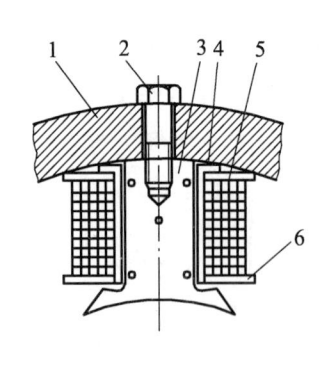

图1.8 主磁极

1—机座；2—主极螺钉；3—主极铁心；4—框架；
5—主极绕组；6—绝缘垫衬

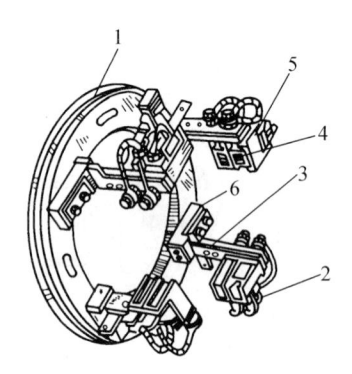

图1.9 电刷装置

1—刷杆座；2—弹簧；3—刷杆；4—电刷；
5—刷握；6—绝缘件

2. 转　子

转子又称电枢，主要由转轴、电枢铁心、电枢绕组和换向器等组成。

1）转　轴

转轴的作用是用来传递转矩的，一般用合金钢锻压而成。

2）电枢铁心

电枢铁心是电机磁路的一部分，也是承受电磁力作用的部件。当电枢在磁场中旋转时，在电枢铁心中将产生涡流和磁滞损耗，为了减小这些损耗的影响，电枢铁心通常用0.5 mm厚的电工钢片叠压而成，电枢铁心固定在转子支架或转轴上。电枢铁心冲片如图1.10所示，沿铁心外圈均匀分布有槽，在槽内嵌放电枢绕组。

3）电枢绕组

电枢绕组的作用是产生感应电势和通过电流产生电磁转矩，实现机电能量转换。它是直流电机的主要电路部分。电枢绕组通常都用圆形或矩形截面的导线绕制而成，再按一定规律嵌放在电枢槽内，上下层之间以及电枢绕组与铁心之间都要妥善地绝缘。为了防止离心力将绕组甩出槽外，槽口处需用槽楔将绕组压紧，伸出槽外的绕组端接部分用无纬玻璃丝带绑紧。绕组端头则按一定规律嵌放在换向器铜片的升高片槽内，并用锡焊或氩弧焊焊牢。

4）换向器

换向器的作用是机械整流，即在直流电动机中，它将外加的直流电流逆变成绕组内的交流电流；在直流发电机中，它将绕组内的交流电势整流成电刷两端的直流电势。换向器的结构如图1.11所示。换向器由许多换向片组成，换向片间用云母片绝缘。换向片凸起的一端称升高片，用以与电枢绕组端头相连；换向片下部做成燕尾形，利用换向器套筒、V形压圈及螺旋压圈将换向片、云母片紧固成一个整体。在换向片与换向器套筒、压圈之间用V形云母片绝缘，最后将换向器压装在转轴上。

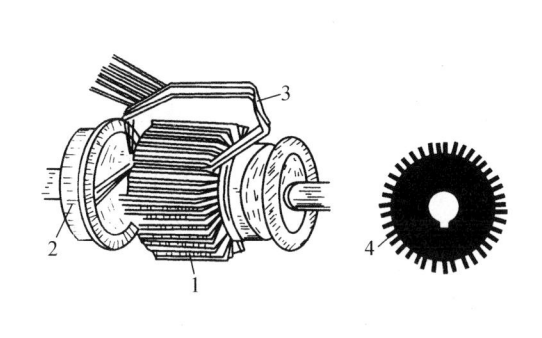

图1.10　电枢铁心冲片和铁心

1—电枢铁心；2—换向器；3—绕组元件；
4—铁心冲片

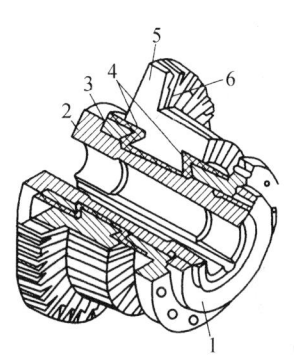

图1.11　换向器

1—螺旋压圈；2—换向器套筒；3—V形压圈；
4—V形云母环；5—换向铜片；6—云母片

第三节　直流电机的磁场

从直流电机基本工作原理的分析可知，发电机将机械能转换为电能，电动机将电能转换为机械能，其必要条件之一是必须具有气隙磁通。因此，必须在直流电机主磁极的励磁绕组中通以励磁电流来产生磁势，以产生气隙磁通。使电枢绕组切割气隙磁通而感应电势，或者由电枢电流与气隙磁通相互作用而产生电磁转矩，从而实现机电能量的转换。

一、直流电机的励磁方式

直流电机的励磁方式是指直流电机励磁绕组和电枢绕组之间的连接方式。不同励磁方式的直流电机，其特性有很大差异，因此，励磁方式是选择直流电机的重要依据。直流电机的励磁方式可分为他励、并励、串励和复励4类，如图1.12所示。

1. 他励电机

励磁绕组和电枢绕组各自分开，励磁绕组由独立的直流电源供电，如图1.12（a）所示。励磁电流I_f的大小只取定于励磁电源的电压和励磁回路的电阻，而与电机的电枢电压大小及负载无关。用永久磁铁作主磁极的电机可当作他励电机。

(a)他励　　　(b)并励　　　(c)串励　　　(d)复励

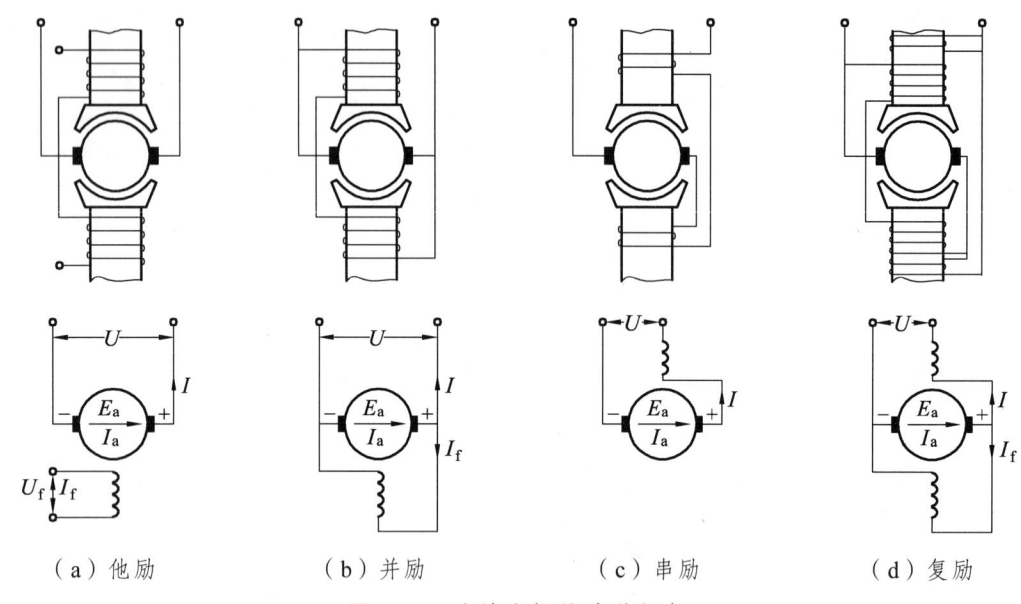

图 1.12　直流电机的励磁方式

2. 并励电机

励磁绕组和电枢绕组相并联，如图 1.12（b）所示。励磁电流一般为额定电流的 5%，要产生足够大的磁通，需要有较多的匝数，所以并励绕组匝数多，导线较细。

3. 串励电机

励磁绕组与电枢绕组相串联，如图 1.12（c）所示。励磁电流与电枢电流相同，数值较大，因此，串励绕组匝数很少，导线较粗。

4. 复励电机

电机至少有两个励磁绕组，其中之一是串励绕组，其他为并励（或他励）绕组，如图 1.12（d）所示。通常并励绕组起主要作用，串励绕组起辅助作用。若串励绕组和并励绕组所产生的磁势方向相同，称为积复励；若串励绕组和并励绕组所产生的磁势方向相反，称为差复励。并励绕组匝数多，导线细；串励绕组匝数少，导线粗，外观上有明显的区别。

直流电机各类绕组接线后，其引出线的端头要加以标记，根据 IEC 国际标准规定的各绕组线端符号见表 1.1。

表 1.1　直流电机各绕组线端符号表

绕组名称	电枢绕组	换向极绕组	补偿绕组	串励绕组	并励绕组	他励绕组
线端符号	A_1　A_2	B_1　B_2	C_1　C_2	D_1　D_2	E_1　E_2	F_1　F_2

二、直流电机的空载磁场

直流电机空载时，电枢电流为零，只有励磁绕组中存在电流。因此，空载时电机的气隙磁场完全由励磁绕组的电流所产生。

1. 空载磁场的分布

励磁绕组中通入励磁电流 I_f 后,各主磁极依次为 N 极和 S 极,由于电机磁路对称,不论极数多少,每对极下的磁通分布是相同的,因此,可以讨论一对极下的情况。图 1.13 所示为直流电机的空载磁场,主磁通 Φ 由 N 极出来,经空气隙和电枢齿槽,便分左右两路经过电枢轭、电枢齿槽和空气隙进入相邻的 S 极,然后从定子磁轭回到 N 极而自成闭路。主磁通 Φ 同时匝链着励磁绕组和电枢绕组,是实现能量转换的关键。从图中还可看出,在 N 极和 S 极之间,还存在着一小部分磁通,它们不进入电枢铁心,不与电枢绕组匝链,称为主极漏磁通 $\Phi_{\sigma 1}$。主磁通磁路的空气隙较小,磁阻较小;漏磁通磁路的空气隙较大,磁阻较大,所以,在同样的磁势作用下,漏磁通要比主磁通小得多。一般电机的主极漏磁通约为主磁通的 15% ~ 20%。

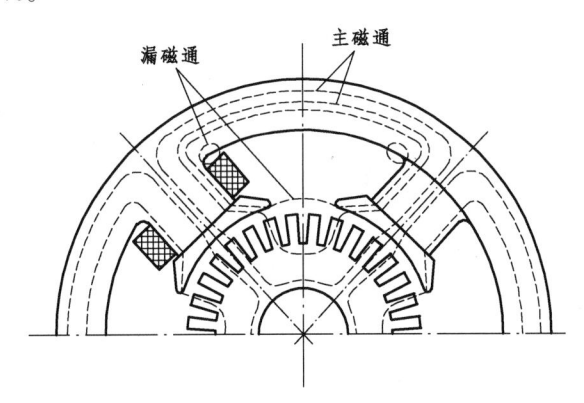

图 1.13 直流电机的磁路和磁分布

2. 电机的磁化曲线

电机的磁化曲线是指电机主磁通 Φ 与励磁磁势 F_f 的关系曲线 $\Phi = f(F_f)$。

电机运行时,要求每一个磁极下应具有一定的磁通量,这就要求有一定的励磁磁势 $F_f = I_f N_f$,而在实际电机中,励磁绕组匝数 N_f 为常数,则 $F_f \propto I_f$,即励磁磁势与励磁电流成正比,故磁化曲线又可表示 $\Phi = f(I_f)$。而电机中主磁通 Φ 所经过的路径绝大部分由铁磁材料构成,当铁磁材料磁化时具有饱和现象,磁导率不为常数,磁阻是非线性的。所以,$\Phi = f(I_f)$ 曲线与铁磁材料的 B-H 曲线相似,如图 1.14 所示。

磁化曲线起始一段是直线,因为在 Φ 不大时,铁磁材料的磁路未饱和,磁阻数值很小,磁通与磁势成正比,即 $\Phi \propto F_f$(或 $\Phi \propto I_f$)。当 Φ 逐渐增加时,磁路逐渐饱和,磁阻增加,则使 Φ 通过这部分磁阻所需的磁势 F_f(或 I_f)也随之增加,曲线逐渐弯曲变平。

当磁路饱和以后,磁阻很大,为了增加很少一点磁通 Φ,就必须增加很大的磁势 F_f,即增加很大的励磁电流。因此,为了最经济的利用材料,设计电机时,

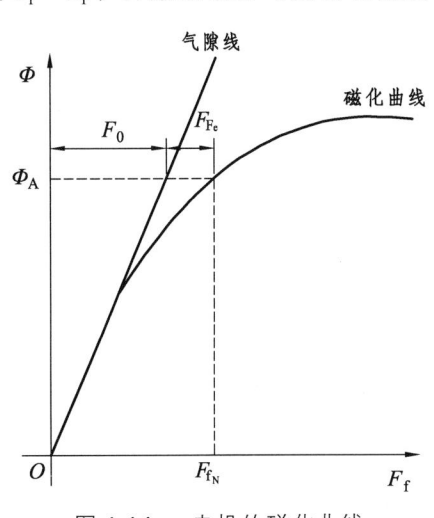

图 1.14 电机的磁化曲线

一般使额定工作点位于曲线开始弯曲的（所谓"膝点"）附近。

3. 气隙磁密分布曲线

在电机中，电枢导体切割气隙磁通而产生感应电势 $e = B_x L v$，当转速恒定时，$e \propto B_x$。因此，在研究电机时，不但要知道每极磁通 Φ 的大小，还需要知道主极下气隙中每一点磁密 B_x 的大小，即气隙磁密的分布情况。

根据磁路欧姆定律，气隙某处磁通或磁密的大小，取决于该处的磁势和磁路磁阻的大小。忽略铁心材料磁阻，可认为磁势全部消耗在气隙中，直流电机的主极气隙是不均匀的，极下部分气隙大小相等且数值很小，因此在极下部分磁密的大小相等且数值较大。靠近极尖处气隙逐渐增加，磁密明显减小，在两极之间的几何中心线上，磁密等于零。若不考虑电枢表面齿和槽的影响，在一个极距范围内，电枢各点垂直分量的磁密分布为近似梯形，如图 1.15 所示。主极磁场在主极轴线两侧对称分布，因此主极磁场的轴线为主极轴线。

磁密 B_x 曲线所包围的面积，即为主极磁通 Φ。由于磁通 Φ 是有方向的，所以 B_x 也有正、负，一般定为 S 极下磁密为正，N 极下磁密为负。

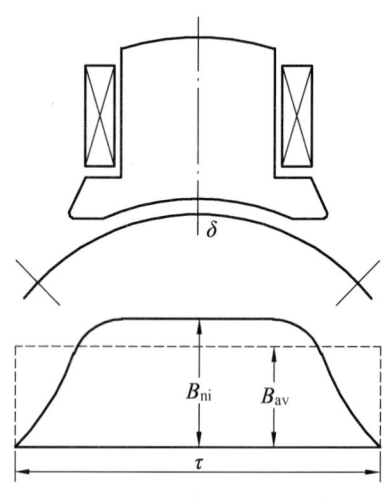

图 1.15 气隙磁密的分布

三、电枢磁场

直流电机负载运行时，电枢绕组中通过电流，所产生的磁场称为电枢磁场。

电枢磁场沿电枢表面的分布情况，与电枢电流的分布情况有关。在直流电机中，电枢电流方向的分界线是电刷，在电刷轴线两侧对称分布，所以电枢磁场的分布情况与电刷的位置有关。

电刷的正常位置，应在主极轴线下的换向片上，这时与电刷相连接的电枢元件位于几何中心线上或附近。在分析电枢磁场示意图时，常省去换向器，把电刷画成与线圈的导体直接相连，所以在正常情况下，电刷直接画在几何中心线上。

1. 电刷在几何中心线上

此时，电枢电流的方向以电刷为分界线，相邻两电刷间的电枢圆周上的导体电流方向都相同，而每一电刷两侧的导体电流方向相反。因此，只要电刷不动，不论电枢是静止或者旋转，电枢表面电流分布总是不变的，所以电枢电流产生的电枢磁场在空间总是静止的。图 1.16 所示为两极电机的电枢电流方向和电枢磁场分布情况。

电枢磁通的方向与电枢导体电流方向符合右手螺旋定

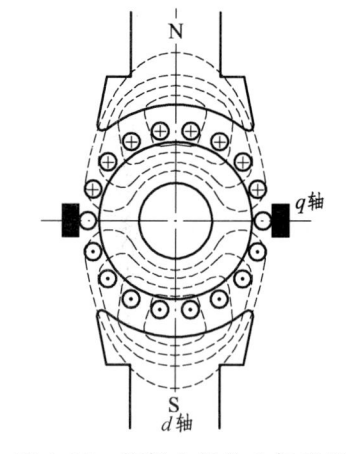

图 1.16 两极电机的电枢磁场

则，这时电枢可以看成是一个电磁铁，它的 N 极和 S 极位于电刷轴线上，因此电枢磁场的轴线为电刷轴线。与主极磁场轴线在空间垂直的称为交轴电枢磁场。主极磁场轴线称为 d 轴，电枢磁场轴线称为 q 轴。

电枢磁势在空间的分布情况，可应用全电流定律进行分析。将图 1.16 展开成图 1.17(a)，表示电枢电流和磁通的分布。由图可见，电枢支路的中点对应在主极轴线上，电枢磁通环绕支路中点向两边对称分布。以支路中点为基准，任取一磁通管，通过磁通管所形成的回路磁势 F_a 等于此回路中所包含的全电流。因此，对应主极中心点，回路磁势为零，而通过电刷轴线的回路磁势最大。假定电枢表面导体均匀而又连续分布，则电枢磁势的分布为一三角形，如图 1.17（b）所示。

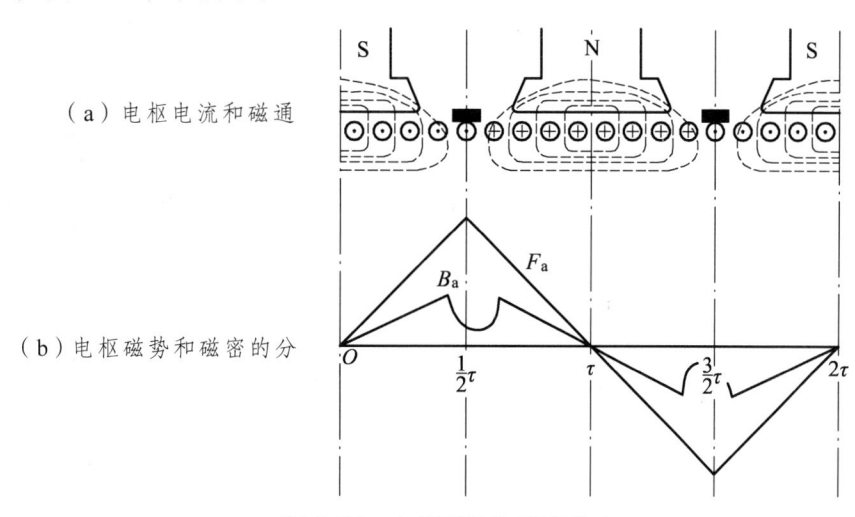

（a）电枢电流和磁通

（b）电枢磁势和磁密的分

图 1.17　电枢磁势和磁密分布

三角形分布的电枢磁势将产生怎样的磁密分布呢？由图 1.17（a）可见，每一电枢磁通都经过电枢铁心、气隙和主极铁心形成闭合回路，由于铁磁物质的磁阻相对空气磁阻数值很小，所以，上述闭合磁路中的磁势全部降在两个气隙上。因此，电枢磁势产生磁场的磁通密度 B_a 为：

$$B_a = \mu_0 \frac{F_a}{\delta'} \tag{1.5}$$

式中　μ_0——空气的磁导率；

　　　δ'——有效气隙长度。

在磁极下面，气隙的长度基本不变，可以认为 B_a 随 F_a 的增加而增加；但在极间区域，由于空气隙变得很大，虽然 F_a 继续增加，但 B_a 反而减少，所以 B_a 的分布曲线为马鞍形，如图 1.17（b）所示。

综上所述，当电刷在几何中心线上时，电枢磁场有以下特点：

（1）在空间静止不动；

（2）电枢磁场轴线与主极磁场轴线垂直，为交轴电枢磁场；

（3）电枢磁密 B_a 在空间分布呈马鞍形。

2. 电刷偏离几何中心线

电刷偏离几何中心线的原因是由于电刷安装位置不准确。图 1.18（a）所示为电刷偏离几何中心线一个角度时的情况，相当于电刷在电枢表面移动一段距离 b。由于电枢导体中电流的分布仍以电刷为界，故电枢磁势的轴线也将随之移动，此时电枢磁场轴线和主极磁场中心线不再是垂直关系。为研究方便，将电枢磁势分为两部分：一部分由 $\tau \sim 2b$ 范围内的电枢导体电流形成，如图 1.18（b）所示，这部分磁势与主极磁势轴线在空间垂直，称为交轴电枢磁势 F_{aq}；另一部分由 $2b$ 范围内的电枢导体电流形成，如图 1.18（c）所示，这部分磁势与主极磁势的轴线重合，称为直轴电枢磁势 F_{ad}。

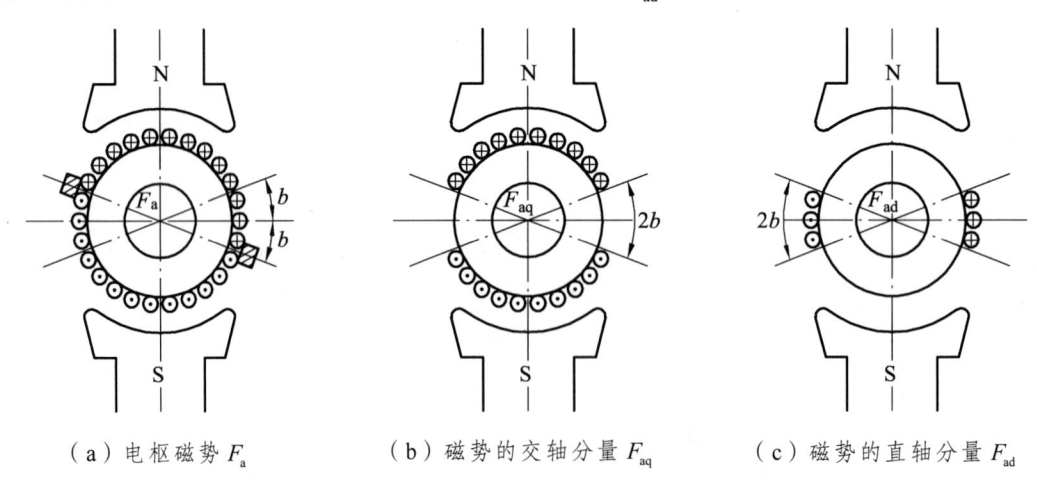

（a）电枢磁势 F_a　　（b）磁势的交轴分量 F_{aq}　　（c）磁势的直轴分量 F_{ad}

图 1.18　电刷不在几何中心线上时的电枢磁场

由上述分析可知，电枢磁势和电刷位置的关系是：电刷在几何中心线上时，只有交轴电枢磁势；电刷不在几何中心线上时，除交轴电枢磁势外，还有直轴电枢磁势。

四、电枢反应

电机负载运行时，电枢磁场对主极磁场的影响称为电枢反应。交轴电枢磁势对主极磁场的影响称为交轴电枢反应，直轴电枢磁势对主极磁场的影响称为直轴电枢反应。

1. 交轴电枢反应

一般情况下，电刷总是位于几何中心线上，电枢磁势全部为交轴电枢磁势，只有交轴电枢反应，此时电机的磁场由主极磁势建立的磁场和电枢磁势建立的磁场叠加而成。

图 1.19（b）中 B_0 表示电机空载时主磁场沿电枢表面的分布曲线（梯形），图 1.19（c）中 B_a 表示电机负载时由交轴电枢磁势单独建立的电枢磁场沿电枢表面的分布曲线（马鞍形）。当电机磁路不饱和时，磁路磁阻为常值，将 B_0 和 B_a 相加，即可得到负载后合成磁场沿电枢表面分布曲线 B_δ，如图 1.19（c）中实线所示。实际上电机的磁路往往是饱和的，由于合成磁通在增加的那一半极面中饱和程度的增加，使该部分的磁阻增大，磁密减少，如图 1.19（c）中虚线所示。

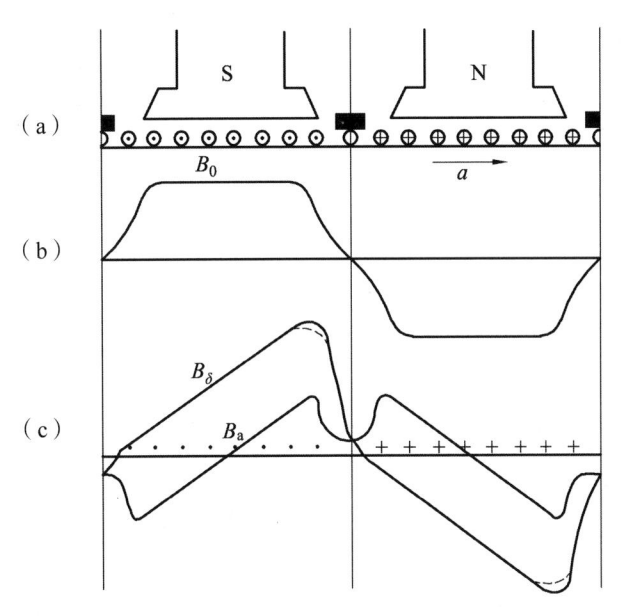

图 1.19 直流电机负载时的合成磁场

综上所述，交轴电枢反应的影响是：

（1）气隙磁场发生畸变。每个主极下的磁场，一半被削弱，另一半被加强，使气隙磁密分布曲线由平顶形变成尖顶形。

（2）气隙磁场畸变后，会使电枢绕组一条支路中各串联线圈间电势分布不均匀。如图1.20所示，在极尖处的磁密大大增加，线圈处在这个部位时，感应电势很大，使所接两个换向片间电压很大，可能超过换向片间的安全电压，产生火花或电弧，使电机损坏。

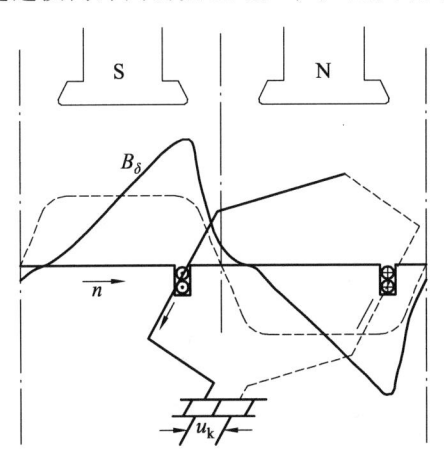

图 1.20 电枢反应使片间电压增大

（3）每极磁通减少和气隙平均磁密下降。在磁路不饱和时，因主磁场被削弱的数量等于被加强的数量，所以气隙磁通量和平均气隙磁密没有变化。实际上，由于磁路饱和的影响，一半极面下磁通增加的量小于另一半极面下磁通减少的量，因此负载时的每极磁通量比空载时每极磁通量有所减少，则平均磁密有所下降，亦即交轴电枢磁场对主极磁场起去磁作用，这种去磁作用是通过磁路饱和作用而产生的。

2. 直轴电枢反应

电刷不在几何中心线时，电枢磁势中包含有交轴和直轴电枢磁势两个分量，将同时出现交轴电枢反应和直轴电枢反应。直轴电枢磁势 F_{ad} 与主极轴线重合，若 F_{ad} 与主极磁势方向相同，起增磁作用，增磁作用将引起电机换向恶化；若 F_{ad} 与主极磁势方向相反，起去磁作用，去磁作用使电机的每极磁通量下降，导致电枢电势显著降低。

第四节　直流电机的感应电动势和电磁转矩

一、直流电机的感应电动势

直流电机的感应电动势是指电机正负电刷间的电动势。当电机的气隙中有磁场存在，且电枢旋转使电枢导体切割磁力线时，在电枢绕组中会产生感应电动势。感应电动势的大小，不仅取决于磁通量的大小和转速的高低，还和绕组的导体数和连接方法有关。从电刷看进去，电枢绕组由 $2a$ 条并联支路组成，电刷间电动势即为一条支路电动势，而支路电动势等于支路中各串联导体的感应电动势之和。不同的绕组形式，其连接方式不同，支路数和串联导体数也不同，感应电动势大小则不同。

设电枢绕组线圈数为 S，一个线圈的匝数为 N_a，则电枢导体总数 N 为：

$$N = 2SN_a \tag{1.6}$$

故每一支路中串联的导体数为 $\dfrac{N}{2a}$。

电机空载运行时，气隙磁密分布如图 1.21 所示。由图中可见，由于电枢表面各点的磁密不相等，导致各导体中感应电动势的数值也不相等，使电枢电动势公式推导相当复杂，为此，引入磁密和导体感应电动势的平均值 B_{av} 和 e_{av} 进行分析。

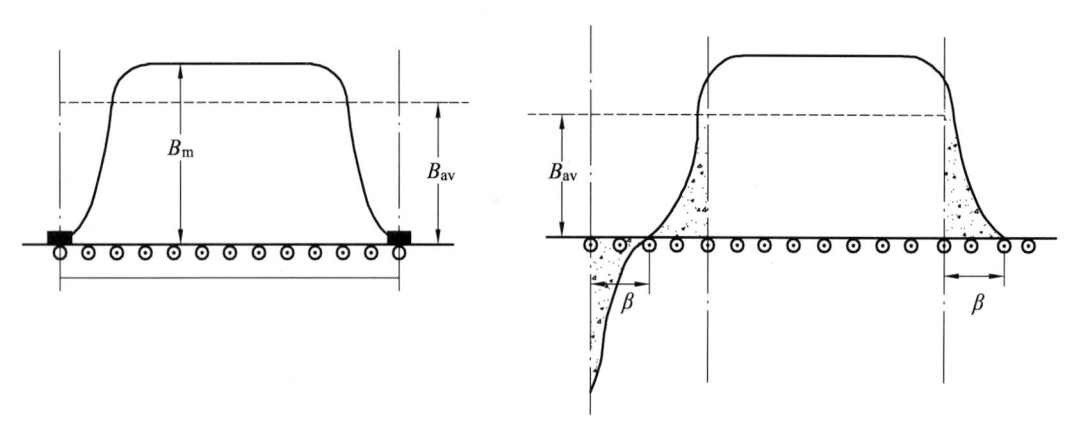

（a）电刷在几何中心线时　　　　（b）电刷移过 β 角度时

图 1.21　支路内各导体在气隙磁场中的位置

主极极距为 τ，导体在磁场中轴向有效长度为 L，每极磁通为 Φ，则平均气隙磁密为：

$$B_{av} = \frac{\Phi}{L\tau} \tag{1.7}$$

导体的平均电动势为：

$$e_{av} = B_{av} \cdot L \cdot v$$

式中，v 为电枢表面线速度。若电机转速为 n，电枢直径为 D_a，主极数为 $2p$，电枢表面周长 $\pi D_a = 2p\tau$，则

$$v = \frac{2p\tau n}{60}$$

因此，支路电动势即电机的感应电动势为：

$$E_a = \frac{N}{2a} e_{av} = \frac{N}{2a} \cdot \frac{\Phi}{\tau L} \cdot L \cdot \frac{2p\tau n}{60} = \frac{pN}{60a} \cdot \Phi \cdot n = C_e \Phi n \tag{1.8}$$

式中　Φ——每极磁通量（Wb）；

　　　n——电机转速（r/min）；

　　　C_e——电机电动势常数，$C_e = \frac{pN}{60a}$。

对于给定的电机，p、N、a 均为定值，所以，在一个给定的电机中 C_e 是一个常数。

从以上分析可知：

（1）直流电机的感应电动势，是指电枢表面圆周上固定位置（电刷间）的电枢线圈中感应电势之和，它仅与电刷间磁通的大小、电枢转速及电机的结构有关。对于已给定的电机，C_e 为常数，则感应电势 E_a 的大小随着磁通和转速的变化而不同。

（2）感应电动势的大小，仅和磁通的大小有关，而和磁密的分布无关。分布形状改变，使每一导体的感应电势大小发生变化，只要保持总磁通量不变，电刷间的电动势不变。计算空载或负载电势时，要分别代入空载或负载时的磁通值。当励磁绕组中无电流时，气隙磁场由主极剩磁产生，将剩磁磁通量代入公式可求出电机的剩磁电动势。

（3）公式是在整距绕组时导出的，若为短距绕组，在线圈的两边都处在同一磁极下的瞬间，两线圈边中感应电动势方向相反，互相抵消，使感应电动势减少。在直流电机中，不允许将节距短得过多，可不考虑对电动势的影响。

（4）如电刷偏离几何中心线时，则电刷间所包含的总磁通量有所减少，如图1.21（b）所示，使感应电动势相应减少。

二、直流电机的电磁转矩

电枢绕组通过电流时，在磁场中将受到电磁力的作用，电磁力在电枢轴上产生的转矩称电磁转矩。电磁转矩的大小，可根据电磁力定律求得。

电枢绕组的支路电流为 i_a 时，作用在任一根导体上的平均电磁力 f_{av} 为

$$f_{av} = B_{av} \cdot L \cdot i_a \tag{1.9}$$

导体产生的电磁转矩为

$$T_{av} = f_{av} \frac{D_a}{2} \tag{1.10}$$

由于每极下导体的电流方向相同，故同一极下各导体产生的电磁转矩方向相同，相邻极下的磁场和导体电流方向同时相反，转矩方向保持不变，如图1.22所示。因此，电磁转矩 T 应为电枢表面所有导体产生的 f_{av} 之和，即

$$T = f_{av} \frac{D_a}{2} N = B_{av} \cdot L \cdot i_a \cdot \frac{D_a}{2} \cdot N$$

$$= \frac{\Phi}{\tau L} \cdot L \cdot \frac{I_a}{2a} \cdot \frac{p\tau}{\pi} \cdot N = \frac{pN}{2\pi a} \cdot \Phi \cdot I_a = C_T \Phi I_a \tag{1.11}$$

式中　I_a——电枢电流（A），$I_a = 2ai_a$；

C_T——电机转矩常数，$C_T = \frac{pN}{2\pi a}$。

对于已制成的电机，p、N、a 均为定值，所以，指定电机中 C_T 也是一个常数。

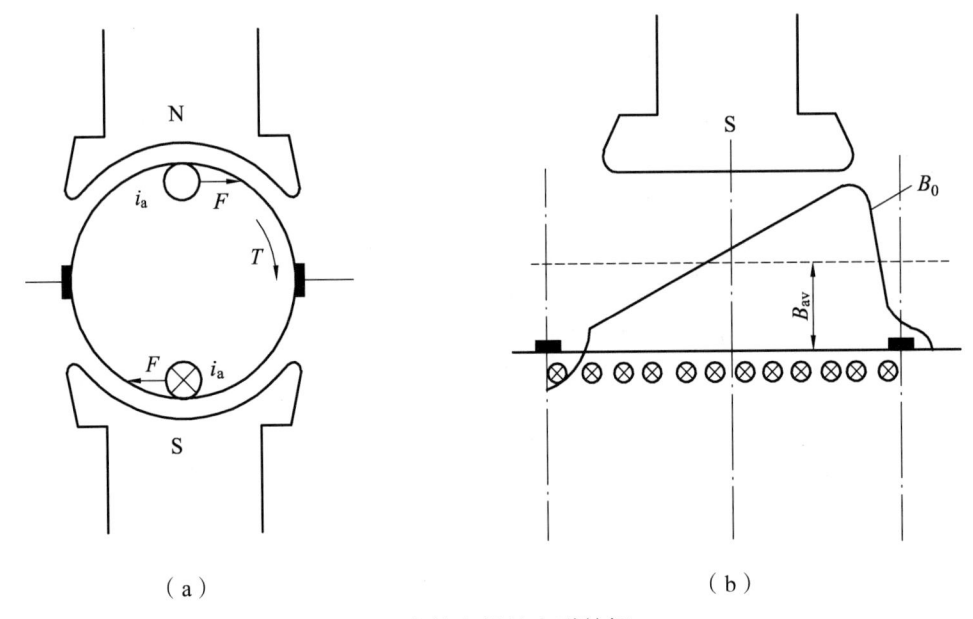

图 1.22　直流电机的电磁转矩

感应电动势 $E_a = C_e \Phi n$ 和电磁转矩 $T = C_T \Phi I_a$ 是直流电机的两个重要公式。对同一台直流电机，电动势常数 C_e 和转矩常数 C_T 有一定的关系。

因为　　　　$C_e = \frac{pN}{60a}$，$C_T = \frac{pN}{2\pi a}$

所以　　　　$C_T = \frac{60}{2\pi} \cdot \frac{pN}{60a} \approx 9.55 C_e \tag{1.12}$

复习思考题

1. 直流发电机采用换向器将电枢元件中的交流感应电势整流成直流电压输出，在直流电动机中，所加的电枢已是直流电压，为什么还要有换向器？

2. 用什么方法可改变直流发电机输出电压的方向？用什么方法可改变直流电动机的转向？

3. 直流电机有哪些主要部件？它们各起什么作用？

4. 直流电机主极励磁绕组中电流是直流，主磁通方向不变，为什么电枢铁心采用电工钢片叠成？主极铁心采用钢板叠成？电机定子铁轭中有无磁滞和涡流损失？

5. 为了得到最大直流电动势，电刷必须与几何中心线处的元件相连，为什么？为得到最大电磁转矩，电刷又应位于何处？

6. 主磁通的磁路由哪些部分组成？电机的磁化曲线是怎样形成的？有些什么特点？

7. 何谓电枢反应？电枢反应的性质与哪些因素有关？电枢反应对气隙磁场有何影响？

8. 试解释直流电机的主磁场、电枢磁场及合成磁场沿电枢圆周空气隙分布曲线。

9. 如何判断直流电机是运行在发电机状态还是电动机状态？它们的电磁转矩、转向、电枢电势、电枢电流的方向有何关系？

第二章 直流电机电力拖动

第一节 直流电机基本方程

从直流电机可逆原理可知，无论是发电机还是电动机，在实现能量转换过程中，都伴有感应电动势、电流、电磁转矩产生。电机稳态运行时，即电机的负载、励磁电流以及转速达到稳定值时，各种电压、转矩和功率之间存在的平衡关系，称为电机的平衡方程式。这些平衡关系应分别符合电学、力学及能量守恒定律。

一、电动势平衡方程式

无论是发电机还是电动机，当电枢旋转时，电枢绕组切割磁力线都产生感应电动势，其大小为 $E_a = C_e \Phi n$，方向可用右手定则判定。在发电机里，电枢绕组接负载后，感应电动势驱动电流流动，所以电枢电流与感应电动势同方向，如图 2.1 所示；在电动机里，电枢绕组经电刷接外电源，外加电压是驱动电流流动的原因，所以电枢电流与电源电压同方向，此时，感应电动势与电枢电流方向相反，称为反电动势，如图 2.2 所示。

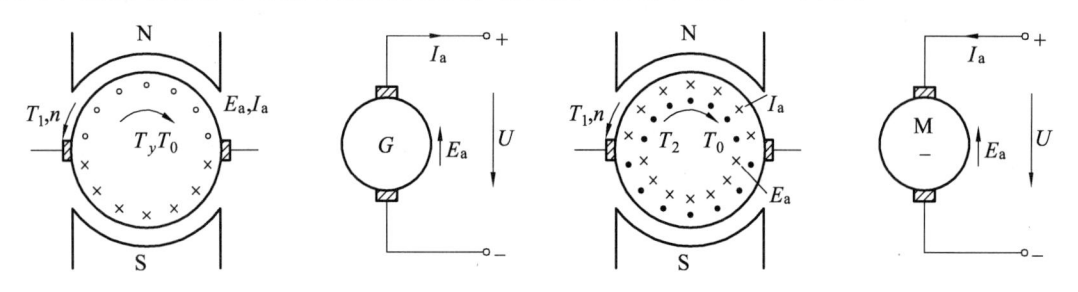

图 2.1　直流发电机的电动势、转矩平衡关系　　图 2.2　直流电动机的电动势、转矩平衡关系

设 U 为直流电机的端电压，取 U、E_a、I_a 的实际方向作为正方向，可得电枢回路的电势平衡方程式为：

发电机　　　　　$U = E_a - I_a R_a$　　　　　　　　　　　　　　　　　　（2.1）

电动机　　　　　$U = E_a + I_a R_a$　　　　　　　　　　　　　　　　　　（2.2）

式中，R_a 为电枢回路总电阻，包括电枢回路中各串联绕组的电阻和电刷与换向器之间的接触电阻。

式（2.1）和式（2.2）适用于各种励磁方式的直流电机，在计算时，要注意各种励磁方式中 R_a 所包含的内容不完全相同。

以上两式表明，直流发电机和电动机在运行时都存在电枢电动势 E_a 和端电压 U，在发电机中，$E_a > U$，电枢电流 I_a 的方向与 E_a 的方向一致；在电动机中，$U > E_a$，电枢电流 I_a

的方向与 U 的方向一致，E_a 表现为反电动势。

二、转矩平衡方程

无论是发电机还是电动机，当电枢绕组有电流流过时，电枢电流和磁场相互作用都产生电磁转矩，其大小为 $T = C_T \Phi I_a$，方向可用左手定则判定。在发电机（图 2.1）里，外加转矩 T_1 为驱动转矩使电枢旋转，电磁转矩 T 与转向相反为阻力转矩，同时还存在电机的空载阻力转矩 T_0。在电动机（图 2.2）里，电磁转矩 T 使电枢转动为驱动转矩，与电动机转向相同，此时轴上的负载转矩 T_2 和 T_0 均为阻力转矩。

电机的转速恒定时，加在电机轴上的驱动转矩应与阻力转矩相等，所得转矩平衡方程式为：

发电机 $\qquad T_1 = T + T_0$ （2.3）

电动机 $\qquad T = T_2 + T_0$ （2.4）

以上两式表明，在电机稳定运行时，电磁转矩和外转矩都同时存在并达到平衡。在发电机里，$T_1 > T$，作为驱动转矩的是外转矩 T_1，电机的转向取决于 T_1 的方向，电磁转矩 T 是阻力转矩，起平衡外转矩的作用；在电动机里，$T > T_2$，作为驱动转矩的是电磁转矩 T，电机的转向取决于 T 的方向，电磁转矩带动负载转动而达到平衡。

三、功率平衡方程

电机是实现机电能量转换的装置，因而功率关系是电机运行中最基本的关系。电机运行过程中，存在输入功率、输出功率和各种损耗，它们之间应满足能量守恒定律。若将电机进行能量转换过程中的各种损耗抽出，则可用一耦合磁场来表述电机，如图 2.3 所示。图中机械系统为原动机或机械负载，电系统为电源或电负载，由耦合磁场产生 T 和 E_a，以实现能量的转换。p_{Cu}、p_s、p_{Fe}、p_Ω 分别表示电机的各种损耗。机械系统的机械功率等于转矩乘以旋转角速度，电系统的电功率等于电压乘以电流，经磁场转换的功率称为电磁功率。

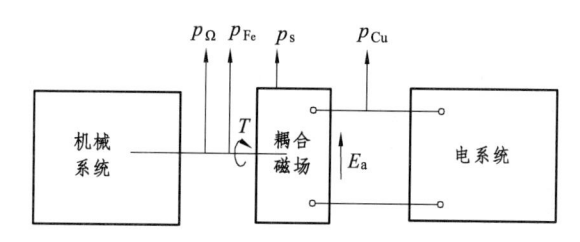

图 2.3 电机中的能量平衡图

1. 电机的损耗

1）铜耗 p_{Cu}

铜损耗是由于电机的各种绕组中流过电流而产生的电阻损耗，铜耗随负载而变化，又称为可变损耗。

2）铁耗 p_{Fe}

由于铁心中的磁滞、涡流而产生的损耗。

3）机械损耗 p_Ω

由于各种机械摩擦、通风而产生的损耗。

铁耗和机械损耗在电机空载时就存在，其大小与电机负载无关，合称为空载损耗（又称不变损耗），用 p_0 表示，即

$$p_0 = p_{Fe} + p_\Omega \tag{2.5}$$

4）附加损耗 p_s

产生附加损耗的原因很多，诸如：电枢反应使气隙磁场畸变而引起铁耗的增加，电枢表面电流分布不均而引起铜耗的增加，均压电流造成的损耗等。p_s 中一部分空载时已存在，另一部分随负载而变化。附加损耗一般不易计算，而估计为电机输出功率的 0.5%～1%。

综上所述，电机的总损耗 $\sum p$ 为：

$$\sum p = p_{Cu} + p_{Fe} + p_\Omega + p_s \tag{2.6}$$

2. 电磁功率

在电机中，把通过电磁作用传递的功率称为电磁功率，用 P_M 表示。

对发电机而言，输入机械功率 $P_1 = T\Omega$，克服空载损耗后，其余部分转变为电磁功率，即

$$P_M = P_1 - p_0 \tag{2.7}$$

转换而来的电功率不能全部输出，必须克服电机的铜耗 p_{Cu} 后才能供给负载，输出给负载的电功率 $P_2 = UI$，即

$$P_2 = P_M - p_{Cu} = UI \tag{2.8}$$

对电动机而言，输入的电功率为 $P_1 = UI$，此功率不能全部转换为机械功率，必须克服电机本身的铜耗 p_{Cu} 后才能进行电磁转换，即

$$P_M = P_1 - p_{Cu} \tag{2.9}$$

转换而来的机械功率不能全部输出，必须克服电机的空载损耗 p_0 后才能输出，其轴上的输出机械功率 $P_2 = T_2\Omega$，即

$$P_2 = P_M - p_0 = T_2\Omega \tag{2.10}$$

电磁功率既可看成机械功率，又可看成电功率。从机械功率的角度看，P_M 是电磁转矩 T 和旋转角速度 Ω 的乘积，即

$$P_M = T\Omega \tag{2.11}$$

复励电动机具有并励和串励两套绕组,通常接成积复励。两套绕组的磁势比例不同,可得到不同的特性。在设计时,可以灵活地安排它的两种励磁成分,使其特性介于并励和串励电动机特性之间(曲线3)。

二、转矩特性 $T=f(I_a)$

转矩特性的关系可由转矩平衡方程式推出。当忽略空载转矩后,电动机输出的转矩等于电磁转矩,故转矩特性可以直接由电磁转矩公式求出,即

$$T = C_T \Phi I_a \tag{2.20}$$

各种励磁方式下电动机的转矩特性如图 2.5 所示。

并励电动机中,磁通不随电枢电流变化,转矩与电枢电流成正比,$T=f(I_a)$ 为一直线(曲线1)。实际上,由于电枢反应的去磁作用,使电动机的转矩在电枢电流较大时,稍有下降。对于串励电动机,在轻载时磁路不饱和,可以认为 $\Phi \propto I_a$,则 $T = C_T \Phi I_a \propto I_a^2$,所以 $T = C_T \Phi I_a$ 是一条抛物线(曲线2)。当负载增加时,随着电枢电流的增大,磁路逐渐饱和,磁通基本不变,$T = C_T \Phi I_a$ 是一条直线。积复励电动机的转矩特性介于并励和串励之间(曲线3)。

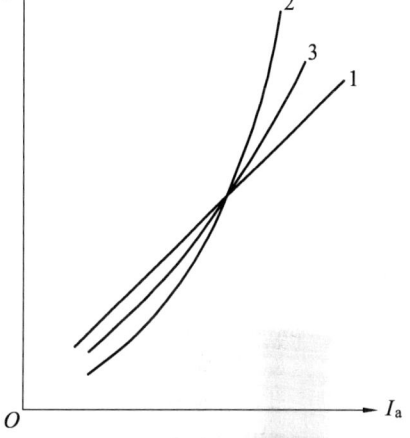

图 2.5 直流电动机的转矩特性
1—并(他)励;2—串励;3—积复励

三、效率特性 $\eta = f(I_a)$

电机实现能量转换的过程中会引起损耗,按负载变化对损耗的影响,可将损耗分为两类:

(1)铜耗 p_{Cu} 和附加损耗 p_s。它们都随电流变化而变化,且与电流的平方成正比,这类损耗称为变值损耗,用 $K'I^2$ 表示。

(2)铁耗 p_{Fe} 和机械损耗 p_Ω。其总和几乎与负载变化无关,这类损耗称为定值损耗,用 K 表示。

因此,电机总损耗可表示为 $\sum p = K'I^2 + K$,则电机的效率为

$$\eta = \frac{UI - (K'I + K)}{UI} \tag{2.21}$$

当电压恒定时,按式(2.21)绘成曲线,就可得到电机的效率特性,如图 2.6 所示。

效率特性曲线的形状取决于定值损耗和变值损耗之间的比例关系。由图 2.6 可见,效率特性曲线上有一个最大值 η_{max}(曲线 A 点处),它出现在 $\frac{d\eta}{dI}=0$ 处。对式(2.19)微分并令 $\frac{d\eta}{dI}=0$,即

$$\frac{\mathrm{d}\eta}{\mathrm{d}I} = \frac{UI(U-2K'I) - U(UI - K'I^2 - K)}{U^2 I^2} = 0$$

化简后得 $K'I^2 = K$

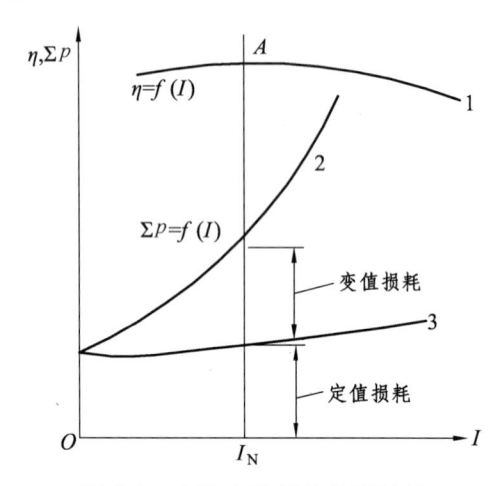

图 2.6 直流电动机的效率特性

1—$\eta = f(I)$ 曲线；2—$\sum p = f(I)$ 曲线；3—定值损耗曲线

可见当 $K'I^2 = K$ 时，即变值损耗等于定值损耗时，电机有最高效率。因此，在设计电机时可用控制变值损耗和定值损耗比例关系的方法，使电机在额定电流时或经常工作的电流附近具有最高效率，使电机在一定的负载变化范围内，能获得最优越、最合理的效率。

四、机械特性 $n = f(T)$

机械特性表示了电动机中最重要的两个物理量——转速和电磁转矩之间的关系，在电力拖动中具有重要意义，是决定电动机能否稳定运行及分析比较各种电动机性能的依据。

因为电磁转矩 T 和电枢电流 I_a 有比例关系（$T = C_T \Phi I_a$），机械特性具有与转速特性相似的曲线形状（图 2.4）。他励和并励电动机，速度变化范围较小，称为硬特性；串励电动机，速度变化范围大，称为软特性。

第三节　直流电动机启动、反转、调速和制动

一、直流电动机的启动

电动机由静止状态达到正常运转状态的过程称为启动过程。直流电动机在启动过程中不仅转速发生变化，而且转矩、电流等也发生变化。

当忽略电枢绕组电感时，电枢电流 I_a 为：

$$I_a = \frac{U - E_a}{R_a} \tag{2.22}$$

在启动开始瞬间，由于转速 $n=0$，故电枢感应电动势 $E_a=0$，此时的电流称启动电流，用 I_{st} 表示：

$$I_{st} = \frac{U}{R_a} \tag{2.23}$$

由于电枢绕组电阻 R_a 很小，如果直接加额定电压启动，启动电流 I_{st} 很大，可达到额定电流的十几倍。这样大的启动电流将带来以下不良影响：

① 使电动机换向恶化，产生严重的火花，导致电刷和换向器表面烧损；
② 产生很大的电磁转矩，使传动机构和生产机械受到强烈冲击而损坏；
③ 使电网电压波动，影响供电的稳定性。为此，启动时必须设法限制启动电流 I_{st}。

由式（2.23）可知，为限制启动电流，可降低电动机外加电源电压或增大电枢回路的电阻，这是通常采用的两种启动方法。

1. 降低电源电压启动（降压启动）

在启动瞬间，给电动机加较低的直流电压；随着电动机转速的升高，电枢电势 E_a 逐渐增加，同时端电压 U 也人为地不断增加，U 与 E_a 的差值使启动过程中电枢电流保持在允许范围内，直到电动机端电压上升到额定值，电动机启动完毕。采用降低电源电压的方法启动并励电动机时必须注意：启动时必须加上额定励磁电压，使磁通一开始就有额定值，否则电动机启动电流虽然比较大，但启动转矩却较小，电动机仍无法启动。

降压启动的优点是在启动过程中无电阻损耗，并可达到平稳升速，但需要专用电源设备，多用于要求经常启动的大中型直流电动机。

2. 电枢回路串电阻启动（变阻启动）

直流电动机在电枢回路串入适当的启动电阻 R_{st}，按照把启动电流 I_{st} 限制在 $(1.5 \sim 2.5)I_N$ 的范围内来选择启动电阻的大小。在启动过程中，随着转速 n 的升高，电枢电势 E_a 也升高，电枢电流相应地减小。为了保持一定的转矩，应逐渐将启动电阻切除，直到启动电阻全部切除，电动机启动完毕，达到额定转速稳定运行。

变阻启动能有效地限制启动电流，所需启动设备简单、广泛应用于各种中小型直流电动机，如工矿机车、城市电车上多采用电阻启动。图 2.7 所示为串励电动机电枢串接电阻时的机械特性。但变阻启动过程中能量消耗大，不适用于经常启动的大中型直流电动机。

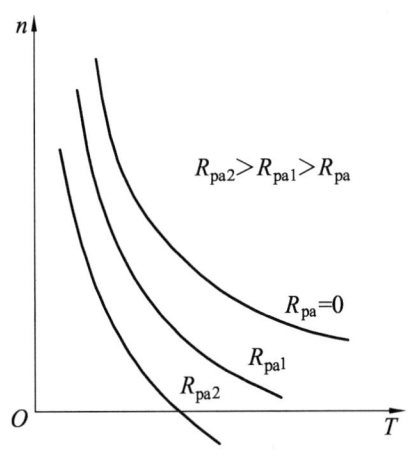

图 2.7 串励电动机电枢串接电阻时的机械特性

二、改变直流电动机转向的方法

直流电动机的旋转方向取决于电磁转矩方向，而电磁转矩 $T=C_T\Phi I_a$ 的方向取决于磁通 Φ 与电枢电流 I_a 相互作用的方向，故改变电动机转向的方法有两种：

① 改变磁通（即励磁电流）的方向；

② 改变电枢电流的方向。

若同时改变磁通方向及电枢电流的方向,则直流电动机的转向会维持不变。直流电动机常采用励磁绕组反接法,如图 2.8 所示。

由图 2.8 可见,利用电器触头 H、a 的闭合与断开将励磁绕组进行反接,改变励磁绕组中电流的方向即改变了磁通的方向,可以达到实际改变直流牵引电动机转向的目的。

三、直流电动机的调速

在电动机机械负载不变的条件下,用人为方法调节电动机转速的行为叫调速。

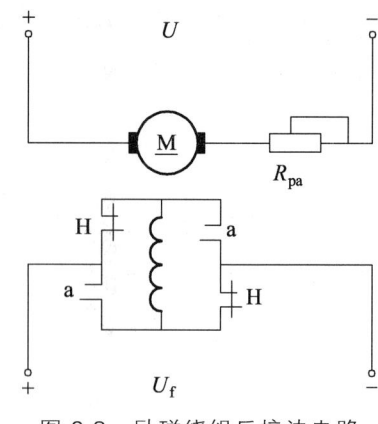

图 2.8 励磁绕组反接法电路

电动机转速公式为:

$$n = \frac{U - I_a(R_a + R_{pa})}{C_e \Phi} \quad (2.24)$$

式中 R_{pa}——电枢回路串接的电阻。

由上式可知,影响电动机转速的 3 个因素是电源电压 U、电枢回路串接的电阻 R_{pa} 和气隙主磁通 Φ。只要改变以上 3 个因素中任何一个,都能达到调节电动机转速的目的。

1. 电枢回路串接电阻调速

图 2.8 所示为串励电动机电枢串接电阻时的机械特性。在某一负载下,电阻越大,转速越低。

这种调速方法的优点是只需增设电阻和切换开关,设备简单,控制方便。缺点是能耗较大,经济性差,且速度调节是有级的,调速平滑性差。

2. 改变电源电压调速

图 2.9 所示为串励电动机电压降低时的机械特性。在某一负载下,电压越低,转速也越低。为保证电机安全运行,电压只能以额定电压为上限下调,也称降压调速。

这种调速方法的优点是电源电压如能平滑调节,就可实现无级调速;调速中无附加能量损耗。缺点是需要专用的调压电源,成本较高;转速只能调低,不能调高。

3. 改变主磁通调速

图 2.10 所示为串励电动机磁通减弱时的机械特性。在某一负载下磁通越弱,转速越高。一般电机的额定磁通已设计得使铁心接近饱和,因此,改变磁通只能在额定磁通下减弱磁通,所以又称为削弱磁场调速。削弱磁场需要在励磁绕组的两端并联电阻,一般电动机励磁功率只有电机容量的 1% ~ 5%,因此用于削弱磁场的并联电阻容量也很小。

这种调速方法设备简单、控制方便、功率损耗小,可以提高电机的转速,是直流牵引电动机常用的调速方法之一。

直流电动机为扩大调速范围,可以把几种方法配合使用。

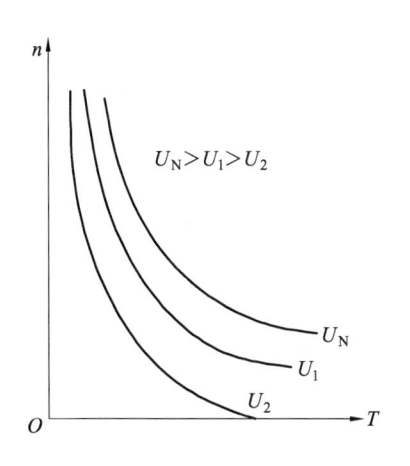

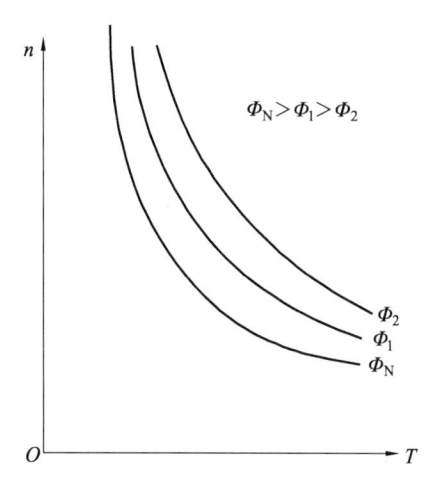

图 2.9　串励电动机电压降低时的机械特性　　图 2.10　串励电动机磁通减弱时的机械特性

四、直流电动机的制动

电动机在运行过程中，有时需要尽快使电动机停转或从高速运行转换到低速运行，这就需要在电动机轴上加一个与转向相反的转矩（称制动转矩）来实现，称为电动机的制动。

制动转矩若是由机械制动闸产生的摩擦转矩，称为机械制动；而若是电动机本身产生的电磁转矩，称为电气制动。直流电动机的电气制动可分为能耗制动和再生制动两种。

1. 能耗制动

图 2.11 所示为串励牵引电动机采用能耗制动的电路。电气制动时，励磁绕组由单独的励磁电源供电，并保持励磁电流方向不变（磁通方向不变），将电枢绕组从电源上断开并立即接到一个制动电阻 R_L 上。这时电枢绕组外加电压 $U=0$，而电机转子靠惯性继续旋转，切割方向未变的磁通，所感应的电势仍存在且方向不变，因此，产生的电枢电流（制动电流）为：

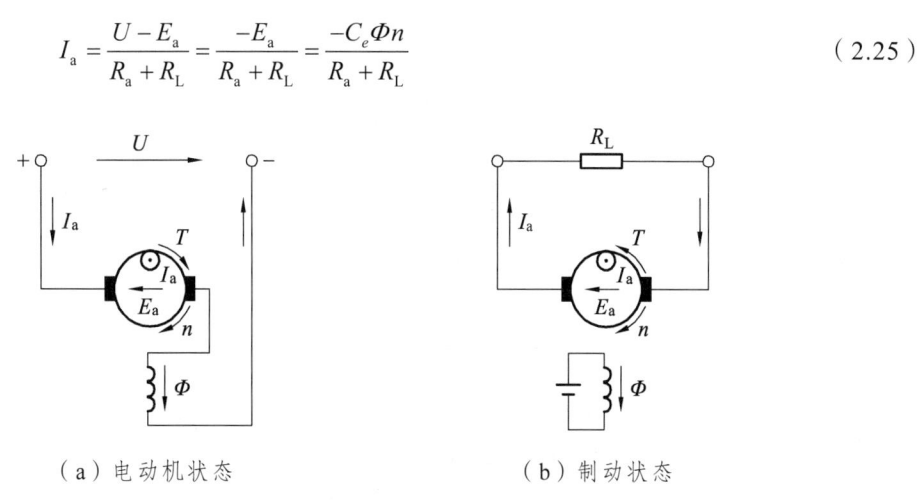

$$I_a = \frac{U - E_a}{R_a + R_L} = \frac{-E_a}{R_a + R_L} = \frac{-C_e \Phi n}{R_a + R_L} \tag{2.25}$$

（a）电动机状态　　　　　　　　（b）制动状态

图 2.11　能耗制动时的电路原理接线图

由式（2.25）可见，电枢电流 I_a 改变了方向，而磁通 Φ 的方向未变，电磁转矩 $T = C_T\Phi I_a$ 则改变了方向。因此，T 与 n 的方向相反，T 成为制动转矩，使电机转速很快下降。

在制动过程中，电机靠惯性继续旋转，在磁场不变情况下，产生感应电动势方向不变并输出电流，变成一台他励发电机，把动能转换成电能，消耗在制动电阻上，故称为能耗制动。

调节制动电阻 R_L 或调节励磁电流改变磁通的大小，都可以改变制动电流的大小，以调节制动转矩的大小。另外，电机的转速越高，制动转矩越大，制动的效果越好；而低速时，制动转矩相应变小，需要配用机械制动，使电机迅速停转。

能耗制动所需设备简单，成本低，操作方便。不足之处是动能转换为电能后消耗在制动电阻上，变成热能散发到大气中，没有被利用；另外，电机不易迅速制停，因为当电机转速 n 较小时，E_a 较小，I_a 也较小，制动转矩相应较小，此时，应采用减小制动电阻 R_L 来增大电枢电流 I_a，以提高低速区的制动转矩。

2. 回馈制动

由于外界原因，有时电动机的转速会大于理想的空载转速。如动车组在下坡时，重力加速度的作用使车列速度增高，电机感应电动势 E_a 随之增大，若 $E_a = U$，则 $I_a = 0$，电机就不需要从电网输入电能，由本身的位能自动滑行并继续加速。转速继续升高，将使 $E_a > U$，则 I_a 反向，电机自动转换为发电运行状态。此时，动车组下坡的位能，通过电机转换成电能，回馈给电网，因此称这种制动为回馈制动。

由于此时电枢电流 I_a 反向，电磁转矩也随之反向，起到制动作用，车速越高，制动转矩越大，如图 2.12 所示。转速增高到一定程度，下坡时的位能产生的动力转矩与电机的制动转矩和摩擦阻转矩相平衡时，将恒速稳定运行（b 点）。

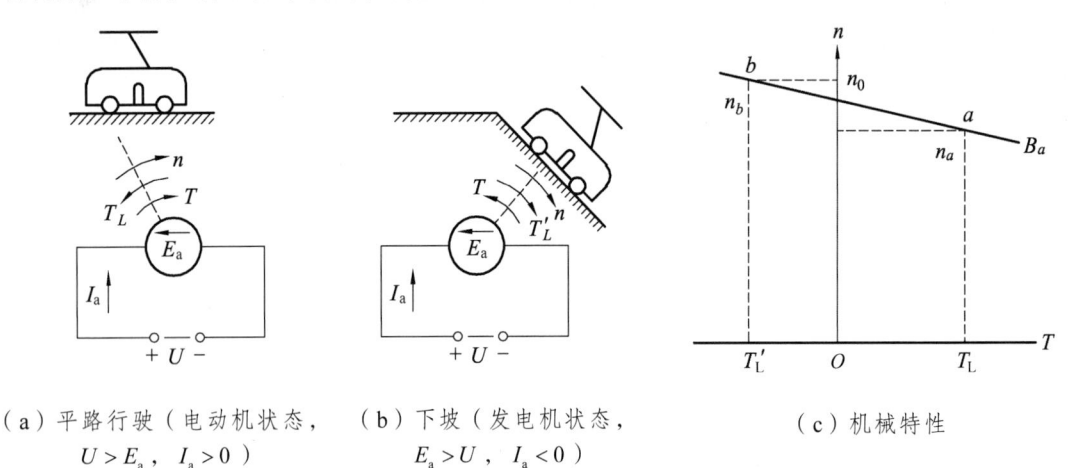

（a）平路行驶（电动机状态，$U > E_a$，$I_a > 0$）

（b）下坡（发电机状态，$E_a > U$，$I_a < 0$）

（c）机械特性

图 2.12 动车下坡时的回馈制动

他励和复励电动机回馈制动时，需要保持励磁电流方向不变，电枢回路的接线不变。串励牵引电动机进行回馈制动时，由于串励发电机在许可范围内工作不稳定，需要将串励绕组改接为他励，由较低的电压供电以得到所需要的励磁电流。

复习思考题

1. 直流电机作为发电机或电动机运行时，电动势平衡方程有何不同？在两种不同的运行方式下，感应电动势起着怎样不同的作用？

2. 直流电机作为发电机或电动机运行时，转矩平衡方程有何不同？在两种不同的运行方式下，电磁转矩起着怎样不同的作用？

3. 一直流电动机拖动一直流发电机，当发电机电枢电流增加时，电动机的电枢电流将如何变化？为什么？

4. 负载时直流电机中有哪些损耗？各是由什么原因引起的？这些损耗对电机有什么影响？

5. 画出并励和串励电动机的工作特性曲线，并分析曲线形成的原因。

6. 直流电动机在启动时有哪些要求？直流电动机的启动电流取决于什么？正常工作时的电流又取决于什么？

7. 直流电动机有哪几种启动方法？分析各种启动方法的优缺点及使用范围。

8. 直流电动机有哪几种调速方法？电力机车常采用哪些方法调速？

9. 简述电气制动原理。直流电机电动与制动状态的根本区别是什么？

10. 直流牵引电机有哪几种制动方法？简述它们的异同点和使用场合。

第三章 异步电动机基础

第一节 异步电动机基本结构

一、异步电动机分类

(1)异步电动机按定子相数差异可分为三相、单相和两相异步电动机 3 类。除约 200 W 以下的电动机多做成单相异步电动机外,现代动力用电动机大多数都为三相异步电动机。两相异步电机主要用于微型控制电机。

(2)按照转子形式不同,异步电机可分为鼠笼型转子和绕线型转子两大类。鼠笼转子又分为普通鼠笼转子、深槽型鼠笼转子和双鼠笼转子 3 种。三相绕线式异步电动机的外形如图 3.1 所示,三相鼠笼式异步电动机的外形如图 3.2 所示。

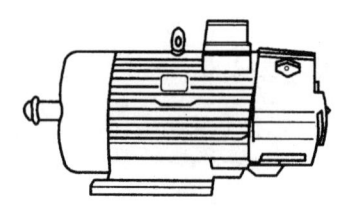

图 3.1 三相绕线式异步电动机外形

(a)开启式　　(b)防护式　　(c)封闭式

图 3.2 三相鼠笼式异步电动机外形

(3)根据机壳不同的保护方式,异步电动机可分为开启式、防护式、封闭式和防爆式等。

防护式异步电动机具有防止外界杂物落入电机内的防护装置,而且一般在转轴上装有风扇,冷空气进入电机内部冷却定子绕组端部及定子铁心后再将热量带出来。J2 系列电动机就是鼠笼型转子防护式异步电动机,JR 系列电动机是绕线转子防护式异步电动机。

封闭式异步电动机的内部和外部的空气是隔开的。它的冷却是依靠装在机壳外面转轴上的风扇吹风,借机座上的散热片将电机内部发散出来的热量带走。这种电机主要用于尘埃较多的场所,例如在机床上使用。JOR 系列及 Y 系列电机就属于这种类型。

防爆式异步电动机为全封闭式,它将内部与外界的易燃、易爆性气体隔离。这种电机多用于有汽油、酒精、天然气、煤气等气体较多的地方，如矿井或某些化工厂等处。

二、异步电动机铭牌和额定值

每台异步电动机机壳上都装有铭牌，把它的运行额定值印刻在上面，见表 3.1。

表 3.1　三相异步电动机铭牌

三相异步电动机			
型号 Y-112M-4			编　号
4.0 kW			8.8 A
380 V		1 440 r/min	LW82DB
接法 △	防护等级 IP44	50 Hz	45 kg
标准编号	工作制 SI	B 级绝缘	年　月
电机厂			

电机按铭牌上所规定的条件运行时，就称为电机的额定运行状态。根据国家标准规定，异步电动机的额定值主要有：

（1）额定功率 P_N：指电动机在制造厂（铭牌）所规定额定运行状态下运行时，轴端输出的机械功率，单位为 W 或 kW。

（2）定子额定电压 U_N：指电动机在额定状态下运行时，定子绕组应加的线电压，单位为 V 或 kV。

（3）定子额定电流 I_N：指电动机在额定电压下运行，输出额定功率时流入定子绕组的电流，单位为 A。

对于三相异步电动机，额定功率为：

$$P_N = \sqrt{3} U_N I_N \eta_N \cos\varphi_N \tag{3.1}$$

式中　η_N——额定运行时异步电动机的效率；

　　　$\cos\varphi_N$——额定运行时异步电动机的功率因数。

（4）额定转速 n_N：指电动机在额定状态下运行时，转子的转速，单位为 r/min。

（5）额定频率 f_N：我国工频为 50 Hz。

（6）额定功率因素 $\cos\varphi_N$：指电动机在额定负载时，定子边的功率因素。

（7）绝缘等级与温升。

除上述数据外，铭牌上有时还标明定子相数和绕组接法、额定运行时电机的效率、定额、转子额定电动势 E_{2N}（指定子绕组加额定电压、转子绕组开路时，集电环之间的线电势）和转子额定线电流 I_{2N}。

电动机额定输出转矩可以由额定功率 P_N、额定转速 n_N 计算，公式为：

$$T_{2N} = 9\,550 \frac{P_N}{n_N} \tag{3.2}$$

其中，功率的单位是 kW，转速的单位是 r/min，转矩的单位 N·m。

下面对绕组接法、温升和定额作简要说明。

（1）绕组接法：三相异步电动机的定子绕组可接成星形或三角形，视额定电压和电源电压的配合情况而定。例如星形接法时额定电压为 380 V，则改为三角形时就可用于 220 V 的电源上。为了满足这种改接的需要，通常把三相绕组的 6 个端头都引到接线板上，以便于采用两种不同接法，如图 3.3 所示。

（2）温升：指电机按规定方式运行时，绕组容许的温度升高，即绕组的温度比周围空气温度高出的数值。容许温升的高低取决于电机所使用的绝缘材料。例如，Y 系列电机一般采用 B 级绝缘，其最高容许温度为 130 ℃，如周围空气温度按 40 ℃ 计算，并计入 10 ℃ 的裕量，则 B 级绝缘的容许温升为 130 ℃ − (40 ℃ + 10 ℃) = 80 ℃。

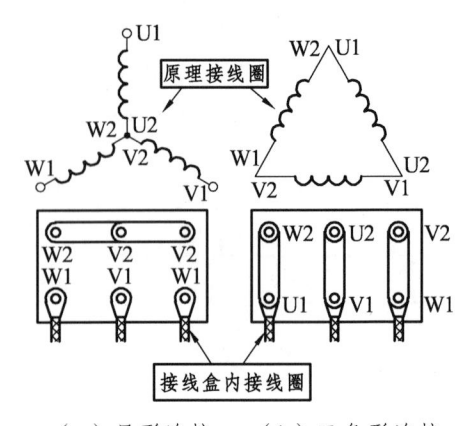

（a）星形连接　（b）三角形连接

图 3.3　三相异步电动机的接线板

（3）定额：我国电机的定额分为 3 类，即连续定额、短时定额和断续定额。连续定额是指电机按铭牌规定的数据长期连续运行。短时定额和断续定额均属于间歇运行方式，即运行一段时间后就停止运行一段时间。可见，短时定额和断续定额方式下，有一段时间电机不发热，所以，容量相同时这类电机的体积可以做得小一些，或者连续定额的电机用作短时定额或断续定额运行时，所带的负载可以超过铭牌上规定的数值。但是，短时定额和断续定额的电机不能按其容量连续运行，否则会使电机过热而损坏。

三、三相异步电动机基本结构

图 3.4 是一台三相鼠笼式异步电动机结构图。它主要是由定子和转子两大部分组成的，定转子中间是气隙。此外，还有端盖、轴承、机座、风扇等部件。

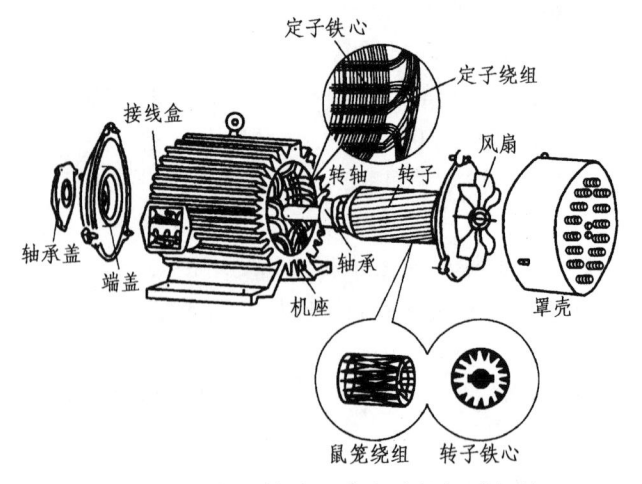

图 3.4　三相鼠笼式异步电动机组成部件

1. 定 子

定子由定子三相绕组、定子铁心和机座组成。

（1）定子三相绕组是电机定子部分的电路，在异步电动机的运行中起着很重要的作用，是把电能转换为机械能的关键部件。定子三相绕组的结构是对称的，一般有6个出线端 U1、U2、V1、V2、W1、W2 置于机座外侧的接线盒内，根据需要接成星形（Y）或三角形（△），如图 3.5 所示。

（2）定子铁心是异步电动机磁路的一部分。由于主磁场以同步转速相对定子旋转，为减小在铁心中引起的损耗，铁心采用 0.5 mm 厚的高导磁电工钢片叠成，电工钢片两面涂有绝缘漆以减小铁心的涡流损耗。中小型异步电机的定子铁心一般采用整圆的冲片叠成，大型异步电机的定子铁心一般采用扇形冲片拼成。在每个冲片内圆均匀地开槽，使叠装后的定子铁心内圆均匀地形成许多形状相同的槽，用以嵌放定子绕组。槽的形状由电机的容量、电压及绕组的形式而定。绕组的嵌放过程在电机制造厂

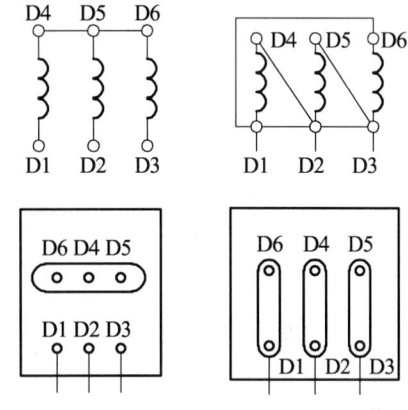

图 3.5 三相鼠笼式异步电动机出线端

中称为下线。完成下线并进行浸漆处理后的铁心与绕组成为一个整体一同固定在机座内。

（3）机座又称机壳，它的主要作用是支撑定子铁心，并通过机座的底脚将电机安装固定。全封闭式电机的定子铁心紧贴机座内壁，故机座外壳上的散热筋是电机的主要散热面。中、小型电机的机座一般采用铸铁制成。大型电机因机身较大浇铸不便，常用钢板焊接成型。

2. 转 子

异步电动机的转子由转子铁心、转子绕组及转轴组成。

（1）转子铁心也是电机磁路的一部分，也是用 0.5 mm 的电工钢片叠成。与定子铁心冲片不同的是，转子铁心冲片是在冲片的外圆上开槽，叠装后的转子铁心外圆柱面上均匀地形成许多形状相同的槽，用以放置转子绕组。

（2）转子绕组是异步电动机电路的另一部分，其作用为切割定子磁场，产生感应电势和电流，并在磁场作用下受力而使转子转动。其结构可分为鼠笼式转子绕组和绕线式转子绕组两种类型。这两种转子各自的主要特点是，鼠笼式转子：结构简单，制造方便，经济耐用；绕线式转子：结构复杂，价格贵，但转子回路可引入外加电阻来改善启动和调速性能。

鼠笼式转子绕组结构与定子绕组大不相同。在转子铁心外圆有槽，每槽内放一根导条，在铁心两端用两个端环把所有的导条都连接起来，形成自行闭合的回路。如果去掉铁心，整个绕组的形状就像一个鼠笼，如图 3.6 所示。导条与端环的材料可为铜或铝。如果是用铜的，就是事先把做好的裸铜条插入铁心槽中，再用铜端环套在两端铜条的头上，并用铜焊或银焊把它们焊在一起，如图 3.6（a）所示。对中、小型电机一般都采用铸铝转子，是用熔化了的铝液直接浇铸在转子铁心槽内，连同端环以及风叶等一次铸成，如图 3.6（b）所示。

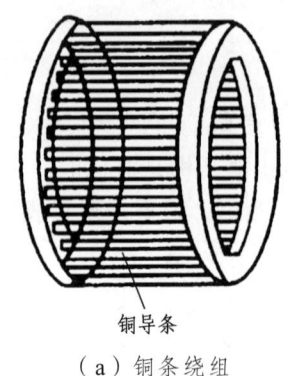

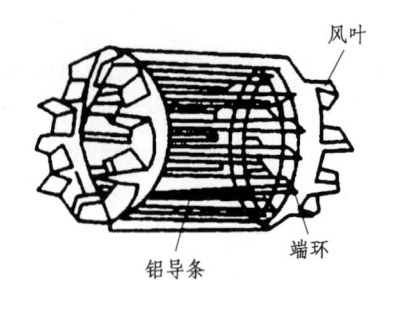

(a) 铜条绕组　　　　　　　　　(b) 铸铝绕组

图 3.6　鼠笼转子绕组

绕线式转子绕组是用绝缘导线组成，嵌放在转子铁心槽内的三相对称绕组三相一般为星型接法，三根引出线分别接到固定在转轴上并互相绝缘的三个集电环上，再通过安装在端盖上的电刷装置与集电环接触把电流引出来。这种转子的特点是可以通过集电环和电刷在转子回路中接入附加电阻，用以改善电动机的启动性能，或调节电动机的转速。有的绕线转子异步电动机还装有一种提刷短接装置，当电动机启动完毕而又不需要调节转速时，移动手柄使电刷被举起而与集电环脱离接触，同时使三只集电环彼此短接起来，这样可以减少电刷与集电环间的磨损和摩擦损耗，提高运行可靠性。与鼠笼式转子比较，绕线转子的缺点是结构复杂，价格较贵，运行的可靠性也较差。因此，绕线转子异步电动机只用在要求启动电流小、启动转矩大或需要调节转速的场合，例如用来拖动频繁启动的起重设备。

（3）转轴既是整个转子部件的安装基础，又是力和机械功率的传输部件，整个转子靠轴和轴承被支撑在定子铁心内腔中。转轴一般用中碳钢或合金钢制成。

3. 气　隙

异步电机的气隙是很小的，中小型电机一般为 0.2～2 mm。气隙越大，磁阻越大，要产生同样大小的磁场，就需要较大的励磁电流。由于气隙的存在，异步电机的磁路磁阻远比变压器为大，因而异步电机的励磁电流也比变压器的大得多。变压器的励磁电流约为额定电流的 3%，异步电机的励磁电流约为额定电流的 30%。励磁电流是无功电流，因而励磁电流越大，功率因数越低。为提高异步电机的功率因数，必须减少它的励磁电流，最有效的方法是尽可能缩短气隙长度。但是，气隙过小会使装配困难，还有可能使定子、转子在运行时发生摩擦或碰撞，因此，气隙的最小值由制造工艺以及运行安全可靠等因素来决定。

4. 其他部件

（1）端盖：安装在机座的两端，一般为铸铁件。端盖上的轴承室里安装了轴承来支撑转子，以使定子和转子得到较好的同心度，保证转子在定子内腔里正常运转。端盖除了起支撑作用外，还起着保护定子、转子绕组的作用。

（2）轴承：连接转动部分与不动部分，目前都采用滚动轴承以减少摩擦。

（3）轴承端盖：用于保护轴承，使轴承内的润滑油不致溢出。

（4）风扇：用于冷却电动机。

第二节 交流绕组

一、交流绕组概述

交流绕组是把属于同相的导体绕成线圈，再按照一定的规律，将线圈串联或并联起来形成的。交流绕组通常都绕成开启式，每相绕组的始端和终端都引出来，以便接成星形或三角形。

1. 绕组基本术语

1）线圈、线圈组、绕组

线圈也称绕组元件，是构成绕组的最基本单元，它是用绝缘导线按一定形状绕制而成的，可由一匝或多匝组成；多个线圈连成一组就称为线圈组；由多个线圈或线圈组按照一定规律连接在一起就形成了绕组。图 3.7 所示为常用的线圈示意图。线圈嵌放在铁心槽内的直线部分称为有效边，它是进行电磁能量转换的部分，伸出铁心槽外的部分，仅起连接作用，不能直接转换能量，称为端部。

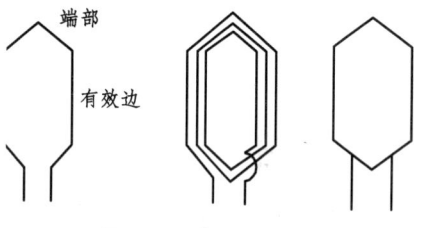

图 3.7 线圈示意图

2）极距 τ

极距是指交流绕组一个磁极所占有定子圆周的距离，一般用定子槽数来表示，即

$$\tau = \frac{z_1}{2p} \tag{3.3}$$

式中　z_1——定子铁心总槽数；

　　　$2p$——磁极数；

　　　τ——极距。

3）线圈节距 y_1

一个线圈的两个有效边所跨定子圆周的距离称为节距，一般也用定子槽数来表示。如某线圈的一个有效边嵌放在第 1 槽而另一个有效边放在第 6 槽，则其节距 $y_1 = 6-1 = 5$ 槽。从绕组产生最大磁势或电势的要求出发，节距 y_1 应接近于极距，即

$$y_1 \approx \tau = \frac{z_1}{2p} \tag{3.4}$$

当 $y_1 = \tau$ 时，称为整距绕组；$y_1 < \tau$ 时，称为短距绕组；$y_1 > \tau$ 时，称为长距绕组。

实际应用中，常采用短距和整距绕组，长距绕组一般不采用，因其端部较长，用铜量较多。

4）机械角度和电角度

一个圆周所对应的几何角度为 360°，该几何角度就称为机械角度。而从电磁方面来

看，导体每经过一对磁极 N、S，其电势就完成一个交变周期。对于 4 极电机，$p=2$，这时导体每旋转一周要经过两对磁极，对应的电角度为 $2\times360°=720°$，若电机有 p 对极，则

$$电角度 = p \times 机械角度 \tag{3.5}$$

5）每极每相槽数 q

每极每相槽数 q 是指每相绕组在每个磁极下占的槽数，可由下式计算：

$$q = \frac{z_1}{2pm} \tag{3.6}$$

式中　m——相数。

q 个槽所占的区域称为一个相带。通常情况下，三相异步电动机每个磁极下可按相数分为 3 个相带，因一个磁极对应的电角度为 180°，故每个相带占有电角度为 60°，称为 60°相带。

6）槽距角 α

槽距角是指相邻的两个槽之间的电角度，可由下式计算：

$$\alpha = \frac{360° \times p}{z_1} \tag{3.7}$$

7）极相组

极相组是指一个磁极下属于同一相的线圈按一定方式串联成的线圈组。

2. 交流绕组基本要求

三相异步电动机交流绕组的构成主要从设计制造和运行两方面考虑。绕组的形式有多种多样，具体要求为：

（1）在一定的导体数下，绕组的合成电势和磁势在波形上应尽可能为正弦波，在数值上尽可能大，而绕组的损耗要小，用铜量要省。

（2）对三相绕组，各相的电势和磁势要求对称而各相的电阻和电抗都相同。为此必须保证各绕组所用材料、形状、尺寸及匝数都相同且各相绕组在空间的分布应彼此相差 120°电角度。

（3）绕组的绝缘和机械强度要可靠，散热条件要好。

（4）制造、安装、检修要方便。

总之，上述对交流电机电枢绕组的要求，从原理上来看，可以归纳为对绕组感应电动势和产生磁动势的要求。对三相交流电机来说，要求三相绕组能感应出波形接近正弦、有一定数值的三相对称电动势；要求当三相绕组中流过三相对称电流时，能产生接近圆形的旋转磁动势。

三相交流绕组在槽内嵌放完毕后共有 6 个出线端引到电动机机座上的接线盒内。高压大、中型容量的异步电动机三相绕组一般采用星形接法；小容量的异步电动机三相绕组用三角形接法。

3. 三相交流绕组的分布、排列与连接要求

三相异步电动机交流绕组的作用是产生旋转磁场，要求交流绕组是对称的三相绕组，其分布、排列与连接应按下列要求进行：

（1）各相绕组在每个磁极下应均匀分布，以达到磁场的对称。

为此先将定子槽数按极数均分，每一等分代表180°电角度（称为分极）；再把每极下的槽数分为3个区段（相带），每个相带占60°电角度（称为分相）。

（2）各相绕组的电源引出线应彼此相隔120°电角度。

（3）同一相绕组的各个有效边在同性磁极下的电流方向应相同，而在异性磁极下的电流方向相反。

（4）同相线圈之间的连接应顺着电流方向进行。

4. 交流绕组分类

按槽内层数来分，其可分为单层绕组、双层绕组和单双层混合绕组；按每极每相所占的槽数来分，可分为整数槽绕组和分数槽绕组；按绕组的结构形状来分，可分为链式绕组、交叉式绕组、同心式绕组、叠绕组和波绕组等。以下介绍三相单层绕组和三相双层绕组。

二、三相单层绕组

单层绕组是指每一个槽内只有一条线圈边，整个绕组的线圈数等于定子总槽数一半的绕组。按照线圈的形状和端部连接方式的不同，单层绕组可分为链式绕组、交叉式绕组和同心式绕组等几种形式。根据前面所述对三相绕组的分布、排列和连接要求，可绘出三相单层绕组的展开图，下面举例说明3种常用的三相单层绕组的结构及展开图的绘制方法和步骤。

1. 链式绕组

链式绕组是由相同节距的线圈组成，其结构特点是绕组线圈一环套一环，形如长链，其每极每相槽数 q 一般为2槽。

【例3.1】 国产 Y90L-4 型三相异步电动机，定子绕组为单层链式绕组，定子槽数为24，节距 $y_1 = 5$ 槽，试绘出其绕组展开图。

【解】 （1）分极、分相。

每极所占槽数 $\tau = \dfrac{z_1}{2p} = \dfrac{24}{2 \times 2} = 6$ 槽

每极每相槽数 $q = \dfrac{z_1}{2pm} = \dfrac{24}{2 \times 2 \times 3} = 2$ 槽

分极：如图9.8（a）所示，将定子全部槽数按极数均分，则每极下分有6槽。磁极按 S、N、S、N 排列。

分相：将每个磁极下的槽数按相数均分为3个相带，则每个相带占有2槽。因一个磁极下有3个相带，则每对极共有6个相带，将这6个相带按 U1、W2、V1、U2、W1、V2 的顺序排列，如图3.8（a）所示。

（2）标出线圈有效边的电流方向。

按相邻两个磁极下线圈边中的电流方向相反的原则进行，设 S 极下线圈边的电流方向向上，则 N 极下线圈边的电流方向向下，如图 3.8（a）中箭头方向所示。

（3）按绕组节距的要求把相邻异极性下同一相的槽中的线圈边连成线圈。

由图 3.8（a）可知，U 相绕组包含第 1、2、7、8、13、14、19、20 共 8 个槽中的线圈边。线圈边 1、2 与 7、8 分别处于 S 极与 N 极下面，它们的电流方向相反，故线圈边 1、2 中的任意一个与线圈边 7、8 中的任意一个都可组成一个线圈；同样 13、14 中任意一个与 19、20 中任一个也都可组成一个线圈。本题中，节距 $y_1=5$，故可将 U 相带下 8 个槽中的导体组成以下 4 个线圈：2-7、8-13、14-19、20-1，如图 3.8（b）所示。同理，V 相的 4 个线圈为 6-11、12-17、18-23、24-5；W 相的 4 个线圈为 10-15、16-21、22-3、4-9，如图 3.8（c）所示。

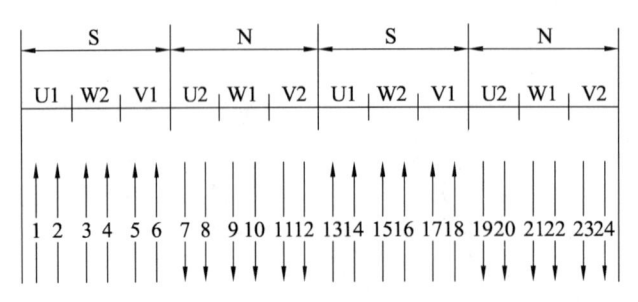

（a）分极、分相图

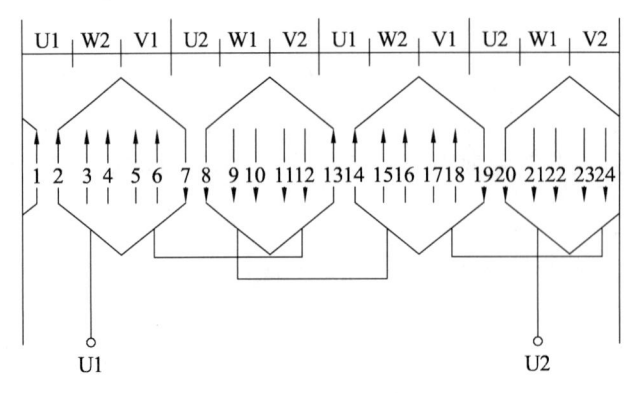

（b）U 相绕组

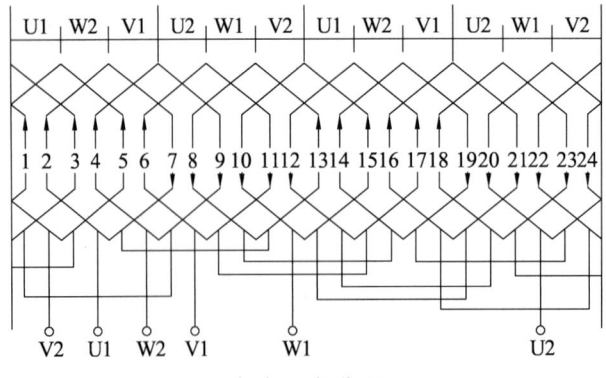

（c）三相绕组

图 3.8　链式绕组

（4）确定各相绕组的出线端。

各相绕组的出线端彼此相隔 120° 电角度。由于本题电机的槽距角为：

$$\alpha = \frac{360° \times p}{z_1} = \frac{360° \times 2}{24} = 30°$$

则 120° 电角度相隔 $\frac{120°}{30°} = 4$ 槽。

将 U 相绕组出线端的首端 U1 定在第 2 槽，则 V 相首端 V1 应定在第 6 槽（2+4），W 相首端 W1 定在第 10 槽，如图 3.8（c）所示。

（5）顺着电流方向把同相线圈连接起来。

将 U 相各线圈沿电流方向连接起来，便形成 U 相绕组的展开图，如图 3.8（b）所示。显然，上述的连接方法是各线圈的"头接头、尾接尾"，这种连接方法称为反串联。按同样的方法，可连成 V 相绕组和 W 相绕组，从而得到三相绕组的展开图，如图 3.8（c）所示。

国产 JO2-21-4 型、JO2-22-4 型、Y802-4 型等三相异步电动机的定子绕组都是采用这种链式绕组。

2. 同心式绕组

同心式绕组的结构特点是各相绕组均由不同节距的同心式线圈连接而成，其每极每相槽 q 一般为 4 槽。

【例 3.2】 国产 Y100L-2 型三相异步电动机，定子绕组为单相同心式绕组，定子槽数为 24，大线圈节距为 11 槽，小线圈节距为 9 槽，试绘出其绕组展开图。

【解】（1）分极、分相。

每极所占槽数　　$\tau = \frac{z_1}{2p} = \frac{24}{2 \times 1} = 12$ 槽

每极每相槽数　　$q = \frac{z_1}{2pm} = \frac{24}{2 \times 1 \times 3} = 4$ 槽

由计算可知，该电机每个极下共有 12 槽，整个定子可分为 6 个相带，每相带内有 4 槽。采用与例 3.1 相同的方法分极、分相，如图 3.9（a）所示。

（2）标出线圈有效边的电流方向。

设 S 极下线圈边的电流方向向上，则 N 极下线圈边电流方向向下，如图 3.9（a）中箭头方向所示。

（3）按绕组节距的要求，把同一相的线圈边按电流方向连成线圈。

由于大线圈边节距 11 槽，小线圈边节距 9 槽，则对 U 相绕组来说，可将线圈边 3 与 14 组成一个大线圈，4 与 13 组成一个小线圈，大小线圈相套形成一个同心式极相组。同理，线圈边 15 与 2 组成大线圈，16 与 1 组成小线圈，形成另一个同心式极相组，如图 3.9（a）所示。

用同样的方法可得：V 相的 4 个线圈为 11-22、12-21、23-10、24-9；W 相的 4 个线圈为 19-6、20-5、7-18、8-17，如图 3.9（b）所示。

（4）确定各相绕组的出线端。

各相绕组的出线端彼此相隔 120° 电角度。由于本题电机的槽距角为：

$$\alpha = \frac{360° \times p}{z_1} = \frac{360° \times 1}{24} = 15°$$

则 120° 电角度相隔 $\frac{120°}{15°} = 8$ 槽。

将 U 相绕组出线端的首端 U1 定在第 3 槽，则 V 相首端 V1 在第 11 槽，W 相首端 W1 在第 19 槽，如图 3.9（b）所示。

（5）顺着电流方向把同相线圈连接起来。

按照"头接头、尾接尾"的方法，将 U 相各线圈沿电流方向连接起来，便形成 U 相绕组的展开图，如图 3.9（a）所示。同理，可连成 V 相绕组和 W 相绕组，从而得到三相绕组的展开图，如图 3.9（b）所示。

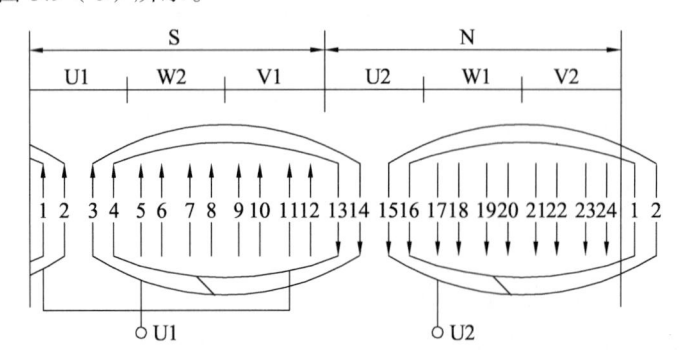

(a) U 相绕组

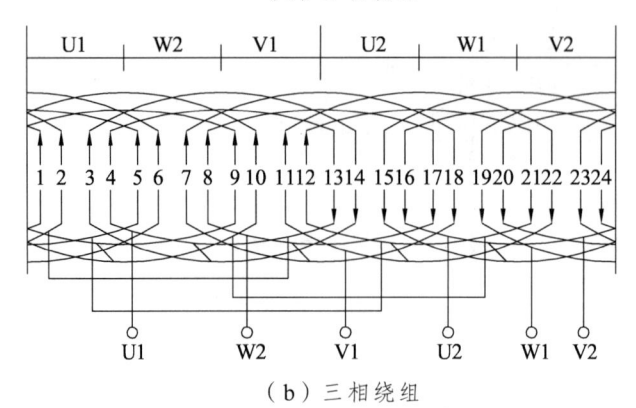

(b) 三相绕组

图 3.9 同心式绕组

国产 JO2-12-2 型、JO2-31-2 型、Y112M-2 型等三相异步电动机的定子绕组都是采用这种同心式绕组。

3. 交叉式绕组

交叉式绕组主要用于每极每相槽数 q 为 3 槽的四极或两极小型三相异步电动机中。这种绕组可看成是链式绕组和同心式绕组的一个综合。它采用不等距的线圈，比同心式绕组的端部短，且便于布置。

【例 3.3】 国产 Y132S-4 型三相异步电动机，定子绕组为单层交叉式，定子槽数为 36，大线圈节距为 8 槽，小线圈节距为 7 槽，试绘出其绕组展开图。

【解】 （1）分极、分相。

每极所占槽数：

$$\tau = \frac{z_1}{2p} = \frac{36}{2 \times 2} = 9 \text{ 槽}$$

每极每相槽数：

$$q = \frac{z_1}{2pm} = \frac{36}{2 \times 2 \times 3} = 3 \text{ 槽}$$

采用与例 3.1 相同的方法分极、分相，如图 3.10（a）所示。

（2）标出线圈有效边的电流方向。

设 S 极下线圈边的电流方向向上，则 N 极下线圈边电流方向向下，如图 3.10（a）中箭头方向所示。

（3）按绕组节距的要求把同一相的线圈边按电流方向连成线圈。

由于大线圈边节距 8 槽，小线圈边节距 7 槽，则对 U 相绕组来说，可将线圈边 2 与 10 和 3 与 11 组成一个双联（两个线圈联在一起）的大线圈组，12 与 19 组成一个小线圈组；同理，线圈边 20 与 28 和 21 与 29 组成另一个大线圈组，30 与 1 组成另一个小线圈组，如图 3.10（a）所示。

用同样的方法可得，V 相 4 个线圈组为 8-16 和 9-17、18-25、26-34 和 27-35、36-7；W 相的 4 个线圈组为 14-22 和 15-23、24-31、32-4 和 33-5、6-13，如图 3.10（b）所示。

（4）确定各相绕组的出线端。

各相绕组的出线端彼此相隔 120° 电角度。由于本题电机的槽距角为：

$$\alpha = \frac{360° \times p}{z_1} = \frac{360° \times 2}{36} = 20°$$

则 120° 电角度相隔 $\frac{120°}{20°} = 6$ 槽。

将 U 相绕组出线端的首端 U1 定在第 2 槽，则 V 相首端 V1 在第 8 槽，W 相首端 W1 在第 14 槽，如图 3.10（b）所示。

（5）顺着电流方向把同相线圈连接起来。

按"头接头、尾接尾"的方法，将 U 相各线圈沿电流方向连接起来，便形成 U 相绕组的展开图，如图 3.10（a）所示。同理，可连成 V 相绕组和 W 相绕组，从而得到三相绕组的展开图，如图 3.10（b）所示。

国产 JO2-31-4 型、JO2-32-4 型、Y132M-4 型等三相异步电动机的定子绕组都是采用这种交叉式绕组。

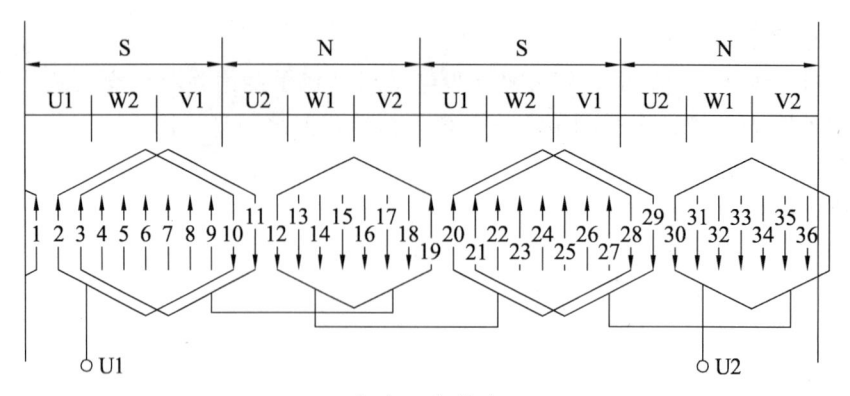

（a）U 相绕组

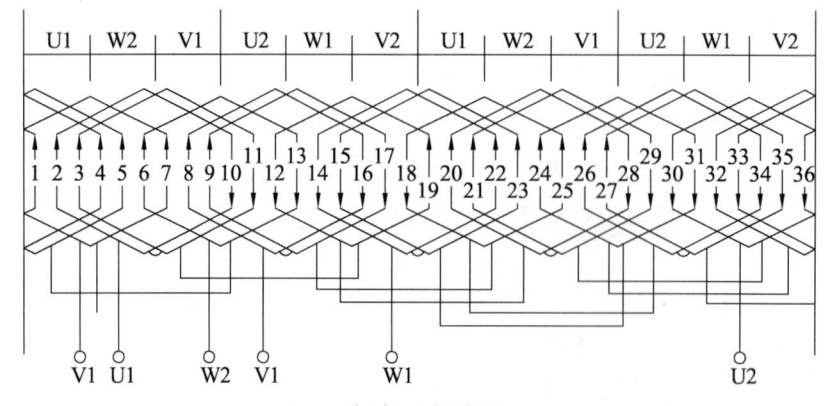

（b）三相绕组

图 3.10 交叉式绕组

单层绕组的构成最主要的是确定三相绕组的各个线圈在定子槽中的分布规律，只要保证每相绕组所属的槽号及电流方向，改变绕组元件的端接形式，对电磁效果就基本上没有影响了。

上面讨论的 3 种单层绕组，它们从外部结构上看虽各不相同，但从产生的电磁效果角度看则基本上是一致的。因此到底选用哪种结构形式，主要从缩短端接部分的长度（即节省有色金属）出发，当然也要考虑嵌线工艺的可能性。同心式绕组因端节部分较长，一般只在嵌线比较困难的两极电机中采用，功率较小的 4 极、6 极、8 极电机采用链式绕组，少部分的两极、四极电机采用交叉式绕组。

单层绕组的优点是结构简单，嵌线比较方便，槽的利用率高（因无层间绝缘）。其最大的缺点是产生的磁场和电势波形较差（与正弦波相差较大），从而使电机铁损和噪音都较大，启动性能不良，故多用于小容量的三相异步电动机中。

三、三相双层叠绕组

双层绕组的每个槽内有上层、下层两个线圈边，每个线圈的一条边嵌放在某一槽的上层，另一条边嵌放在另一槽的下层，整个绕组线圈数正好等于槽数。

双层绕组可以选择最有利的节距，所有线圈具有同样的形状和尺寸，便于制造，端部形状排列整齐，有利于散热和增加机械强度，所以容量较大（10 kW 以上）的三相异步电动机的定子绕组一般均采用双层绕组。

双层绕组可分为叠绕组和波绕组两种形式。叠绕组在嵌线时，两个互相串联的线圈，总是后一个叠在前一个上面，所以称为叠绕组。以下举例说明三相双层叠绕组的结构及展开图的绘制方法和步骤。

【例 3.4】 一台三相 4 极异步电动机，定子绕组为双层叠绕组，定子槽数为 36，节距 $y_1 = 7$，试绘出其绕组展开图。

【解】 （1）分极、分相。

每极所占槽数 $\tau = \dfrac{z_1}{2p} = \dfrac{36}{2 \times 2} = 9$ 槽

每极每相槽数 $q = \dfrac{z_1}{2pm} = \dfrac{36}{2 \times 2 \times 3} = 3$ 槽

由计算可知，该电机每极下共有 9 个槽，整个定子可分为 12 个相带，每相带内有 3 个槽，采用与例 3.1 相同的方法分极、分相，如图 3.11（a）所示。

（2）标出 U 相线圈有效边的电流方向。

图 3.11 中，实线表示上层边，虚线表示下层边，每个线圈都由一根实线和一根虚线组成，各线圈的编号都用其上层边所在的槽号表示。设 S 极下线圈上层边的电流方向向上，则 N 极下线圈上层边电流方向向下，如图 3.11（a）中箭头方向所示。

（3）按绕组节距的要求，把同一相的线圈边按电流方向连成线圈并组成极相组。

对 U 相绕组来说，因线圈节距 $y_1 = 7$ 槽，则第 1 槽的上层边与第 8 槽的下层边连接起来构成线圈 1，第 2 槽的上层边与第 9 槽的下层边连接起来构成线圈 2，以此类推，即可构成定子绕组 U 相的全部 12 个线圈。

将线圈 1、2、3 串联起来，19、20、21 串联起来，分别组成了两个对应于 S 极下的极相组；将线圈 10、11、12 串联起来，28、29、30 串联起来，分别组成了两个对应于 N 极下的极相组，如图 3.11（a）所示。

（4）确定各相绕组的出线端。

各相绕组的出线端彼此相隔 120° 电度角。由于本题电机的槽距角为：

$$\alpha = \dfrac{360° \times p}{z_1} = \dfrac{360° \times 2}{36} = 20°$$

由于 U、V、W 三相绕组出线端的首端应相隔 120° 电角度，将 U 相出线端的首端 U1 定在第 1 槽，则 V 相首端 V1 在第 7 槽，W 相首端 W1 在第 13 槽，如图 3.11（b）所示。

（5）顺着电流方向把各极相组连接起来

U 相绕组中各线圈的电流方向如图 3.11（a）所示，沿电流方向将 U 相绕组的 4 个极相组按"头接头，尾接尾"的方法连接起来，便形成 U 相绕组的展开图，如图 3.11（a）所示。同理，可连成 V 相绕组和 W 相绕组，从而得到三相绕组的展开图，如图 3.11（b）所示。

上述绕组的连接，是假定绕组的并联支路数 $a = 1$ 来分析的，即各相绕组的 4 个极相组串联成一条支路。若要求并联支路数 $a=2$，则只要改变各相绕组的 4 个极相组之间的连接。以 U 相为例，把第一对极中 S 极下的极相组 1-2-3 与 N 极下的极相组 10-11-12 用"尾接尾"的方法连接起来组成一条支路，而把另一对极中 S 极下的极相组 19-20-21 与 N 极下的极相组 28-29-30 用"尾接尾"的方法连接起来组成另一条支路，然后再把这两条支路的首端与首端（线圈 1 和线圈 19 的首端）相连，作为 U 相绕组的首端 U1，尾端与尾端（线圈 10 和线圈 28 的首端）相连，作为 U 相绕组的尾端 U2，即得到两条并联支路。

由所述可知，双层叠绕组每相的极相组数正好等于电机的极数，而每个极相组都可单独成为一条支路，因此，双层叠绕组每相的最大并联支路数等于电机磁极数。

双层叠绕组的优点是：① 可以灵活地选择线圈节距 y_1 来改善电动势和磁动势波形；② 短矩时能节省端部用铜；③ 便于得到较多的并联支路数。其缺点是：① 一台电机最后几个线圈的嵌线较困难；② 线圈组间连接线较长，极数多时耗铜多。

为了克服双层叠绕组的缺点，可采用双层波绕组。

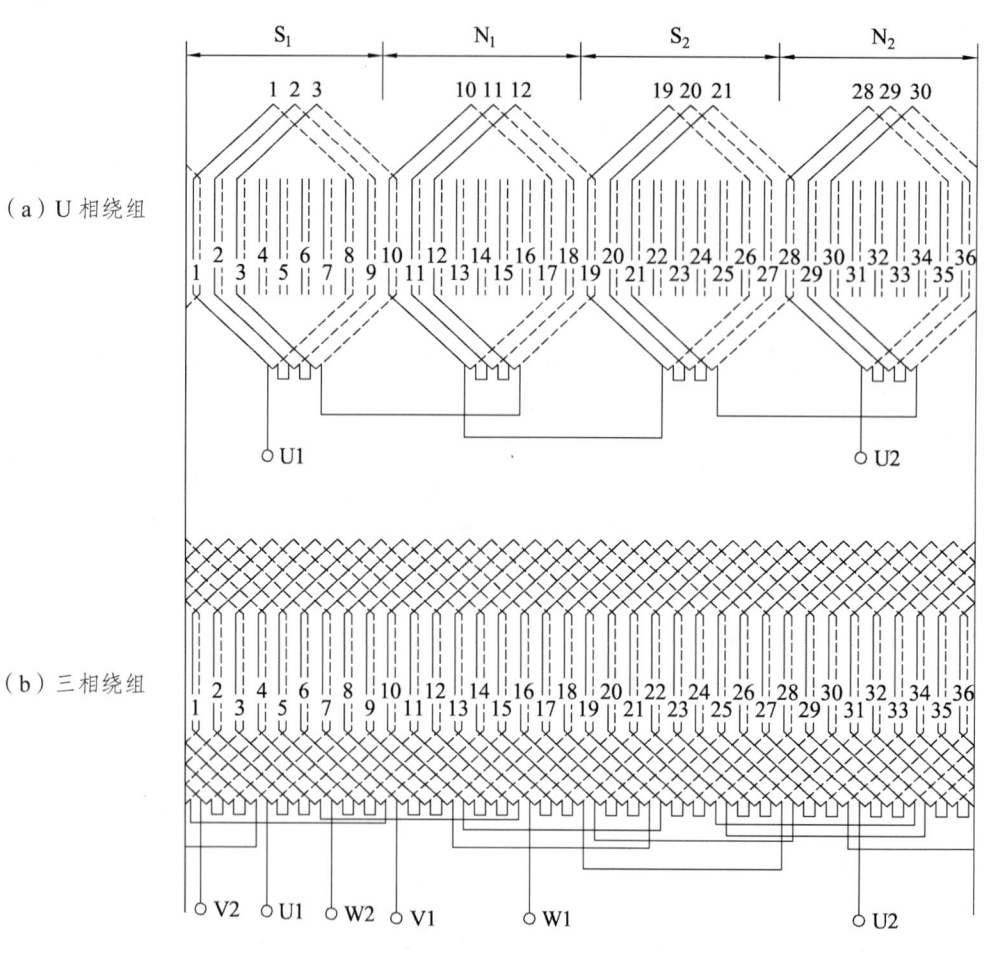

图 3.11 双层叠绕组

交流电机的波绕组与直流电机的波绕组类似，其线圈的示意图如图 3.12 所示，相邻线圈沿绕制方向波浪形前进。绕组的节距有三个：第一节距 y_1 是每个线圈两个有效边之间的距离，第二节距 y_2 是前一线圈的下层边与相连的后一线圈的上层边之间的距离，合成节距 y 是两个相连线圈对应边之间的距离，三个节距均用槽数来表示。第一节距 y_1 的确定与叠绕组线圈节距 y_1 相同，等于极距 τ 或略小于 τ。为使相连的线圈的磁动势或电动势相加，两个相连的线圈应处于相邻两对磁极的对应位置，故合成节距 y 通常选为一对极距，即

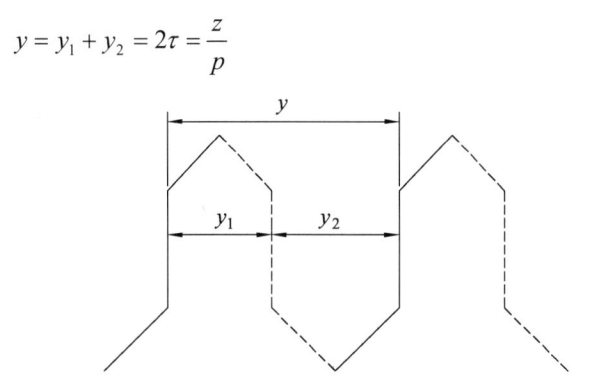

$$y = y_1 + y_2 = 2\tau = \frac{z}{p}$$

图 3.12 波绕组线圈与节距

与单层绕组相比，双层绕组的优点是可以采用短距，以改善磁动势和电动势的波形，绕组端部排列方便，便于整形，可以得到较多的并联支路数。缺点是线圈数目多一倍，绕线和下线费事，槽内上下层线圈边之间应垫层间绝缘，降低了槽的利用率，短距时，有些槽的上下层线圈边不属于同一相，存在相间绝缘击穿的薄弱环节。适用于电机容量大于 10 kW 的交流电机。

第三节 交流绕组的电势和磁势

一、三相定子绕组的电势

通过单层链式绕组、同心式绕组和交叉式绕组等的展开图可以看出，这些绕组的线圈按照一定的规律分布排列着，且它们的线圈节距均小于其极距，也就是说，它们是分布线圈绕组。相比较而言，可以说变压器原、副边绕组都是集中线圈绕组。根据电磁感应定律可以证明，三相异步电动机定子绕组的相电势 E_1 为：

$$E_1 = 4.44 f_1 N_1 \Phi_m K_w \tag{3.8}$$

式中，f_1 为三相定子绕组中电流的频率；N_1 为每相定子绕组总的串联匝数；Φ_m 为异步电动机的每极磁通；$K_w = K_y K_q$ 为绕组因数。

K_y 称为节距因数，它的数值与线圈节距有关，它表示短距线圈和长距线圈电势的减小程度，短距线圈和长距线圈的 $K_y < 1$，整距线圈的 $K_y = 1$。

K_q 称为分布因数，它的数值与线圈分布有关，它表示分布线圈电势的减小程度，分布线圈的 $K_q < 1$，集中线圈的 $K_q = 1$。

二、三相定子绕组的磁势

1. 单相绕组的磁势

在三相定子绕组中通入三相正弦波的电流，则三相定子绕组中的每一个单相绕组所产生的磁势为脉动磁势。所谓脉动磁势，就是磁势的轴线（即磁势幅值所在的位置）在空间固定不动，但振幅不断随时间而变化的磁势。

可以证明，单相绕组脉动磁势，$f_\phi(x, t)$ 的数学表达式可以写成：

$$f_\phi(x, t) = F_\phi \cos x \cos \omega t \tag{3.9}$$

式中，f_ϕ 为磁势的幅值；x 为空间坐标；t 为时间坐标；ω 为绕组中正弦交流电的角频率。

从式（3.9）可见，在任一瞬间，磁势的空间分布为一余弦波，但在空间任何一点的磁势，则又随时间作余弦变化。或者说，该磁势既是空间函数又是时间函数。

可以证明，单相绕组脉动磁势的幅值 $F_\phi = \dfrac{0.9 I N_1 K_w}{p}$，说明单相绕组脉动磁势的幅值与绕组中的电流 I 成正比，与相绕组总的串联匝数 N_1 成正比，与绕组因数 K_w 成正比，与电机的极对数 p 成反比。

2. 三相绕组的磁势

三相绕组由 3 个单相绕组组成，这 3 个单相绕组分别产生脉动磁势。在三相异步电动机中，3 个单相绕组是对称的，即 U、V、W 三相绕组在空间互相间隔的距离为 120° 电角度。电机在对称运行时，通入三相绕组中的三相电流亦是对称的，即其幅值相等，在时间相位上互差 120° 电角度，即

$$i_U = \sqrt{2} I \cos \omega t \tag{3.10}$$

$$i_V = \sqrt{2} I \cos(\omega t - 120°) \tag{3.11}$$

$$i_W = \sqrt{2} I \cos(\omega t - 240°) \tag{3.12}$$

因此，U、V、W 三相绕组的磁势分别为：

$$f_{\phi U} = F_\phi \cos x \cos \omega t \tag{3.13}$$

$$f_{\phi V} = F_\phi \cos(x - 120°) \cos(\omega t - 120°) \tag{3.14}$$

$$f_{\phi W} = F_\phi \cos(x - 240°) \cos(\omega t - 240°) \tag{3.15}$$

将这三脉动磁势分别进行分解，可得

$$f_{\phi U} = \frac{1}{2} F_\phi \cos(\omega t - x) + \frac{1}{2} F_\phi \cos(\omega t + x) \tag{3.16}$$

$$f_{\phi V} = \frac{1}{2} F_\phi \cos(\omega t - x) + \frac{1}{2} F_\phi \cos(\omega t + x - 240°) \tag{3.17}$$

$$f_{\phi W} = \frac{1}{2} F_\phi \cos(\omega t - x) + \frac{1}{2} F_\phi \cos(\omega t + x - 120°) \tag{3.18}$$

把上述 3 个公式相加，可知前三相余弦互相叠加，后三相之和为零。故三相合成磁势为：

$$f(x, t) = 1.5F_\Phi \cos(x - \omega t) \tag{3.19}$$

上式表明，当三相对称电流流过三相对称绕组时，三相绕组的合成磁势为一个圆形旋转磁势。

圆形旋转磁势的幅值为单相绕组脉动磁势幅值 F_Φ 的 1.5 倍，其旋转速度为同步转速，用 n_1 来表示，其计算公式为：

$$n_1 = \frac{60 f_1}{p} \tag{3.20}$$

式中　f_1——三相定子绕组中电流的频率；

　　　p——相异步电动机的磁极对数。

一个三相对称绕组流过三相对称电流时，它所产生的合成磁势一定是一个圆形旋转磁势。这个概念可以进一步用图 3.13 来解释。图 3.13 中 U1U2、V1V2、W1W2 是定子上的三相绕组，它们在空间互相间隔 120° 电角度。三相电流的变化曲线如图 3.14 所示。

在图 3.13 中假设 A、B、C 三相电流分别流入 U、V、W 三相绕组，正值电流是从绕组的首端流入（用 ⊕ 来表示流入）而从尾端流出（用 ⊙ 来表示流出），负值电流则从绕组的尾端流入而从首端流出。

在图 3.14 中，当 $\omega t = 0$ 时，A 相电流具有正的最大值，相应地在图 3.13（a）中，A 相电流是从 U 相绕组的首端点 U1 流入，而从尾端点 U2 流出；此时，B 相及 C 相电流均为负值，所以电流 I_B 和 I_C 分别从 V 相绕组及 W 相绕组的尾端 V2 和 W2 流入，而从首端 V1 和 W1 流出。从图 3.13（a）中电流的分布情况可以清楚地看到：合成磁势的轴线正好与 U 绕组的中心线相重合。

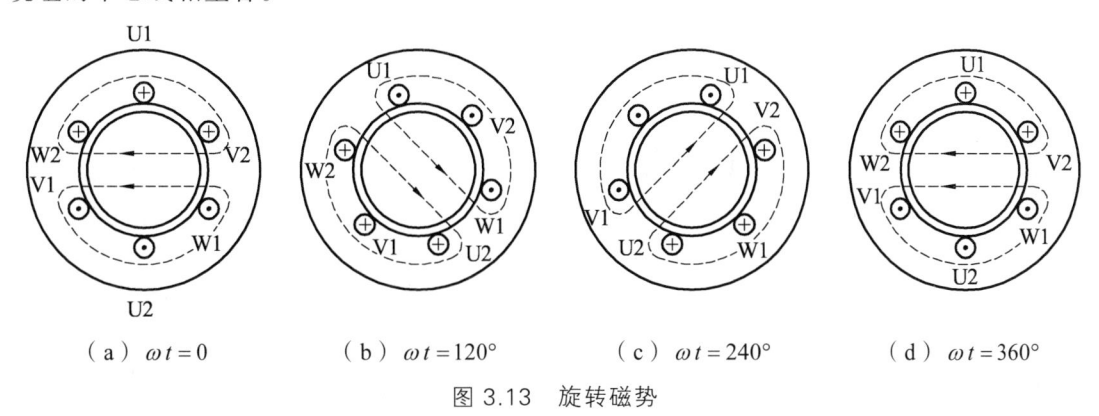

（a）$\omega t = 0$　　（b）$\omega t = 120°$　　（c）$\omega t = 240°$　　（d）$\omega t = 360°$

图 3.13　旋转磁势

在图 3.14 中，当 $\omega t = 120°$ 时，B 相电流达到正的最大值，A 相及 C 相电流则为负值，因此相应地在图 3.13（b）中，B 相电流是从 V 相绕组的首端 V1 点流入，而从尾端 V2 点流出，A 相及 C 相电流分别从它们的尾端 U2 及 W2 点流入，而从首端 U1 及 W1 点流出，此时合成磁势的轴线便与 V 相绕组的中心线相重合。

根据同样的方法可以解释图 3.14。当 $\omega t = 240°$ 时，C 相电流有最大值，合成磁势的轴线便与 W 相绕组的中心线相重合。分析图 3.13（a）、(b)、(c) 3 个图形中磁势的位置，可以明显地看出，合成磁势是一个旋转磁势。旋转磁势的轴线总是与电流达到最大值的那一相绕组的中心线相重合。

图 3.14 三相电流

如果三相绕组流过的是正序电流，则 A 相电流首先达到最大值，而后依次是 B 相及 C 相电流达到最大值，则合成磁势的轴线首先与 U 相绕组的中心线相重合，而后再依次同 V 相绕组和 W 相绕组中心线相重合。所以合成磁势的旋转方向是从 U 相到 V 相，再从 V 相到 W 相。也就是说：旋转磁势的转向总是从超前电流的相转向滞后电流的相。

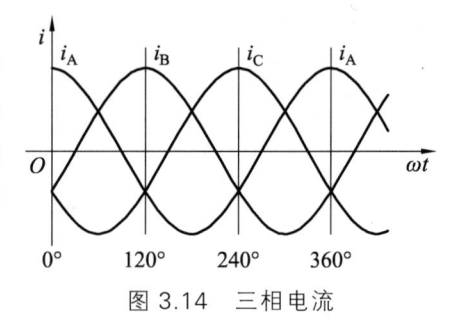

如果三相绕组流过的是负序电流，则 A 相电流首先达到最大值，而后依次是 C 相及 B 相电流达到最大值，所以合成磁势的轴线首先与 U 相绕组的中心线相重合，而后再依次同 W 相绕组和 V 相绕组中心线相重合。合成磁势的旋转方向是从 U 相到 W 相，再从 W 相到 V 相。

可见，要改变旋转磁势的转向，只要改变通入电流的相序，也就是说，只要把三相绕组中的任何两个出线端的位置对换就可以了。

综上所述，三相绕组合成磁势具有以下性质：

（1）三相合成磁势在任何瞬间保持着恒定的振幅，它是单相脉振磁势振幅的 1.5 倍；

（2）三相绕组合成磁势的转速仅决定于电流的频率和电机的极对数；

（3）当某相电流达到最大值时，合成磁势波的波幅就与该相绕组的轴线重合；

（4）合成磁势的旋转方向决定于电流的相序。

第四节　三相异步电动机工作原理及运行分析

一、三相异步电动机工作原理

三相异步电动机工作原理如图 3.15 所示。定子上的三相绕组接到三相交流电源上转子绕组自成闭合回路。三相异步电机的工作可分为 3 种情况，以下分别作介绍。

1. 三相异步电动机作为电动机运行

三相异步电动机作为电动机运行是其最普遍的工作状态。三相电流流入三相定子绕组，产生旋转磁势，并在气隙中产生相应的旋转磁场。旋转磁场也是以同步转速 n_1 在旋转。为了便于说明问题，在图 3.15 中用一对旋转的磁极来表示该旋转磁场。

当旋转磁场切割转子导体时，在其中产生感应电势，使转子导体中有电流流过。其方向可利用右手定则判断。转子电流与旋转磁场作用而产生电磁转矩，使转子以转速 n 旋转，从而把电能转换成机械能，作电动机运行。由左手定则判断可知，转子方向与磁场旋转方向相同,如图 3.15(b)所示。

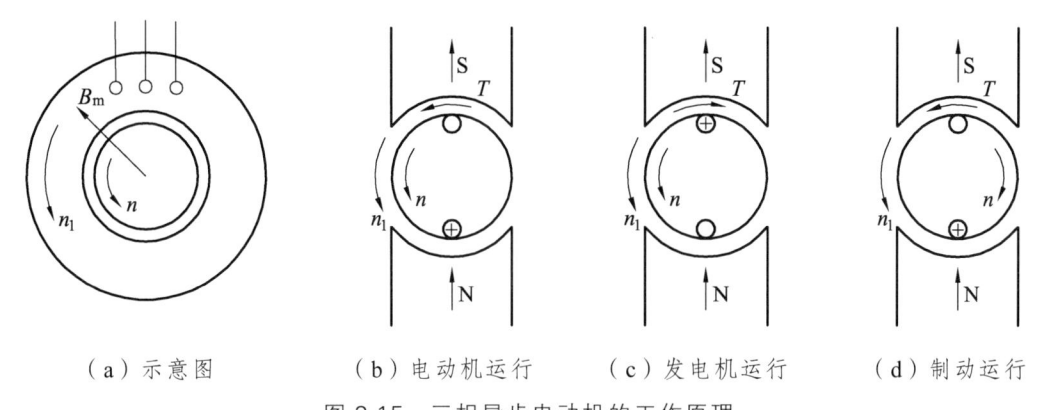

(a)示意图　　(b)电动机运行　　(c)发电机运行　　(d)制动运行

图 3.15　三相异步电动机的工作原理

当异步电机作为电动机运行时,为了克服负载的阻力转矩,三相异步电动机的转速 n 总是略低于同步转速 n_1,以便气隙中的旋转磁场能够切割转子导体而在其中产生感应电势和感应电流,从而能够产生足够的电磁转矩来拖动转子旋转。如果转子的转速与同步转速相等,转向又相同,则气隙旋转磁场与转子导体之间没有相对运动,因而转子导体中就不会产生感应电势和电流,电机的电磁转矩也将为零。可见,异步电机产生电磁转矩的必要条件是,磁场的同步转速 n_1 和转子的转速 n 不相等,即 $n_1 \neq n$。

把同步转速 n_1 和转子转速 n 的差值称为转差,转差与同步转速 n_1 的比值称为转差率,转差率用 s 来表示,即

$$s = \frac{n_1 - n}{n_1} \tag{3.21}$$

转差率是异步电机的一个基本变量,它可以表示异步电机的各种不同运行状态。

(1)在电机刚启动时,转子转速 $n=0$,则 $s=1$,转子切割旋转磁场的相对速度为最大,转子中的电势及电流也最大。如果电动机产生的电磁转矩足以克服机械负载的阻力转矩,转子就开始旋转,转速会不断上升。

(2)随着转子转速 n 的上升,转差率 s 减小,转子切割旋转磁场的相对速度减小,转子中的电势及电流也减小。在额定状态下,转差率 s 的数值通常都是很小的,中小型异步电动机的转差率为 0.01~0.07,转子转速与同步转速相差并不很大。而空载时,因阻力矩很小,转子转速 n 很高,转差率则更小,为 0.004~0.007,可以认为转子转速近似等于同步转速。

(3)假设 $n = n_1$,则转差率 $s=0$,此时转子导体不切割旋转磁场,转子中就没有感应电势及电流,也不产生电磁转矩。

可见,作电动机运行时,转速 n 在 0~n_1 的范围内变化,而转差率则在 1~0 的范围内变化。

三相异步电动机的转速可用转差率来计算,即

$$n = (1-s)n_1 \tag{3.22}$$

2. 三相异步电动机作为发电机运行

若异步电机的转轴上不是机械负载，而是用一原动机拖动异步电机的转子以大于同步转速的速度与旋转磁场同方向旋转，如图 3.15（c）所示。此时，转子导体相对于旋转磁场的运动方向与图 3.15（b）相反，转子导体中的电势及电流也反向。由左手定则可知，转子导体所产生的电磁转矩也与转子转向相反，起着制动作用。为了克服电磁转矩的制动作用，使转子能继续旋转下去，并保持 $n>n_1$，原动机就必须不断向电机输入机械功率，而电机则把输入的机械功率转换为电功率输出给电网，此时异步电机成为发电机。异步发电机运行时，转差率 s 为负值。

3. 三相异步电动机在制动状态下运行

若在外力作用下，使转子逆着旋转磁场方向转动，如图 3.15（d）所示。比较图 3.15（b）和图 3.15（d）可见，此时转子导体相对于磁场的运动方向与电动机运行状态相同，故转子导体中的电势和电流方向仍与电动机状态相同，作用在转子上的电磁转矩方向与旋转磁场方向一致，但却与转子转向相反，起了阻止转子旋转的作用，故称为三相异步电动机的制动运行。在这种情况下，它一方面消耗原动机的机械功率，同时也从电网吸收了电功率，这两部分功率均变为三相异步电动机内部的损耗。制动运行时，由于转子逆着磁场方向旋转，$n<0$，则转差率 $s>1$。

在 3 种运行状态下，转子转速总是与旋转磁场转速（同步转速）不同，因而称为异步电机。又由于异步电机的转子绕组并不直接与电源相接，而是依靠电磁感应的原理来产生感应电势和电流，从而产生电磁转矩使电动机转，因而异步电机又称为感应电机。

实际上，异步电机绝大多数都是作为电动机运行。异步发电机的性能不如同步发电机优越，因此仅用在特殊场合。制动运行往往是吊车等设备的一种特殊运行状态。

二、三相异步电动机的功率和转矩平衡关系

1. 三相异步电动机中各项功率、损耗的含义

电机是机电能量转换的机械，在能量转换过程中必然会有功率平衡关系，必然会有损耗。

当三相异步电动机接在电网上稳定运行时，由电网供给的电功率称为三相异步电动机的输入功率 P_1。

$$P_1 = 3U_1I_1\cos\varphi_1 \tag{3.23}$$

式中　U_1——三相异步电动机定子绕组相电压；

　　　I_1——三相异步电动机定子绕组相电流；

　　　φ_1——相电压 U_1 与相电流 I_1 之间的相位角；

　　　$\cos\varphi_1$——三相异步电动机功率因数。

输入功率中的一小部分将消耗于定子绕组的电阻上，该部分称为定子绕组铜耗 p_{Cu1}：

$$p_{Cu1} = 3I_1^2 r_1 \tag{3.24}$$

式中　　r_1——三相异步电动机定子绕组相电阻。

输入功率的另外一小部分将消耗于定子铁心上,该部分称为铁耗 p_{Fe}。

转子铁心损耗可忽略不计。这是因为正常运行时,三相异步电动机转子转速接近旋转磁场的同步转速,转差率 s 很小,转子铁心中磁通变化的频率很小,再加上转子铁心和定子铁心都是用硅钢片叠成,因而转子铁心中铁耗很小。所以,三相异步电动机的铁耗主要是定子铁心损耗。

输入功率减去定子铜耗和铁耗以后,余下的功率全部送入转子,这部分功率称为电磁功率 P_M。电磁功率是借助电磁感应作用通过气隙旋转磁场由定子传递到转子的。

$$P_M = P_1 - p_{Cu1} - p_{Fe} \tag{3.25}$$

传递到转子的电磁功率,一部分将消耗于转子绕组中的电阻上,这部分功率称为转子绕组铜耗 p_{Cu2}。

$$p_{Cu2} = 3I_2^2 r_2 \tag{3.26}$$

式中　　I_2——三相异步电动机转子绕组相电流;

　　　　r_2——三相异步电动机转子绕组相电阻。

传递到转子的电磁功率 P_M 减去转子铜耗 p_{Cu2} 后余下的功率称为全机械功率 $P_全$。

$$P_全 = P_M - p_{Cu2} \tag{3.27}$$

全机械功率实际上是传递到电机转轴上的机械功率,它是转子绕组中的电流与旋转磁场相互作用产生电磁转矩,带动转子以转速 n 旋转时所对应的功率。

电机转子转动时,会产生轴承摩擦及风阻等阻力转矩,为克服此阻力转矩将消耗一部分功率,这部分功率称为机械损耗 p_Ω。

定子及转子绕组中流过电流时,除产生基波磁通外,还产生高次谐波磁通及其他漏磁通,这些磁通穿过导线、定子及转子铁心、机座、端盖等金属部件时,在其中感应电势和电流并引起损耗,这部分称为杂散损耗 p_s。杂散损耗的大小与气隙的大小和制造工艺等因素有关。

全机械功率减去机械损耗和杂散损耗以后,就是三相异步电动机转轴上输出的机械功率 P_2。用 $p_{\Omega+s}$ 表示机械损耗和杂散损耗之和,则

$$P_2 = P_全 - p_{\Omega+s} \tag{3.28}$$

铁耗 p_{Fe}、定子绕组铜耗 p_{Cu1}、转子绕组铜耗 p_{Cu2} 都属于电磁损耗,这 3 项损耗主要与电的电磁负荷有关,即与电机中的磁场强度、绕组中的电流大小、铁心和绕组的几何尺寸等有关。机械损耗 p_Ω 主要与电机的转速、摩擦系数等因素有关。以上 4 项损耗属于电机的基本损耗。杂散损耗 p_s 的值很小,一般可以忽略不计。

2. 三相异步电动机的功率平衡关系

三相异步电动机从电网吸收电功率,从转轴上输出机械功率,其功率流程图如图 3.16 所示。

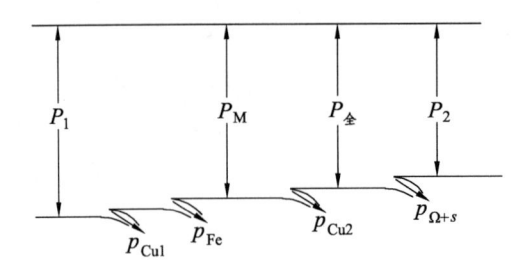

图 3.16 三相异步电动机功率流程图

从三相异步电动机功率流程图可见:

三相异步电动机的功率平衡方程

$$P_1 = p_{Cu1} + p_{Fe} + p_{Cu2} + p_{\Omega+s} + P_2$$
$$= \sum p + P_2 \qquad (3.29)$$

电动机的总损耗

$$\sum p = p_{Cu1} + p_{Fe} + p_{Cu2} + p_{\Omega+s} \qquad (3.30)$$

电磁功率

$$P_M = p_{Cu2} + p_{\Omega+s} + P_2 \qquad (3.31)$$

全机械功率

$$P_全 = p_{\Omega+s} + P_2 \qquad (3.32)$$

除以上功率关系外,还可以证明,三相异步电动机的转子绕组铜耗与电磁功率之间存在着一定的关系:转子绕组铜耗与电磁功率之比等于异步电机的转差率,即

$$p_{Cu2} = sP_M \qquad (3.33)$$

(3.33) 式说明,转差率越大,电磁功率中转变为转子铜耗的部分就越大。转子电阻越大时转子的铜耗便越大,因此转差率也越大,转速便越低。

从三相异步电动机功率流程图和式 (3.30)、式 (3.31)、式 (3.32) 可知,全机械功率与电磁功率之间的关系为:

$$P_全 = P_M - p_{Cu2} = (1-s)P_M \qquad (3.34)$$

3. 三相异步电动机的转矩平衡方程

在三相异步电动机中,输入定子的电能转换为转子上的机械能输出是通过转子上产生电磁力(载流导体在磁场中的受力),由电磁力产生电磁转矩使转子旋转而实现的。因此,电磁转矩是电机中能量形态变换的基础。

对于已制造好的异步电动机,电磁转矩的大小与旋转磁场磁通的大小及转子电流大小密切相关。通过数学分析可知,电磁转矩 T 的大小与旋转磁场的每极磁通 Φ_m 及转子电流 I_2 成正比,可用公式表示为:

$$T = C_T \Phi_m I_2 \cos\varphi_2 \qquad (3.35)$$

式中，C_T 为电机常数之一；$\cos\varphi_2$ 为转子的功率因数。

从动力学知道，作用在旋转体上的转矩等于旋转体的机械功率除以它的机械角速度。因此，在三相异步电动机的功率关系式 $P_全 = p_{\Omega+s} + P_2$ 中，两边都除以转子的机械角速度 Ω，便得到三相异步电动机的转矩平衡方程式，即

$$T = T_0 + T_2 \qquad (3.36)$$

式中，电磁转矩 $T = \dfrac{P_全}{\Omega}$，也就是说，在三相异步电动机中，转子转轴上的电磁转矩等于全机械功率除以转子机械角速度；$T_0 = \dfrac{p_{\Omega+s}}{\Omega}$ 为三相异步电动机的空载转矩，它等于机械损耗与杂散损耗之和除以转子机械角速度；$T_2 = \dfrac{P_2}{\Omega}$ 为三相异步电动机的输出转矩，它等于输出功率除以转子机械角速度。

三相异步电动机的转矩平衡方程表明，电动机稳定运行时，电磁转矩减去空载转矩后，才是电动机转轴上的输出转矩。

由于全机械功率 $P_全 = (1-s)P_M$，转子的机械角速度 $\Omega = (1-s)\Omega_1$，Ω_1 为旋转磁场的同步角速度，则可以得到

$$T = \dfrac{P_全}{\Omega} = \dfrac{P_M}{\Omega_1} \qquad (3.37)$$

（3.37）式说明，作用在转子上的电磁转矩与通过气隙旋转磁场传递到转子的电磁功率成正比。

电磁转矩既可以用转子的全机械功率除以转子的机械角速度来计算，也可以用电磁功率除以旋转磁场的同步角速度来计算。前者是从转子本身产生机械功率这一概念导出，由于转子本身的机械角速度为 Ω，所以 $T = \dfrac{P_全}{\Omega}$。后者则是从旋转磁场对转子做功这一概念出发，由于旋转磁场以同步角速度 Ω_1 旋转，而旋转磁场为了带动转子旋转，通过气隙传到转子的总功率就是电磁功率，所以 $T = \dfrac{P_M}{\Omega_1}$。

三、三相异步电动机的运行特性

异步电动机从定子边吸取电能，从转子轴端输出机械能。从使用方面来说，机械负载需要它有一定的转矩和转速；从电网方面来说，要求电动机具有一定的效率、功率因数，并应限制其启动电流。为了保证电动机能够可靠、经济地运行，在设计和制造时，必须保证电动机的性能满足国家标准所规定的技术指标。三相异步电动机的运行特性反映了一些重要技术指标的变化规律。

三相异步电动机的运行特性是指在额定电压及额定频率时，转速 n、电磁转矩 T、定子电流 I_1、定子功率因数 $\cos\varphi_1$ 以及效率 η 随着输出功率 P_2 而变化的关系曲线。

1. 转速特性

三相异步电动机在额定电压及额定频率下，输出功率 P_2 变化时，转速 n 的变化规律曲线 $n = f(P_2)$ 称为转速特性。

空载时，输出功率 $P_2 = 0$，转子电流很小，转子铜耗 p_{Cu2} 很小，转差率 $s \approx 0$，转子转速接近同步转速。随着负载的增大，转速会略有下降，这样旋转磁场便以较大的转差 $\Delta n = n_1 - n$ 切割转子导体，使转子导体中的感应电势及电流增加，而转子电流的增加，会产生较大的电磁转矩，从而与机械负载的阻力转矩相平衡。转速特性 $n = f(P_2)$ 曲线形状如图 3.17 所示，是一条微微下倾的曲线。

随着负载的增大，转子电流增大，转子铜耗及电磁功率也相应增大。但是，转子铜耗与转子电流的平方成正比，而电磁功率近似与转子电流的一次方成正比，转子铜耗比电磁功率增大的快。而电动机的转差率 $s = \dfrac{p_{Cu2}}{P_M}$，所以，随着负载的增大，转差率 s 也增大，即转速 n 稍有下降。对一般的三相异步电动机，为保证有较高的效率，转子铜耗 p_{Cu2} 不能过大，所以转差率 s 的数值很小。在额定负载时的转差率约为 $s_N = 0.01 \sim 0.07$（其中小的数字对应于容量大的电机），这表明额定转速仅比同步转速低 1% ~ 7%。

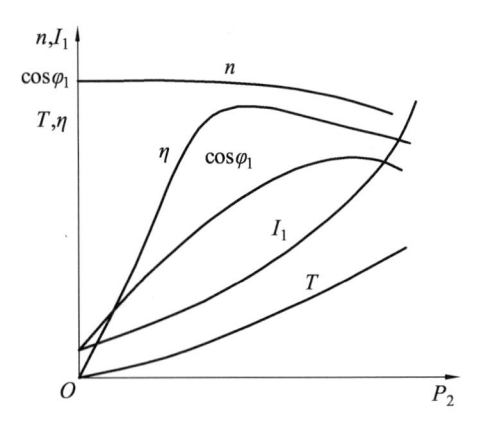

图 3.17 三相异步电动机工作特性

2. 转矩特性

三相异步电动机在额定电压及额定频率下，输出功率 P_2 变化时，电磁转矩 T 变化规律 $T = f(P_2)$ 曲线称为转矩特性。

由三相异步电动机的转矩平衡方程式可知

$$T = T_0 + T_2 = T_0 + \frac{P_2}{\Omega} \tag{3.38}$$

从空载到额定负载之间，空载转矩 T_0 可认为不变，假设电动机的转速也不变，则转矩特性 $T = f(P_2)$ 为一条直线。实际上，随着 P_2 的增加，电动机的转速略有下降，所以，转矩特性 $T = f(P_2)$ 是一条比直线略有上翘的曲线，如图 3.17 所示。

3. 定子电流特性

三相异步电动机在额定电压及额定频率下，输出功率 P_2 变化时，定子电流 I_1 变化规律曲线 $I_1 = f(P_2)$ 称为定子电流特性。

空载运行时，转子电流 $I_2 \approx 0$，此时定子电流 I_1 几乎全部为励磁电流。励磁电流是定子电流中用来产生旋转磁场主磁通的电流分量；定子电流中的另一部分称为定子电流有功分量，定子电流有功分量用来与转子电流相平衡。

当负载增加以后，输出功率增大，转子转速下降，转子电流增加，以产生足够的电磁转矩与负载转矩相平衡，通过电磁感应关系，定子电流也随着增加，输入功率增大，从而满足功率平衡方程的要求。定子电流特 $I_1 = f(P_2)$ 的曲线形状如图3.17所示。

4. 功率因数特性

三相异步电动机在额定电压及额定频率下,输出功率 P_2 变化时,定子功率因数 $\cos\varphi_1$ 的变化规律曲线 $\cos\varphi_1 = f(P_2)$ 称为功率因数特性。

对电网来说,三相异步电动机是一个电感性负载,它从电网中吸取无功功率,所以,三相异步电动机的功率因数是滞后的。

空载运行时,定子电流中的大部分是励磁电流,由于励磁电流中的主要成分是无功的磁化电流,所以空载时的功率因数很低,通常为 $\cos\varphi_0 < 0.2$。加上负载后,由于要输出一定的机械功率,因此,定子电流中的有功分量增加,电动机的功率因数逐渐提高。一般电动机在额定功率附近,功率因数将达到最大数值,额定功率因数 $\cos\varphi_N = 0.7 \sim 0.9$。功率因数特性 $\cos\varphi_1 = f(P_2)$ 曲线形状如图3.17所示。

5. 效率特性

三相异步电动机在额定电压及额定频率下,输出功率 P_2 变化时,效率 η 的变化规律曲线 $\eta = f(P_2)$ 为效率特性。

三相异步电动机的效率 η 为输出功率与输入功率之比,即

$$\eta = \frac{P_2}{P_1} = \frac{P_2}{P_2 + \sum P} \tag{3.39}$$

空载时,输出功率 $P_2 = 0$,故 $\eta = 0$。随着负载的增大,输出功率逐步增大,效率也相应增大。

异步电动机在运行过程中的转速及气隙磁通是近似不变的,故机械损耗与定子铁耗之和基本上是常数,称为不变损耗;定、转子铜耗与电流平方成正比,随电流的变化而变化,称为可变损耗。如同变压器与直流电机中的情况一样,当不变损耗与可变损耗相等时,出现最大效率。

出现最大效率后,若负载继续增大,电动机的效率就要下降,效率特性 $\eta = f(P_2)$ 曲线形状如图3.17所示。

由于额定功率附近的功率因数和效率都比较高,因此总希望电动机在额定功率附近运行。如果电机长时间在低负荷下运行,由于此时的效率和功率因数都很低,很不经济。因此,选用电动机时,应使电动机的机械容量与机械负载相匹配。

四、三相异步电动机的机械特性

异步电动机输出机械功率主要表现在输出转矩和转速上,因此转速或转差率是异步电动机的基本变量之一。当三相异步电动机的外加定子电压及频率不变,转差率 s 变化时,电磁转矩 T 的变化规律曲线 $T = f(s)$ 称为机械特性。通过数学分析,可以得到用参数表示的电磁转矩 T 的计算公式如下:

$$T = \frac{3pU_1^2 r_2'/s}{2\pi f_1[(r_1 + r_2'/s)^2 + (x_{1\sigma} + x_{2\sigma}')^2]} \tag{3.40}$$

式中　　p——极对数；

　　　　U_1——电动机相电压；

　　　　f_1——定子频率；

　　　　r_1，$x_{1\sigma}$——定子绕组的电阻和电抗；

　　　　r_2'，$x_{2\sigma}'$——转子绕组的折算电阻和电抗。

当异步电机的定子电压、频率及各参数都为定值时,改变转差率 s 的大小,根据用参数表示的电磁转矩计算公式可算出相应的电磁转矩 T,可作出机械特性 $T=f(s)$ 曲线,如图 3.18 所示。

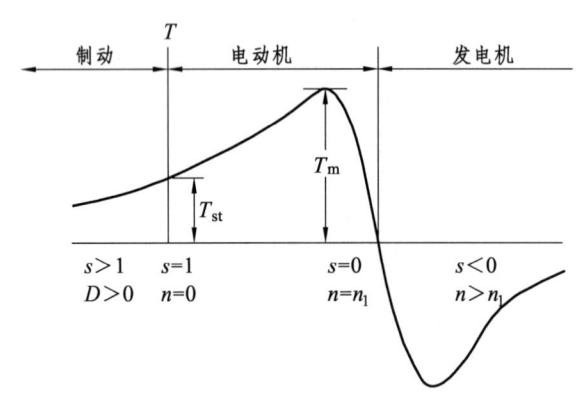

图 3.18　三相异步电动机的机械特性

由图可见,当 $0<s\leq1$ 时,电磁转矩和转子的转速都为正,转子转速小于磁场的同步转速,电机处于电动机运行状态；当 $s<0$ 时,转子的转速为正,转子转速大于磁场的同步转速,电磁转矩为负,电机处于发电机运行状态；当 $s>1$ 时,转子的转速为负,电磁转矩为正,电机处于制动运行状态。

通过机械特性曲线,可以看到三相异步电动机具有以下一些特点。

（1）在启动的瞬间,即 $s=1$ 时的电磁转矩称为启动转矩 T_{st}。通过数学分析的方法可知,启动时,电动机的启动电流很大,但转子功率因数很小,而 $T=C_T\Phi_m I_2\cos\varphi_2$,故启动转矩 T_{st} 并不很大。

（2）如果转子达到同步转速,即 $s=0$,则转子电流 $I_2=0$,此时的电磁转矩 $T=0$。

（3）当转差率 s 达到某一值时,电磁转矩达到最大值,称为最大转矩 T_m,对应于此时的转差率称为临界转差率 s_m,一般异步电动机的 $s_m=0.04\sim0.14$。通过数学分析的方法可得到临界转差率 s_m 和最大转矩 T_m 的数学表达式如下：

$$s_m=\frac{r_2'}{\sqrt{r_1+(x_{1\sigma}+x_{2\sigma}')^2}} \quad (3.41)$$

$$T_m=\frac{3pU_1^2}{4\pi f_1[r_1+\sqrt{r_1^2+(x_{1\sigma}+x_{2\sigma}')^2}]} \quad (3.42)$$

可见,三相异步电动机的最大转矩与电网电压的平方成正比,最大转矩与转子电阻无关；临界转差率 s_m 与转子电阻成正比。

（4）转子电阻对 $T = f(s)$ 曲线的影响。异步电机转子回路中的电阻不同，其相应的机械特性 $T = f(s)$ 曲线的形状也不同，启动转矩的大小也不同。当 $s_m < 1$ 时，随着转子电阻的增加，启动转矩变大；要使启动转矩达到最大转矩 $T_{st} = T_m$，则 $s_m = 1$，即

$$s_m = \frac{r_2' + r_{st}'}{\sqrt{r_2'^2 + (x_{1\sigma} + x_{2\sigma}')^2}} = 1 \qquad (3.43)$$

此时在转子回路中应串入电阻的折算值为 $r_{st}' = \sqrt{r_1'^2 + (r_1' + (x_{1\sigma} + x_{2\sigma}')^2} - r_2'$。若转子回路串入的电阻超过该值，$s_m > 1$，说明电动机的启动转矩变小。

（5）对应于额定负载时转矩称为额定转矩 T_N，相应的转差率称为额定转差率 s_N。

（6）最大转矩与额定转矩之比，称为电动机的过载能力 K_m，它是衡量电动机过载能力的一个重要指标。

$$K_m = \frac{T_m}{T_N} \qquad (3.44)$$

一般三相异步电动机的过载能力 $K_m = 2 \sim 2.2$。

（7）启动转矩与额定转矩之比，称为电动机启动转矩倍数 K_{st}

$$K_{st} = \frac{T_{st}}{T_N} \qquad (3.45)$$

人们希望 K_{st} 尽量大一些为好。JO2 系列电动机的 $K_{st} = 0.9 \sim 2$，Y 系列电动机的 $K_{st} = 1.8 \sim 2.2$。

第五节　三相异步电动机启动、反转、调速和制动

一、三相异步电动机启动

三相异步电动机启动是指从电动机接入电网开始转动，到达正常运转时为止的这一过程。

一般衡量三相异步电动机启动性能的好坏，主要有以下 4 点：

（1）启动电流尽可能小；

（2）启动转矩要足够大；

（3）启动所需用的设备简单、经济、操作方便；

（4）启动过程中的功率损耗要尽量小。

异步电动机在启动时存在着两种矛盾：电动机的启动电流大，而供电线路承受冲击电流的能力有限；电动机的启动转矩小，而负载又要求有足够的转矩才能启动。在不同的情况下，应采取不同的启动方法。

对于容量不大，又是在空载情况下启动的异步电动机，例如一般机床上用的电动机，启动电流虽大，但在很短时间内冲一下就下降了，只要车间里许多机床不是同时启动，对

供电线路不会造成太大影响。其启动转矩即使比电机的额定转矩还小，只要是空载启动，也是够用的，转起来之后，仍能承担额定负载。因此，在这种情况下，可以采用直接启动。

对于经常满载启动的电动机，例如电梯、起重机等，当启动转矩小于负载转矩时，根本就转不起来，当然就无法工作了。对于几百千瓦以上的中、大容量电动机，额定电流就有好几百安培，启动电流有数千安培，这样大的电流冲击一下，供电线路能否承受？那就要看电网和供电变压器的容量了。电动机的启动电流流过具有一定内阻抗的发电机、变压器和供电线路，总会造成电压的瞬时降低。变压器容量越小，内阻抗值就越大，启动电流引起的瞬时电压降落也越大。供电电压的瞬时降低，不仅会使这台要启动的电机本身转不起来，在同一条供电母线上的其他设备也要受到冲击，电灯会变暗，数控设备失常，带着重载的电动机甚至会停下来。在这种情况下，变电所的欠电压保护可能会跳闸，造成停电事故。因此，大容量的异步电动机是不允许直接启动的。具体来讲，异步电动机的启动主要有以下4种方法。

1. 小容量电动机空载或轻载启动——直接启动

小容量电动机空载或带轻载时，可以直接启动。直接启动就是将电动机定子绕组直接接到具有额定电压的电网上。这种启动方法的优点是操作和启动设备都简单。直接启动时电流较大，如果负载的惯量较大，启动时间可能较长。为了保证电动机启动时不引起太大的电网压降，电动机应满足下列经验公式的要求：

$$\frac{I_{st}}{I_N} \leq \frac{3}{4} + \frac{\text{供电变压器的容量}}{4 \times \text{电动机额定容量}} \quad (3.46)$$

电动机能否采用直接启动方法，这不仅取决于电动机本身的容量大小，而且还与供电电网容量、供电线路长短、启动次数及其他用户的要求有关。

供电电网容量越大，允许直接启动的电动机容量也越大；电动机与供电变压器之间的距离越长，启动时线路电压降也就越大，则电动机的端电压就越低，有可能使电机转不起来，此种情况下应降低允许直接启动的电动机容量。频繁启动的电动机，由同一台变压器供电的其他设备，如果都是动力用户，即都是电动机，则对允许直接启动的电动机容量的要求就放松一些，如果还有照明用户和其他对电源电压波动很敏感的用户，则对允许直接启动的电动机容量的要求就更严一些。

至于具体的规定，可查阅有关书籍或电工手册。通常以下两种情况可以采用直接启动：容量在7.5 kW以下的三相异步电动机；电动机在启动瞬间造成的电网电压降不大于电压正常值的10%，对于不经常启动的电动机可放宽到15%。

2. 中、大容量电动机空载或轻载启动——降压启动

凡电动机容量超过前面所述的要求时，就不能直接启动。在这种情况下，如果仍是空载或轻载启动，则启动时的主要问题就是启动电流大而电网允许的冲击电流有限。因此必须降低启动电流。要降低启动电流，最有效的措施就是降压启动。

降压启动是指电动机在启动时降低加在定子绕组上的电压，启动结束后再加上额定电压运行。降压启动可以有效地降低电动机的启动电流。感应电动机的启动转矩和电压的关系为：

$$T_{\text{st}} = \frac{1}{2\pi f_1} \cdot \frac{3pU_1^2 r_2'}{(r_1 + r_2')^2 + (x_{1\sigma} + x_{2\sigma}')^2} \quad (3.47)$$

感应电动机的启动转矩与电压的平方成正比，因此降压启动时，电动机的启动转矩也相应降低，所以，降压启动只适用于电动机空载或轻载启动。常用的降压启动方法有星三角降压启动、自耦变压器降压启动、定子绕组串电阻或电抗降压启动、延边三角形降压启动。以下仅介绍两种降压启动方法。

1）星/三角（Y/△）降压启动

星三角降压启动是指在额定电压下正常运行时为三角形接法的电动机，在启动时采用星形接法从而使三相定子绕组所承受的每相相电压降低为额定电压（电源线电压）的 $1/\sqrt{3}$ 倍。其原理线路如图 3.19 所示。

启动时，先将转换开关 S_2 置于"启动"位，这时定子三相绕组作星形连接然后将开关 S_1 合上，电动机开始启动；待电动机转速升高到一定值后，再把 S_2 置于"运行"位，此时定子三相绕组作三角形连接，电动机就在额定电压下正常运行。

当定子绕组接成星形启动时，每相绕组所加电压为 $U_1/\sqrt{3}$，设电动机启动时每相阻抗为 Z_{st}，则启动时的线电流为：

$$I_{\text{st(Y)}} = \frac{U_1}{\sqrt{3}|Z_{\text{st}}|} \quad (3.48)$$

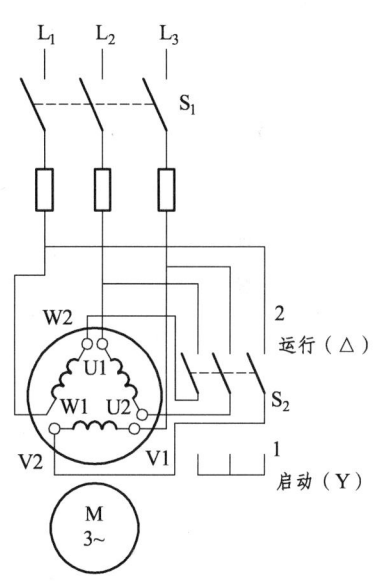

图 3.19 星/三角降压启动原理线路图

如用三角形直接启动，每相所加电压为 U_1，此时线电流为：

$$I_{\text{st}(\triangle)} = \sqrt{3}\frac{U_1}{|Z_{\text{st}}|} \quad (3.49)$$

两种接线方法启动电流的比值是：

$$\frac{I_{\text{st(Y)}}}{I_{\text{st}(\triangle)}} = \frac{1}{3} \quad (3.50)$$

由此可见，用星三角降压启动，启动电流为采用三角形接法直接启动时的1/3，对降低启动电流很有效，但由于启动转矩 T_{st} 正比于 U_1^2，因此启动转矩也相应降低为采用三角形接法直接启动时的1/3，即启动转矩也降低很多，故此种方法只能用于空载或轻载启动的设备上。此种方法的最大优点是所需设备简单、价格低，因而获得了广泛的应用。由于此种方法只能用于正常运行时三相定子绕组为三角形接法的电动机，因此我国生产的 JO2 及 Y 系列三相鼠笼式异步电动机，功率在 4 kW 及以上者正常运行时都采用三角形接法。

2）自耦变压器降压启动

自耦变压器降压启动也称启动补偿器启动，这种启动方法是利用自耦变压器来降低启动时加在定子三相绕组上的电压，其原理线路如图 3.20 所示，它由三相自耦变压器和控制开关等组成。

启动时，先将开关 S₁ 闭合，然后再将开关 S₂ 置于"启动"位，这时经过自耦变压器降压后的交流电压加到电动机三相定子绕组上，电动机开始降压启动，待电动机转速升高到一定值后，再把开关 S₂ 置于"运行"位，电动机就在额定电压下正常运行，此时自耦变压器已从电网上被切除。

设自耦变压器的变比为 K，原边电压为 U_1，则副边电压为 $U_2 = U_1/K$，副边电流（即通过电动机定子绕组的线电流）也减小为额定电压下直接启动时启动电流的 $1/K$ 倍。又因为变压器原副边的电流关系是 $I_1 = I_2/K$，可见原边的电流（即电源供给电动机的启动电流）比直接流过电动机定子绕组的电流还要小，即此时电源供给

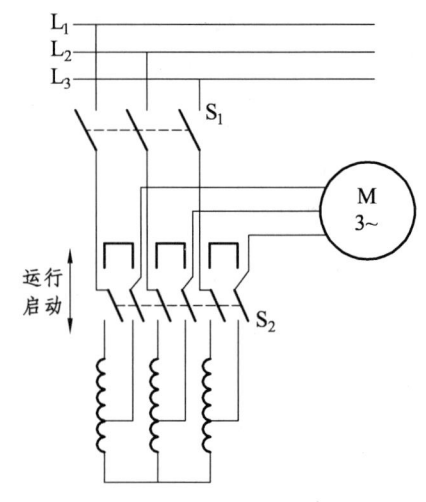

图 3.20 自耦变压器降压启动原理线路图

电动机的启动电流为直接启动时的 $1/K^2$ 倍，因此用自耦变压器降压启动对限制启动电流很有效。但采用此种方法降低启动电流的同时，启动转矩也会相应降低到直接启动的 $1/K^2$ 倍。

这种启动方法的优点是可以按容许的启动电流和所需的启动转矩选择自耦变压器的变比从而实现降压启动，而且不论电动机定子绕组采用星形接法或三角形接法都可使用；缺点是投资较大，设备体积也大。

3. 小容量电动机重载启动——鼠笼电机的特殊形式

小容量电动机重载启动时，启动的主要问题是启动转矩不足。针对这种情况，解决的办法有两个：① 按启动的要求，选择容量更大的电动机；② 选用启动转矩较高的特殊形式的电动机。这些形式电动机的机械特性与普通鼠笼式电动机的机械特性形状比较如图 3.21 所示。

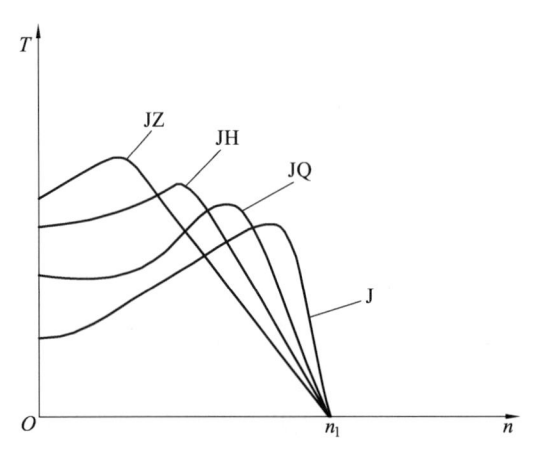

图 3.21 不同形式鼠笼式电动机的机械特性

启动转矩较高的特殊形式的电动机主要是指以下 3 种：① JQ 型电动机，适用于一般重载启动，如皮带运输机等，其特殊的机械特性是由于转子参数（双鼠笼式异步电动机和深槽型异步电动机）设计制造成能够自动随转速变化。② JH 型电动机，它的转子电阻设计偏大，因此它的机械特性较软，适用于冲压机这一类带冲击负载的机械，它们常常带着机械惯性较大的飞轮，在冲击负载来到时，转速降落大，由飞轮释放出来的动能可以帮助电机克服高峰负载。③ JZ 型电动机，它的转子电阻设计得更大，启动转矩也相应得更大，适用于频繁启动的起重机和冶金机械。

4. 中、大容量电动机重载启动——绕线电动机启动

中、大容量电动机重载启动时，启动的两种矛盾同时起作用，问题最尖锐。可以先用上述的特殊形式的鼠笼电机试一试，如果不行，就只能用绕线转子电机了。绕线电机常用转子串接电阻或转子串接频敏变阻器的方法来改善启动性能。绕线电机转子串接电阻时，如果阻值选择合适，可以既增大启动转矩，又减小启动电流，使两对矛盾都得到解决，当然投入的设备要多一些，成本较高。

另外，对于频繁启动、制动的电机来说，即使容量不大，但启动、制动的时间占整个电机工作时间的比例较大，大电流持续时间长，发热严重。如果选用鼠笼式电动机，哪怕只是空载，每小时来回启动、制动次数过多也会过热。这时也应采用绕线电机，利用转子外接电阻来控制启动、制动，启动时大部分热量产生在电机外面，电机本身的发热也就小多了。

二、三相异步电动机的调速

三相异步电动机的调速是指用人为的方法来改变三相异步电动机的转速。异步电动机在结构简单、价格便宜、运行可靠、维护方便等方面优于直流电动机，在容量、电压、转速等级上也比直流电动机高，但在调速和控制性能上较直流电动机差。异步电动机的转速是可以调节的，但目前人们还没有找到调速范围广、精度高、动态性能好，而又价廉、可靠、能够完全取代直流电机的交流调速系统，这是一个备受瞩目的研究课题。

异步电动机的转速公式为：

$$n = n_1(1-s) = \frac{60 f_1}{p}(1-s) \tag{3.51}$$

从（3.51）式可见，异步电动机可通过改变定子绕组的极对数 p、改变电源频率 f_1 和改变转差率 s 进行调速。

1. 变极调速

就是改变电动机定子绕组的极对数 p 来调速。从式（3.51）可见，如果电源频率 f_1 固定不变，只要改变电机绕组的极对数 p，则同步转速和转子转速 n 也会随着改变。而且，电机的同步转速 n_1 与极对数 p 成反比变化，例如当 $f_1 = 50$ Hz 时，把极对数从 $p = 1$ 变到 $p = 2$，得到的同步转速将为 $n_1 = 3\,000$ r/min 和 $n_1 = 1\,500$ r/min 两种。

变极调速的异步电动机一般采用鼠笼式转子，因为鼠笼式转子的极对数能自动地随着

定子极对数的改变而改变，使定、转子磁场的极对数总是相等而产生平均电磁转矩。若为绕线型转子，则定子极对数改变时，转子绕组必须相应地改变接法以得到与定子相同的极对数，很不方便。

变极调速常用的方法是在定子上只装一套绕组，而利用改变绕组接法来获得两种或多种极对数，称为单绕组变极。变极原理如图3.22所示，图中U相绕组由U1U′1和U2U′2两个线圈组成，如果两个线圈串联，向绕组通入电流后将产生4个磁极即$2p=4$；如果两个线圈并联（即将U′1和U′2连接，U1和U2连接），向绕组通入电流后将产生2个磁极即$2p=2$。可见，磁极对数发生了改变。

图3.23是变极双速异步电动机的接线示意图。当电源从1、2、3端引入时（4、5、6悬空），定子绕组为三角形接法。由图中实线箭头表示的电流方向可见，此时一相绕组的两个线圈串联，磁极数为$2p=4$；当电源从4、5、6端引入时（1、2、3端相连），定子绕组为YY接法，由图中虚线箭头表示的电流方向可见，一半线圈中的电流改变了方向，此时磁极为$2p=2$。这种变极方法称为YY/△接法，目前被广泛采用。

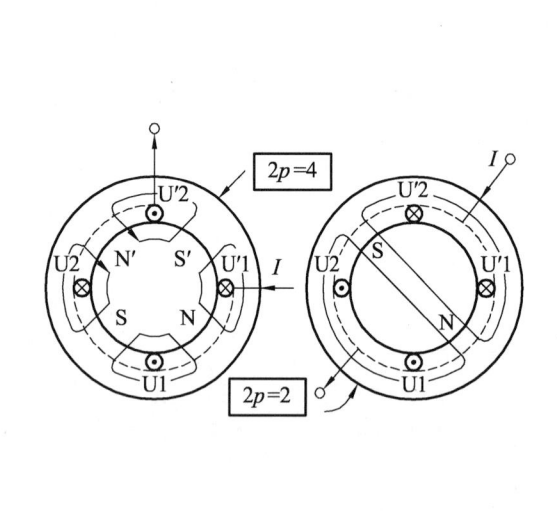

图3.22 改变定子绕组磁极对数　　　图3.23 变极双速YY/△

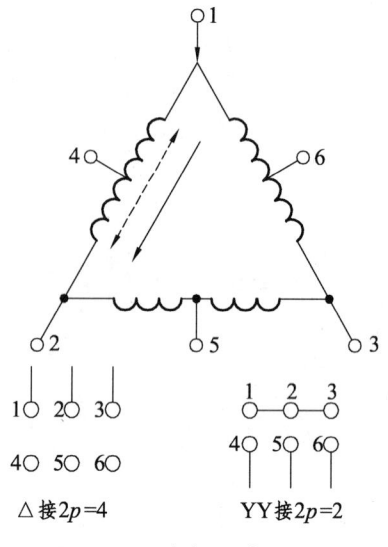

可以改变磁极对数的异步电动机称为多速异步电动机，其中有双速、三速、四速等多种，我国目前已大量生产，老产品有JD02系列，新产品有YD系列。

变极调速方法的优点是设备简单、运行可靠，缺点是不平滑调速，而是一级一级的分段式调速。

2. 变转差率调速

就是改变电动机的转差率s来调速。当恒转矩负载调速时，从电磁转矩关系式（3.39）可见，改变转差率s有下列几种方法：

（1）在转子回路串入电阻、电感或电容，以改变转子电阻r'_2或转子电抗$x'_{2\sigma}$；

（2）改变定子绕组的端电压U_1；

（3）在定子回路串入外加电阻或电抗，以改变r_1或x_1。

改变转差率调速常用的方法是在转子回路中串电阻,特性如图 3.24 所示。这种方法只适用于绕线转子异步电动机,在电动机转子回路中接入附加电阻后就可以改变电动机的特性曲线形状。假设在不同的转速时负载转矩 T_2 恒定不变,在转子回路未接入附加电阻时,电动机稳定在 A 点运行,这时电动机的电磁转矩刚好与负载转矩 T_2 相平衡,随着转子电阻的增大,电动机的稳定运行点逐渐向左移动(a-b-c-d)。也就是说,随着转子电阻的增加,转差率 s 变大,电动机的转速降低。

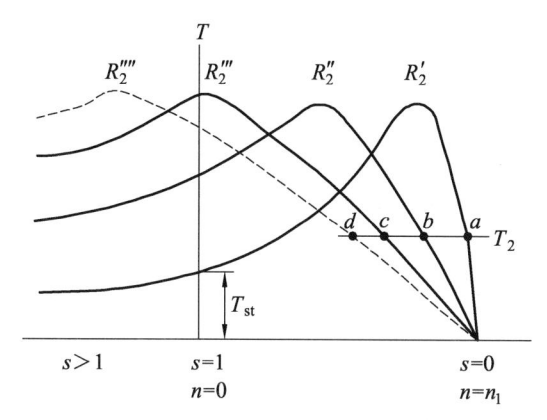

图 3.24 在转子回路中串电阻调速

这一方法的物理过程是:在转子回路电阻增加的最初瞬间,由于惯性的缘故,转子转速还来不及改变,转子回路的感应电势仍维持原来的数值,因此,转子电流将随着转子回路电阻数值的增加而减少,电磁转矩也将下降,于是电动机开始减速;但随着转速的下降,转差率变大,转子回路的电势及电流将随着转差率的增大而重新回升,从而使电动机的电磁转矩又重新增大,直到与负载转矩 T_2 重新相平衡为止。

这种方法的缺点是:转子回路中接入附加电阻后,将使转子铜耗增加,降低了电动机效率。但由于此法比较简单,在中小容量的电动机中还是用得比较多,例如交流供电的桥式起重机,大部分采用此法调速。

3. 变频调速

由前面的分析可知,对异步电动机而言,用变极调速级数少,且不能平滑调速;用转子回路串联电阻改变转差率 s 调速则损耗较大。因此,虽然异步电动机与直流电动机相比较有结构简单、成本低廉、坚固耐用等优点,但由于调速较困难而限制了它的使用,一般只能作接近恒速运行。以往在要求连续、精确、灵活调速的场合,直流电动机一直占有主要地位。然而,随着晶闸管提供一个频率可调的交流电源给异步电动机,从而使异步电动机转速能够平滑调节的变频调速技术正在获得迅速发展。

变频调速就是改变供电电源的频率 f_1 来调速。当改变电源频率 f_1 时,旋转磁场的同步转速与电源频率 f_1 成正比变化,于是转子转速也相应改变,达到调节转速的目的。异步电动机定子绕组电压平衡方程式为:

$$U_1 \approx E_1 = 4.44 f_1 N_1 \Phi_m K_\omega \tag{3.52}$$

由式（3.52）可见，当降低交流电源频率 f_1 进行调速时，如果电源电压 U_1 不变，则磁通 Φ_m 将增加，使铁心饱和，导致励磁电流和铁损耗增加，电动机温升将增加，这是不允许的；如果增大交流电源频率 f_1 进行调速，电源电压 U_1 不变，则磁通 Φ_m 将减小，由式（3.35）可见，在转子电流 I_2 不变的情况下，电磁转矩 T 必然下降，电机输出功率将下降。所以，变频调速时，总希望保持磁通 Φ_m 不变。因此，在调节交流电源频率 f_1 时，必须同时调节电源电压 U_1，并保持 U_1/f_1 为常数。

变频调速根据电动机输出性能的不同可分为：① 保持电动机过载能力不变的变频调速；② 保持电动机输出转矩不变的恒转矩变频调速；③ 保持电动机输出功率不变的恒功率变频调速。

从调速范围、平滑性以及调速过程中电动机的性能等方面来看，频变频调速很优越，可以和直流电动机相媲美。但要使频率 f_1 和端电压 U_1 同时可调，需要一套专门的变频装置，使投入的设备增多，成本增大。

异步电动机的调速性能不如直流电动机的调速性能好。这是因为，异步电动机的运行特点就是在接近同步转速工作时（即转差率 s 较小时），机械性能较硬，效率和功率因数都较高。如果远低于同步转速（即转差率 s 较大），各方面的性能都要变差。因此改变转差率 s 不是理想的调速方法，而变极调速和变频调速又不像直流电动机改变电枢电压那么方便。

三、三相异步电动机反转和制动

1. 反 转

三相异步电动机的旋转方向取决于定子旋转磁场的旋转方向，并且两者的方向相同。只要改变旋转磁场的方向，就能使三相异步电动机反转。因此，将三相接线端中的任意两相接线端对调，改变三相顺序，就改变了旋转磁场的方向，从而使三相异步电动机反转。

2. 制 动

三相异步电动机的制动是指加上一个与电动机转向相反的转矩来使电动机迅速停转或限制电动机的转速。电动机在下属情况下运行时属于制动状态。一种情况是在负载转矩为势能转矩的机械设备中（例如起重机下放重物，电力机车下坡运行）使设备保持一定的运行速度；另一种情况是在机械设备需要减速或停止转动时，电动机能实现减速或停止转动。

三相异步电动机的制动方法有两类：机械制动和电气制动。机械制动是利用机械装置（如电磁抱闸机构）来使电动机迅速停止转动，常用于起重机械设备上。电气制动是使异步电动机所产生的电磁转矩的方向和电动机转子的旋转方向相反，电气制动通常可分为反接制动、回馈制动和能耗制动。

1）反接制动

就是在分析异步电机工作原理时指出的制动状态，此时转子的转向与定子旋转磁场的转向相反，实现反接制动可用下述两种方法。

（1）正转反接：将正在电动机状态下运行的异步电动机的定子绕组三根供电线任意对调两根，则定子电流的相序改变，其相应的旋转磁场立即反转，从原来与转子转向一致变为与转子转向相反,于是电机立即进入相当于 $s\approx2$ 时的制动状态。为了使反接时电流不致过大,若为绕线型异步电动机,反接时应在转子回路中串入附加电阻。当电动机转速下降至零时,必须立即切断定子电源,否则电动机将向相反方向旋转。

(2) 正接反转:当绕线型异步电动机拖动的起重机放下重物时,其运行状态便是正接反转制动。这时电机定子接线仍按电动机运行时的接法(正接),而利用在转子回路串入较大电阻 R_t 来使转子反转。其原理和在转子回路串入电阻调速一样,当串入转子的电阻 R_t 逐步增至很大时,转子转速逐步减小至零,如图 3.25 中 a-b-c 所示。此时如果 R_t 继续增加,电磁转矩将小于总负载转矩(T_2+T_0),转子就开始反转(重物向下降落)而进入制动状态,当 R_t 增加到 R_{t3} 时,电动机稳定运行在 D 点,转差率 $s=1.2$,转子反转的速度为 $0.2n_1$,从而保证了重物以较低的均匀转速慢慢下降,而不致把重物损坏。显然,可调节 R_t 的大小来平滑控制重物下降的速度。

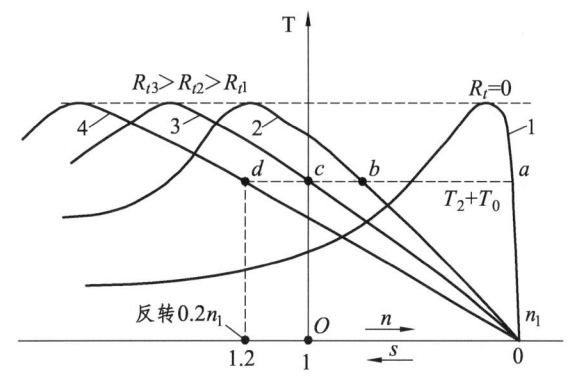

图 3.25 绕线型异步电动机正接反转的反接制动

2) 回馈制动

当异步电机作电动机运行时,如果由于外来因素,使转子加速到超过同步转速,则异步电动机进入回馈制动(发电机运行)状态。例如前述的起重机放下重物时,如果仍按电动机状态运行,即转子转向和定子旋转磁场转向相同,则在电动机的电磁转矩和重物的重力产生的转矩共同作用下,重物以越来越快的速度下降,当转子转速由于重力的作用超过同步转速,即 $n>n_1$ 时,异步电机就进入发电机制动状态运行,电磁转矩方向立即改变,一直到电磁转矩与重力转矩平衡时,转子转速以及重物下降速度才稳定不变,使重物恒速下降。这时重物下降减少的位能转换为电能送给电机所接的电网,因此称回馈制动。

回馈制动的优点是经济性能好,可将负载的机械能变为电能返送回电网。缺点是应用范围窄,只有在电动机转速大于同步转速时才能实现。

3) 能耗制动

如图 3.26 所示,将正在运行中的异步电机的定子绕组从电网断开,而接到一个直流电源上,由直流电流励磁而在气隙中建立一个静止的磁场。于是,从正在旋转的转子上来看此磁场将是向后旋转的,因此由它感应于转子中的电流所产生的电磁转矩的方向应为向后转,即对转子起制动作用。这种制动方法是利用转子旋转时的惯性,使转子导体切割静止磁场的磁通而产生制动转矩,把转子的动能消耗于转子回路的电阻上成为铜耗,故称能耗制动。

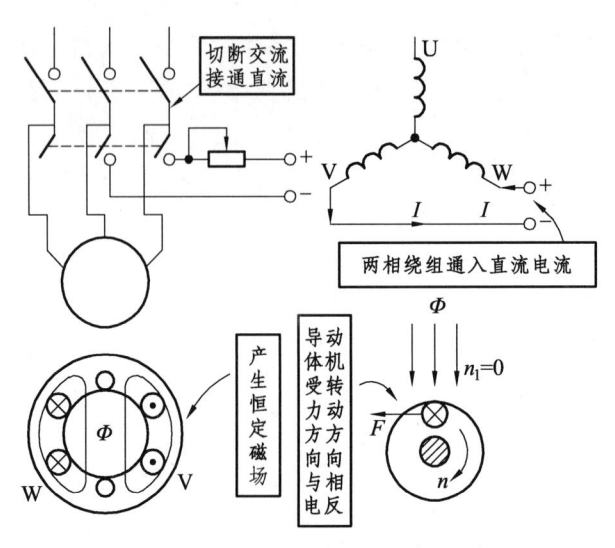

图 3.26 异步电动机的能耗制动

能耗制动的优点是制动力强、制动平稳、对电网影响小。缺点是需要一套直流电源装置，而且制动转矩随着电动机转速的减小而减小，不易制停。

第六节 单相异步电动机

单相异步电动机是利用单相交流电源供电的一种小容量交流电机。它具有结构简单、成本低廉、运行可靠、维修方便等优点，还有可以直接在单相 220 V 交流电源上使用的特点，因此在家用电器（电扇、洗衣机、电冰箱、空调器等）及轻工业装置上得到了广泛的应用。当然，与同容量的三相异步电动机比较，单相异步电动机的体积大，运行性能较差，效率较低。因此，单相异步电动机只能做成小容量的，从几瓦到几百瓦。

单相异步电动机的类型很多，但除罩极电动机的定子具有凸出的磁极外，其余各类的定子铁心和普通三相异步电动机的相似。一般情况，定子铁心上有两个绕组：① 工作绕组或主绕组，用以产生主磁场和从电源吸收电功率输入给电机；② 启动绕组或辅助绕组，用来启动电动机。单相异步电动机的转子是普通的鼠笼式转子。

一、单相脉振磁场——双旋转磁场理论

单相异步电动机接在单相电源上运行，单相绕组会产生如第三节所述的单相脉振磁场，单相脉振磁势如式（3.8），该式可分解为：

$$f_\Phi(x,\ t) = \frac{1}{2}F_\Phi \cos(\omega t - x) + \frac{1}{2}F_\Phi \cos(\omega t + x) \tag{3.53}$$

（3.53）式中两项表示两个正弦分布、波幅不变（等于 $\frac{1}{2}F_\Phi$）、转速相等（$n_1 = \frac{60f_1}{p}$）但旋转方向相反的两个旋转磁势。由此得出双旋转磁场理论：单相绕组脉振磁势可以分解

成波幅恒定、转速为同步转速，但转向相反的两个旋转磁势。

二、单相异步电动机的工作原理

单相异步电动机定子绕组（工作绕组）接通电源，根据双旋转磁场理论，设 F_{1+} 和 F_{1-} 分别表示定子绕组的正向和反向旋转磁势，它们将分别在气隙内产生正向和反向旋转磁场。这两个大小相等、转向相反的旋转磁场切割转子导条后，将在导条中分别感应出相应的电势和电流。正向磁场与转子正向电流作用产生正向电磁转矩 T_{m+}，它企图使转子顺着正向磁场旋转的方向转动；反向磁场与转子反向电流作用产生反向电磁转矩 T_{m-}，它企图使转子顺着反向磁场旋转的方向转动，如图 3.27 所示。

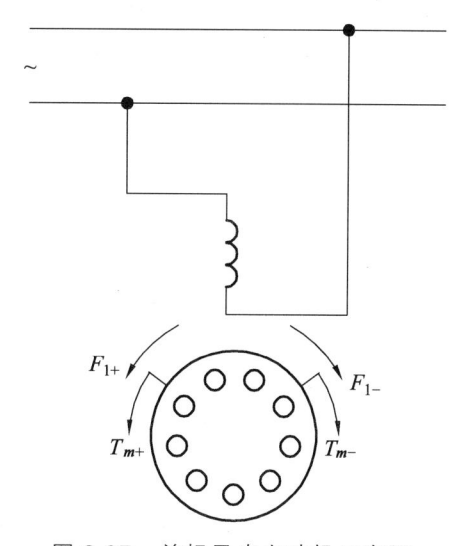

图 3.27 单相异步电动机示意图

当电动机静止不动时，转子对正向和反向磁场的转差率都等于 1，电磁转矩 T_{m+} 和 T_{m-} 大小相等、方向相反。因此，合成电磁转矩为零，电动机不能自行启动。

如果借助外力使电动机的转子向某一方向（如正向磁势 F_{1+} 的方向）转动，那么正向和反向旋转磁场切割转子导条的速度将不同，因此转子的反应也将不同。若转子转速为 n，则对正向磁场（即与转子同方向旋转的磁场）而言，转子的转差率 s_+ 应为：

$$s_+ = \frac{n_1 - n}{n_1} \tag{3.54}$$

对反向磁场，由于其转速为 $-n_1$，故转子对它的转差率 s_- 应为：

$$s_- = \frac{-n_1 - n}{-n_1} = 2 - \frac{n_1 - n}{n_1} = 2 - s \tag{3.55}$$

转矩 T_{m+}、T_{m-} 与转差率的关系，和普通三相异步电动机相似。在 $0 < s < 1$ 时，正向磁场所产生的电磁转矩 T_{m+} 大于反向旋转磁场所产生的电磁转矩 T_{m-}，于是转子就受到一个合成电磁转矩 T_m 的作用。因为 T_{m-} 是反向转矩，对转子起制动作用，所以合成转矩 T_m 小于 T_{m+}。图 3.28 表示单相异步电动机的机械特性曲线。

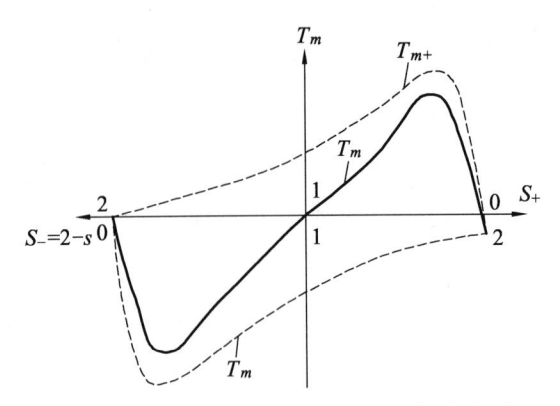

图 3.28　单相异步电动机的机械特性曲线

综上所述，单相异步电动机无启动转矩，因此必须采取措施使之产生必要的启动转矩。此外，$s=1$ 的两边，合成转矩是对称的，因此单相异步电动机没有固定的转向，在两个方向都可以旋转，运行时的旋转方向由启动时的转动方向而定。只要外力把转子向任一方向驱动，转子就将沿着该方向继续旋转，直到接近同步转速。

由于在单相异步电动机中始终存在着一个反向旋转磁场，因此单相异步电动机的损耗较大，效率较低，功率因数也较低，这样就使得单相异步电动机的性能总是较次于三相异步电动机。

三、单相异步电动机分类和启动方法

由于单相异步电动机转子不能自行启动，为了解决启动问题，应设法加大正向磁场，抑制反向磁场，使在启动时电机气隙中能够形成一个旋转磁场。例如在定子上另装一个空间和时间上与工作绕组都不同相的启动绕组。

根据启动方法或运行方法的不同，单相异步电动机可分为单相电容启动电动机、单相电容运行电动机、单相电阻启动电动机、单相罩极启动电动机等几类，下面介绍单相电容启动电动机、单相电容运行电动机和单相电阻启动电动机的启动方法。

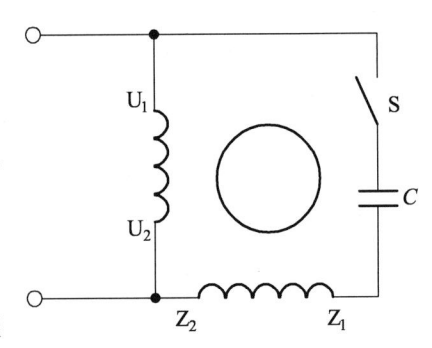

1. 单相电容启动电动机

单相电容启动电动机的接线原理图如图 3.29 所示。

装在定子铁心上的启动绕组 Z_1Z_2（又称副绕组）与工作绕组（又称主绕组）在空间互差 90° 电角度。启动绕组 Z_1Z_2 与电容器 C 串联后，通过离心开关或继电器触点 S 与工作绕组 U_1U_2 一起并接到同一电源上。

采用分析三相旋转磁势的方法，可以得到如下结论：向空间位置互差 90° 电角的两相定子绕组内通入在时间上互差 90° 的两相电流，产生的磁势也是沿定子内圆旋转的旋转磁势。

图 3.29　单相电容启动电动机

适当地选择电容器值，使启动绕组中的电流超前工作绕组中的电流约 90° 相角，则在定子内圆气隙中就会产生一个旋转磁势，相应地产生旋转磁场，在该磁场的作用下，能产

生较大的启动转矩，使电动机转动起来。

启动绕组是按照短时运行方式设计的，如果长期通过电流，会因过热而损坏。因此，当电动机的转速达到同步转速的 75%~80% 时，由离心开关 S 把启动绕组从电源断开，电动机便作为单相异步电动机运行。

单相电容启动电动机有较大的启动转矩，但启动电流也较大，适用于各种满载启动的机械，如小型空气压缩机，在部分电冰箱压缩机中也有采用。

2. 单相电容运行电动机

如果启动绕组不仅供启动用，而且允许长期接在电源上工作，这种电机就称为单相电容运行电动机，如图 3.30 所示。

单相电容运行电动机实质上是一台两相异步电动机，其两个绕组在空间相隔 90° 电角度，绕组中的电流也相差约 90° 相角。单相电容运行电动机的性能有较大的改善，其功率因数、效率及最大转矩都比普通单相异步电动机高。

单相电容运行电动机结构简单，使用维护方便，只要任意改变工作绕组（或启动绕组）的首端、末端与电源的接线，即可改变旋转磁场的转向，使电动机反转。这类电动机常用于吊扇、台扇、洗衣机、吸尘器等。

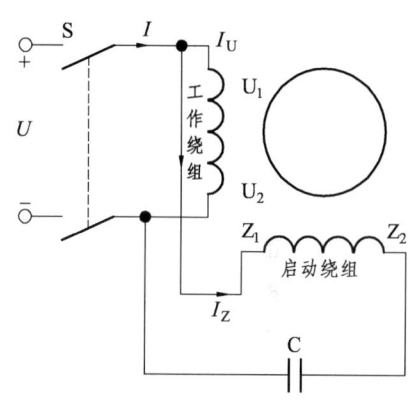

图 3.30 单相电容运行电动机

3. 单相电阻启动电动机

将图 3.29 中的电容器换成电阻就构成单相电阻启动电动机，如图 3.31 所示。这种电动机的特点是启动绕组 Z_1Z_2 的导线直径较细，匝数少，又与启动电阻串联，则该支路的总电阻远大于感抗，可近似看作流过绕组中的电流与电源电压同相位；工作绕组 U_1U_2 的导线直径较粗，匝数较多，则感抗远大于绕组中的直流电阻，可近似看作流过绕组中的电流滞后电源电压约 90° 电角。因此，可近似看作启动绕组中的电流与工作绕组中的电流相差 90° 电角，从而在定子与转子气隙中产生旋转磁场，使转子获得转矩而旋转。这种电动机启动转矩不大，宜于空载启动。

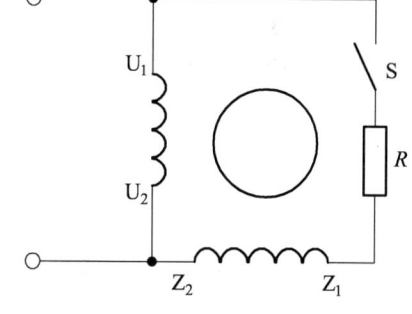

图 3.31 单相电阻启动电动机

复习思考题

1. 按照转子形式，三相异步电动机可分为哪两大类？
2. 三相异步电动机铭牌上重要的数据有哪几个？各额定值的含义是什么？
3. 三相异步电动机主要由哪些部件组成？各部件的作用是什么？

4. 三相异步电动机交流绕组的基本要求是什么？

5. 三相异步电动机交流绕组如何分类？

6. 电机中空间电角度是如何定义的？电角度与机械角度有什么关系？

7. 比较单层绕组和双层绕组的优缺点，为什么一般功率大于 10 kW 的交流电机多采用双层绕组？

8. 同一相内各线圈组之间的连接方式根据什么确定？

9. 单相绕组流过交流电流时产生的基波磁动势有哪些特点？三相对称绕组流过三相对称电流时产生的基波磁动势又有哪些特点？

10. 什么叫极距？一台三相 8 极异步电机，其定子槽数为 48，其极距是多少？

11. 交流绕组每极每相槽数的含义是什么？一台三相 4 极异步电机的定子槽数为 36，求其每极每相槽数？

12. 一台三相两极异步电动机，定子绕组为单层交叉式，定子槽数为 18，大线圈节距为 8 槽，小线圈节距为 7 槽，试绘出其绕组展开图。

13. 三相异步电动机定子绕组相电势的计算公式与变压器绕组电势的计算公式有何不同？为什么？

14. 一台三相异步电动机铭牌上写明，额定电压 380/220 V，定子绕组接法 Y/△。如果使用时将定子绕组连成△形，接在 380 V 的三相电源上，能否空载或带负载运行？为什么？如果将定子绕组连成 Y 形，接在 220 V 的三相电源上，能否空载或带负载运行？为什么？

15. 为什么说交流绕组所产生的磁势既是空间函数又是时间函数？

16. 三相绕组所产生的旋转磁势，它的转速与通入的三相电流的频率以及绕组的极对数之间有什么关系？

17. 一台额定频率为 50 Hz 的三相电机，如果通以 60 Hz 的三相对称交流电，假设电压电流额定值等都不变，问旋转磁势的幅值大小、极对数、转速、转向将如何变化？

18. 一台三相异步电动机定子绕组为星形接法，如果把三相引出线中的两个头对调一下再接电源，问旋转磁势的转向是否变化？如果定子绕组为三角形接法，转向又将如何？

19. 三相异步电动机中的定子旋转磁场是怎样产生的？

20. 试述三相异步电动机的工作原理？异步电机和同步电机的基本差别是什么？

21. 为什么说异步电动机的工作原理与变压器的工作原理类似？试分析它们的异同点。

22. 异步电动机为什么又叫感应电动机？

23. 已知三相异步电动机的额定频率为 50 Hz，额定转速为 970 r/min，该电机的极数是多少？额定转差率是多少？

24. 异步电动机的转速一定低于同步转速吗？什么叫转差率？如何由转差率的大小范围来判断异步电动机的运行情况？

25. 异步电动机运行时，内部有哪些损耗？当电机从空载变化到额定负载时，这些损耗中的哪些基本不变？哪些是随负载变化的？

26. 一台三相异步电动机，额定运行时电压为 380 V，电流为 6.5 A，输出功率为 3 kW，转速为 1 430 r/min，功率因数为 0.86，求该电动机额定运行时的效率、转差率和输出转矩。

27. 三相异步电动机的工作特性和机械特性是如何定义的？

28. 试述三相异步电动机的启动方法。

29. 什么叫三相异步电动机的调速？有哪几种调速方法？如何改变三相异步电动机的转向？

30. 什么叫三相异步电动机的制动？有哪几种制动方法？

31. 只有一个运行绕组的单相异步电动机为什么不能自行启动？单相异步电动机的启动方法有哪几种？

32. 如何改变电容分相式单相异步电动机的转向？

第四章　三相交流异步牵引电动机

第一节　三相交流异步牵引电动机变频调速的基本原理

一、三相异步电动机的调速方法

1. 三相异步电动机的调速方法

三相异步电动机转速公式为

$$n = n_1(1-s) = \frac{60 f_1}{p_N}(1-s) \qquad (4.1)$$

可见，改变供电频率 f_1、电动机的极对数 p_N 及转差率 s，都可以达到改变转速的目的。

从调速的本质来看，不同的调速方式无非是改变交流电动机的同步转速或不改变同步转两种：

（1）不改变同步转速的调速方法有绕线式电动机的转子串电阻调速、斩波调速、串级调速以及应用电磁转差离合器、液力耦合器、油膜离合器等调速。

（2）改变同步转速的调速方法有改变定子极对数的调速、改变定子电压、频率的变频调速、无换向器电动机的调速等。

从调速时的能耗观点来看，有高效调速方法与低效调速方法两种：

（1）高效调速指转差率不变，因此无转差损耗，如多速电动机、变频调速以及能将转差损耗回收的调速方法（如串级调速等）。

（2）有转差损耗的调速方法属低效调速，如转子串电阻调速方法，能量就损耗在转子回路中；电磁离合器的调速方法，能量损耗在离合器线圈中；液力偶合器调速，能量损耗在液力耦合器的油中。一般来说转差损耗随调速范围扩大而增加，如果调速范围不大，能量损耗是很小的。

2. 各种调速方法的特点

1）变极对数调速

这种调速方法是用改变定子绕组的接线方式来改变鼠笼型电动机定子极对数，最终达到调速的目的，其特点为：

（1）具有较硬的机械特性，稳定性良好；

（2）无转差损耗，效率高；

（3）接线简单、控制方便、价格低；

（4）有级调速，级差较大，不能获得平滑调速；

（5）可以与调压调速、电磁转差离合器配合使用，获得较高效率的平滑调速特性；

（6）变极对数调速适用于不需要无级调速的生产机械，如金属切削机床、升降机、起重设备、风机、水泵等。

2）变频调速

变频调速是改变电动机定子电源的频率，从而改变其同步转速的调速方法。变频调速系统主要设备是提供变频电源的变频器，变频器可分成交-直-交变频器和交-交变频器两大类，目前国内大都使用交-直-交变频器。其特点为：

（1）效率高，调速过程中没有附加损耗；

（2）应用范围广，可用于鼠笼型异步电动机；

（3）调速范围大，特性硬，精度高；

（4）技术复杂，造价高，维护检修困难。

变频调速适用于要求精度高、调速性能较好场合，如电力机车、内燃机车、动车组、城市轨道车辆等。

3）串级调速

串级调速是指绕线式电动机转子回路中串入可调节的附加电势来改变电动机的转差，达到调速的目的。大部分转差功率被串入的附加电势所吸收，再利用产生附加的装置，把吸收的转差功率返回电网或转换能量加以利用。根据转差功率吸收利用方式，串级调速可分为电机串级调速、机械串级调速及晶闸管串级调速形式，其中人们多采用晶闸管串级调速，其特点为：

（1）可将调速过程中的转差损耗回馈到电网或生产机械上，效率较高；

（2）装置容量与调速范围成正比，投资省，适用于调速范围在额定转速70%~90%的生产机械上；

（3）调速装置故障时可以切换至全速运行，避免停产；

（4）晶闸管串级调速功率因数偏低，谐波影响较大；

（5）串级调速适合于风机、水泵及轧钢机、矿井提升机、挤压机上使用。

4）绕线式电动机转子串电阻调速

绕线式异步电动机转子串入附加电阻，使电动机的转差率加大，电动机在较低的转速下运行。串入的电阻越大，电动机的转速越低。此方法设备简单，控制方便，但转差功率以发热的形式消耗在电阻上。属有级调速，机械特性较软。

5）定子调压调速

当改变电动机的定子电压时，可以得到一组不同的机械特性曲线，从而获得不同转速。由于电动机的转矩与电压平方成正比，因此最大转矩下降很多，其调速范围较小，使一般鼠笼型电动机难以应用。为了扩大调速范围，调压调速应采用转子电阻值大的笼型电动机，如专供调压调速用的力矩电动机，或者在绕线式电动机上串联频敏电阻。为了扩大稳定运行范围，当调速在2∶1以上的场合应采用反馈控制以达到自动调节转速目的。

调压调速的主要装置是一个能提供电压变化的电源，目前常用的调压方式有串联饱和电抗器、自耦变压器以及晶闸管调压等几种。晶闸管调压方式为最佳。其特点为：

（1）调压调速线路简单，易实现自动控制；

（2）调压过程中转差功率以发热形式消耗在转子电阻中，效率较低；

（3）调压调速一般适用于 100 kW 以下的生产机械。

6）电磁调速电动机调速

电磁调速电动机由鼠笼式电动机、电磁转差离合器和直流励磁电源（控制器）三部分组成。直流励磁电源功率较小，通常由单相半波或全波晶闸管整流器组成，改变晶闸管的导通角，可以改变励磁电流的大小。

电磁转差离合器由电枢、磁极和励磁绕组三部分组成。电枢和后者没有机械联系，都能自由转动。电枢与电动机转子同轴连接称主动部分，由电动机带动；磁极用联轴节与负载轴对接称从动部分。当电枢与磁极均为静止时，如励磁绕组通以直流，则沿气隙圆周表面将形成若干对 N、S 极性交替的磁极，其磁通经过电枢。当电枢随拖动电动机旋转时，由于电枢与磁极间相对运动，因而使电枢感应产生涡流，此涡流与磁通相互作用产生转矩，带动有磁极的转子按同一方向旋转，但其转速恒低于电枢的转速 n_1，这是一种转差调速方式，变动转差离合器的直流励磁电流，便可改变离合器的输出转矩和转速。其特点为：

（1）装置结构及控制线路简单、运行可靠、维修方便；

（2）调速平滑、无级调速；

（3）对电网无谐影响；

（4）速度不大、效率低；

（5）电磁调速电动机调速适用于中、小功率，要求平滑动、短时低速运行的生产机械。

7）液力耦合器调速

液力耦合器是一种液力传动装置，一般由泵轮和涡轮组成，它们统称工作轮，放在密封壳体中。壳中充入一定量的工作液体，当泵轮在原动机带动下旋转时，处于其中的液体受叶片推动而旋转，在离心力作用下沿着泵轮外环进入涡轮时，就在同一转向上给涡轮叶片以推力，使其带动生产机械运转。液力耦合器的动力转输能力与壳内相对充液量的大小是一致的。在工作过程中，改变充液率就可以改变耦合器的涡轮转速，做到无级调速，其特点为：

（1）功率适应范围大，可满足从几十千瓦至数千千瓦不同功率的需要；

（2）结构简单，工作可靠，使用及维修方便，且造价低；

（3）尺寸小，能容大；

（4）控制调节方便，容易实现自动控制；

（5）液力耦合器调速适用于风机、水泵的调速。

二、交-直-交变频调速系统的工作原理

1. 交-直-交变频调速的基本电路

交-直-交变频调速的基本电路如图 4.1 所示。频率固定的电网三相交流电经过变频器转

变为频率可变的三相交流电，再向交流电动机供电。变频器主要由整流器、直流环节和逆变器三部分组成。

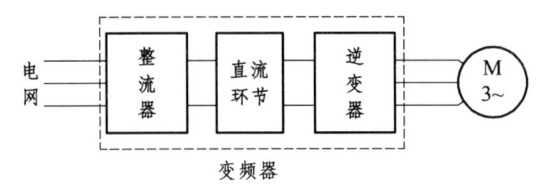

图 4.1 交-直-交变频调速基本电路图

整流器主要作用是将电网三相交流电整流成直流电，分为不可控整流器和可控整流器。不可控整流器中的电子器件为二极管，而可控整流器中的电子器件大多采用双极型或复合型电子器件，如可控硅、GTR、GTO、IGBT、IPM 等，如图 4.2 所示。

直流环节分电压型和电流型两种，如图 4.3 所示，C_d 主要起稳压作用，L_d 主要起稳流作用。

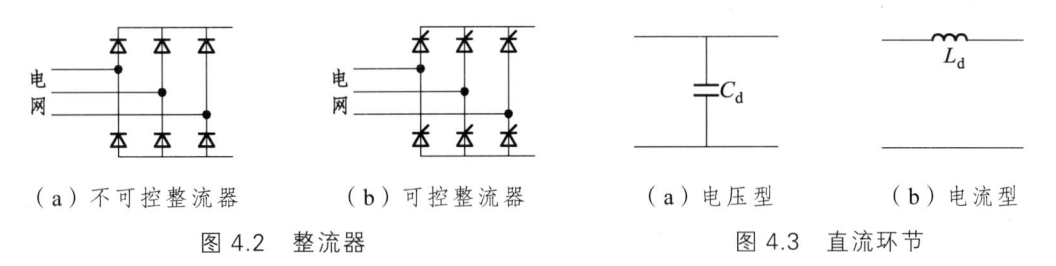

（a）不可控整流器　　（b）可控整流器　　（a）电压型　　（b）电流型

图 4.2 整流器　　　　　　　　　　图 4.3 直流环节

逆变器的作用主要是将直流电逆变为频率可调的三相交流电，并向三相异步牵引电动机供电，分为电压型逆变器和电流型逆变器，其基本电路如图 4.4 所示。

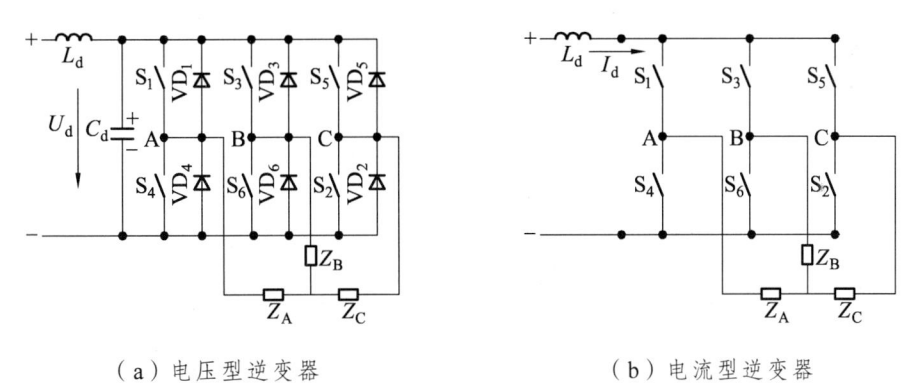

（a）电压型逆变器　　　　　　　（b）电流型逆变器

图 4.4 逆变器

2. 逆变器的基本原理

1）电压型逆变器

图 4.4（a）中，直流电源并联有大容量滤波电容器 C_d，使直流输出电压具有电压源特性，内阻很小。电感 L_d 的电感量较小，起限流作用。$S_1 \sim S_6$ 为功率开关，根据实际需要可以选用可控型电子器件。$VD_1 \sim VD_6$ 为续流二极管，为负载的滞后电流提供一条反馈到电源的通路。每只功率开关每隔 60° 电角度触发导通一次，相邻两相的功率开关触发导通时

75

间互差120°，一个周期共换相6次，对应6个不同的工作状态（又称6拍）。根据功率开关的导通持续时间不同，可以分为180°导电型和120°导电型两种工作方式。

以180°导电型工作方式为例，功率开关的导通规律见表4.1，经计算各个工作状态下的相电压和线电压见表4.2，逆变器输出电压波形如图4.5所示。

表4.1 180°导电型逆变器功率开关导通规律

工作状态	S_1	S_2	S_3	S_4	S_5	S_6
状态1（0~60°）	导通				导通	导通
状态2（60°~120°）	导通	导通				导通
状态3（120°~180°）	导通	导通	导通			
状态4（180°~240°）		导通	导通	导通		
状态5（240°~300°）			导通	导通	导通	
状态6（300°~360°）				导通	导通	导通

表4.2 负载为Y形接法时各个工作状态下的相、线电压

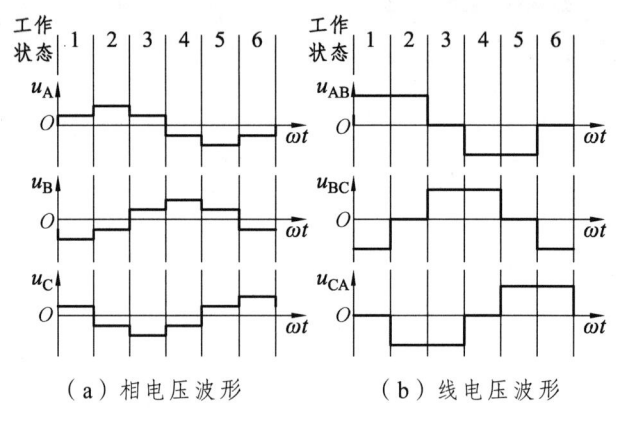

工作状态		状态1	状态2	状态3	状态4	状态5	状态6
相电压	u_A	$U_d/3$	$2U_d/3$	$U_d/3$	$-U_d/3$	$-2U_d/3$	$-U_d/3$
	u_B	$-2U_d/3$	$-U_d/3$	$U_d/3$	$2U_d/3$	$U_d/3$	$-U_d/3$
	u_C	$U_d/3$	$-U_d/3$	$-2U_d/3$	$-U_d/3$	$U_d/3$	$2U_d/3$
线电压	u_{AB}	U_d	U_d	0	$-U_d$	$-U_d$	0
	u_{BC}	$-U_d$	0	U_d	U_d	0	$-U_d$
	u_{CA}	0	$-U_d$	$-U_d$	0	U_d	U_d

（a）相电压波形　　（b）线电压波形

图4.5 逆变器输出电压波形图

2）电流型逆变器

图4.4（b）中，直流电源串联有大容量滤波电感L_d，起限流作用，为逆变器提供的直流电流波形平直、脉动小，具有电流源特性。同时又是缓冲负载无功能量的贮能元件。S_1~S_6为功率开关，根据实际需要可以选用可控型电子器件。

以 120°导电型工作方式为例，功率开关的导通规律见表 4.3，经计算，各个工作状态下的相电流和线电流见表 4.4，逆变器输出电流波形如图 4.6 所示。

表 4.3　120°导电型逆变器功率开关导通规律

工作状态	S_1	S_2	S_3	S_4	S_5	S_6
状态 1（0~60°）	导通					导通
状态 2（60°~120°）	导通	导通				
状态 3（120°~180°）		导通	导通			
状态 4（180°~240°）			导通	导通		
状态 5（240°~300°）				导通	导通	
状态 6（300°~360°）					导通	导通

表 4.4　负载为 △ 形接法时各个工作状态下的相、线电流

工作状态		状态 1	状态 2	状态 3	状态 4	状态 5	状态 6
线电流	i_A	I_d	I_d	0	$-I_d$	$-I_d$	0
	i_B	$-I_d$	0	I_d	I_d	0	$-I_d$
	i_C	0	$-I_d$	$-I_d$	0	I_d	I_d
相电流	i_{AB}	$2I_d/3$	$I_d/3$	$-I_d/3$	$-2I_d/3$	$-I_d/3$	$I_d/3$
	i_{BC}	$-I_d/3$	$I_d/3$	$2I_d/3$	$I_d/3$	$-I_d/3$	$-2I_d/3$
	i_{CA}	$-I_d/3$	$-2I_d/3$	$-I_d/3$	$I_d/3$	$2I_d/3$	$I_d/3$

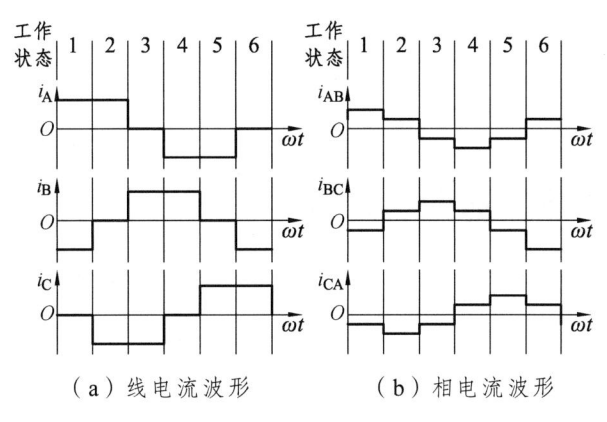

（a）线电流波形　　　　（b）相电流波形

图 4.6　逆变器输出电流波形图

3. 交-直-交变频调速系统

交-直-交变频调速系统经过近十多年的发展，出现了许多形式，如电压、频率协调控制的变频调速系统，转差频率控制的变频调速系统，谐振型变频调速系统，矢量控制的变

频调速系统和直接转矩控制的变频调速系统等。

在电力牵引的运用中，交流传动系统最基本的任务是通过机电能量的转换，达到传动装置调速的目的，发挥系统调速范围宽、系统功率大等优势。由于实现机电转换的主体是牵引电动机，因此电传动系统是围绕牵引电动机控制方法，实现变流装置能量变换的有序控制。为了保证系统优异的运行特性，控制系统应具备运行的稳定性、快速动态响应以及鲁棒性等特性。纵观当今控制技术的主流和发展趋势，直接转矩控制是最先进的高性能交流控制策略之一。

1）直接转矩控制思路

异步电动机的直接转矩控制理论是建立在异步电动机的动态方程上的，当忽略空转阻力矩时，异步电动机的运动方程可表示为：

$$T - T_\mathrm{L} = J \frac{\mathrm{d}\Omega}{\mathrm{d}t} \tag{4.2}$$

式中，T 为电磁转矩；T_L 为负载转矩；J 为电动机转动惯量；Ω 为转子机械角速度（$\Omega = \frac{\pi D n}{60}$，$D$ 为转子直径，n 为转子转速）。根据该式，调节转速可以通过调节电磁转矩来实现。

而 $\dot{T} = K\dot{\psi}_1 \cdot \dot{I}_1$（式中，$\dot{\psi}_1$ 为定子磁链，是磁通与定子匝数的乘积，即 $\dot{\psi}_1 = \dot{\Phi} \cdot N_1$；$\dot{I}_1$ 为定子电流；K 为一常数）。故在定子磁链不变的情况下，调节电磁转矩可以通过调节定子电流来实现。

根据电动机电压方程

$$\dot{U}_1 = r_1 \dot{I}_1 + \frac{\mathrm{d}\dot{\psi}_1}{\mathrm{d}t} \tag{4.3}$$

式中，$\dot{U}_1$ 为定子电压；r_1 为定子电阻。在定子磁链不变的情况下，$\dot{I}_1 = \dot{U}_1 / r_1$。所以调节定子电流可以通过调节定子电压来实现。

综上所述，在保持定子磁链不变的情况下，通过调节定子电压即可调节电磁转矩，从而达到调速的目的。

$$\psi_{\alpha 1} = \int (u_{\alpha 1} - r_1 i_{\alpha 1})\,\mathrm{d}t \tag{4.4}$$

$$\psi_{\beta 1} = \int (u_{\beta 1} - r_1 i_{\beta 1})\,\mathrm{d}t \tag{4.5}$$

$$T = p_\mathrm{N}(i_{\beta 1} \cdot \psi_{\alpha 1} - i_{\alpha 1} \cdot \psi_{\beta 1}) \tag{4.6}$$

为了使数学模型简化，直接转矩控制的变频调速系统避开旋转变换，仅仅采用了由三相坐标到二相坐标的转换。在静止的二相坐标系中，根据式（4.4~4.6）可以设计两个模型：定子磁链模型和转矩模型，如图 4.7 所示。由定子磁链模型组成的磁链闭环使定子磁链保持不变，而转矩模型组成的转矩闭环实现电动机的调速。

（a）定子磁链模型　　　　　　　　　　　　（b）转矩模型

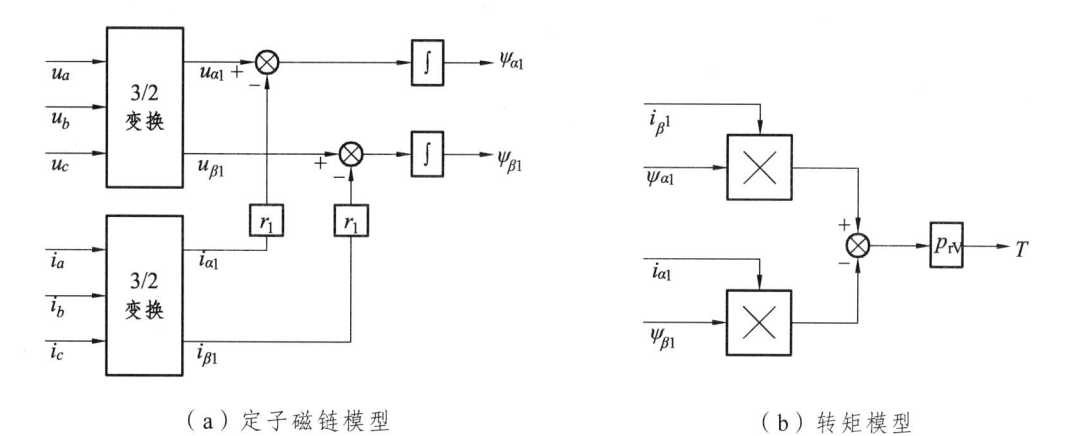

图 4.7　定子磁链模型和转矩模型

2）交-直-交变频调速系统原理

图 4.8 为直接转矩控制交-直-交变频调速系统的基本框图。该系统主要由主电路和控制系统两部分组成。主电路：电网单相交流电经主断路器送入变压器主绕组，经降压从二次侧输出单相频率不变的交流电，经整流器整流成直流电，再由逆变器转变为频率可调的三相交流电，输送给三相异步牵引电动机。控制系统：三相异步牵引电动机经 3/2 变换，转变为二相交流电机，由电流互感器检测出两相电流 $i_{\alpha1}$ 和 $i_{\beta1}$，由电压互感器检测出两相电压 $u_{\alpha1}$ 和 $u_{\beta1}$，一起送入定子磁链模型，输出磁链 $\psi_{\alpha1}$ 和 $\psi_{\beta1}$，再合成为定子磁链 ψ_1，与给定定子磁链 ψ_1^* 进行比较，输出差值信号 $\Delta\psi_1$，经磁链滞环调节后送入开关状态选择。$i_{\alpha1}$、$i_{\beta1}$ 和 $\psi_{\alpha1}$、$\psi_{\beta1}$ 经转矩模型输出转矩 T。给定转速 ω^* 与经过转速传感器 TG 检测出来的转子实际转速 ω 进行比较，输出的转速差值信号 $\Delta\omega$ 经转速调节器转变为转矩给定信号 T^*，T^* 与 T 进

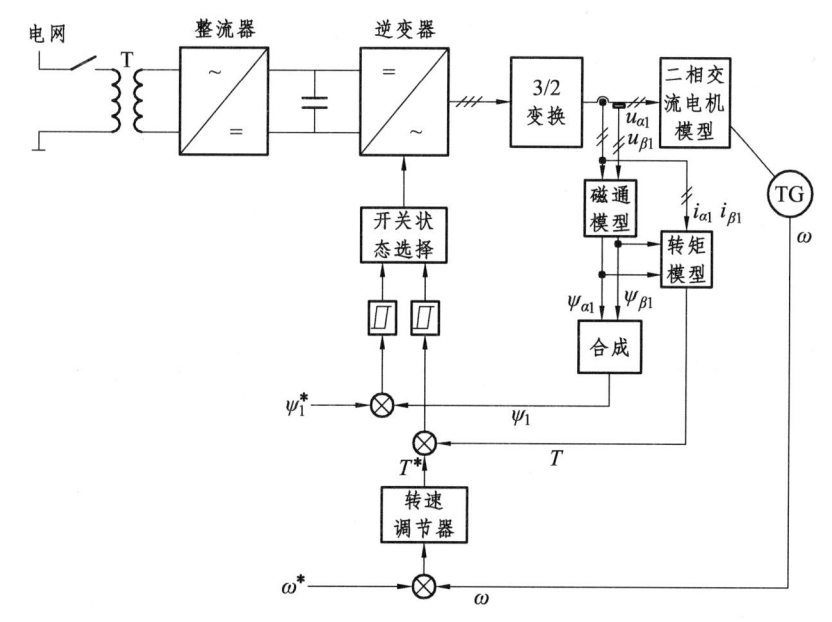

图 4.8　直接转矩控制交-直-交变频调速系统框图

行比较，输出转矩差值信号 ΔT，经转矩滞环调节后送入开关状态选择。最后由开关状态选择去控制逆变器中功率开关的导通状态，通过调节电压矢量的大小达到调节牵引电动机转速的目的。

直接转矩控制的核心思想是通过不同时刻给出不同的电压矢量以控制定子按一定幅值的正六边形磁链轨迹运行并控制其旋转速度（请参阅有关资料）；在机车控制级的控制下，即可按直接转矩控制的思想控制牵引电动机的输出力矩，使机车获得预期的牵引特性。

第二节 异步牵引电动机运行方式和特性

一、异步电动机变频运行的机械特性

由异步电机原理可知：在一定的电压和频率下，异步电动机的机械特性如图 4.9 所示。

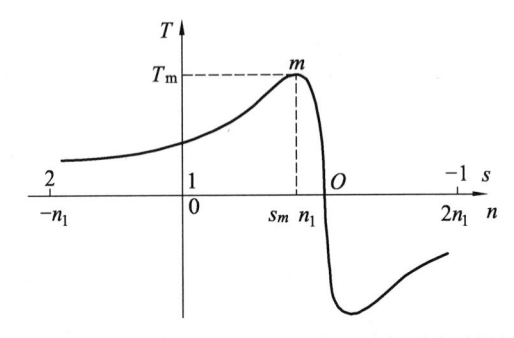

图 4.9 一定频率和电压下异步电动机的机械特性

当异步电机作为电动机运行时，电机在 $0 < s < 1$ 范围内运行，图 4.9 中为电动机最大转距太时的临界转差率。其中 s 位于（$0 \sim s_m$）的一段是电动机的稳定运行范围；当 $s > s_m$ 后，电动机的转矩将明显减少，使电动机转速越来越低，直到停转。所以 s 在（$s_m \sim 1$）区段是电动机不稳定运行区。

二、异步牵引电动机运行方式及其机械特性

1. 保持额定磁通的恒磁通运行

为了充分利用铁心材料，在设计电机时，一般将额定工作点选在磁化曲线开始弯曲处。因此，调速时希望保持每极磁通 Φ_m 为额定值，即 $\Phi_m = \Phi_{mN}$。因为磁通增加，将引起铁心过分饱和、励磁电流急剧增加，导致绕组过分发热，功率因数降低；而磁通减少，将使电动机输出转矩下降，如果负载转矩仍维持不变，势必导致定、转子过电流，也要产生过热，故而希望保持磁通恒定，即实现恒磁通变频调速。

1) E_1/f_1 恒定运行

根据异步电动机定子每相绕组感应电动势

$$E_1 = 4.44 f_1 N_1 K_{N1} \Phi_m \tag{4.7}$$

式中 N_1——定子绕组每相串联匝数；

K_{N1}——基波绕组系数；

Φ_m——每极气隙磁通。

为保持 Φ_m 不变，在改变电源频率 f_1 的同时，必须按比例改变感应电动势 E_1 亦即保持 $E_1/f_1 = $ 常数，这就要求对电动势和频率进行协调控制。显然，它是一种理想的保持磁通恒定的控制方法。

此时的机械特性方程可由异步电动机稳态等效电路导出（图4.10）。

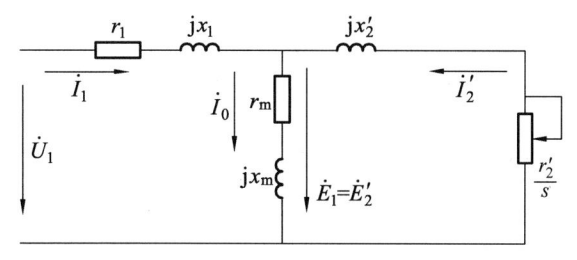

图 4.10 异步电动机稳态等效电路

转子电流为：

$$I_2' = \frac{E_2'}{\sqrt{\left(\frac{r_2'}{s}\right)^2 + x_2'^2}} = \frac{E_1}{\sqrt{\left(\frac{r_2'}{s}\right)^2 + x_2'^2}} \quad (4.8)$$

式中 E_2'——折算到定子频率（即 $s=1$）、定子绕组的转子每相感应电动势；

x_2'——折算到定子频率、定子绕组的转子每相漏抗；

r_2'——折算到定子绕组的转子每相电阻。

电磁功率为：

$$P_M = m_1 I_2'^2 \frac{r_2'}{s} \quad (4.9)$$

式中 m_1——定子相数。

电磁转矩为：

$$T = \frac{P_M}{\Omega_1} = \frac{m_1 p_N}{2\pi} \left(\frac{E_1}{f_1}\right)^2 \frac{f_1 r_2'/s}{\left(\frac{r_2'}{s}\right)^2 + x_2'^2} \quad (4.10)$$

式中 Ω_1——同步机械角速度。

式（4.10）即为保持 E_1/f_1 恒定的机械特性方程式。为求得最大转矩，令 $dT/ds = 0$，由此得到产生最大转矩时的转差率 $s_m = \frac{r_2'}{x_2'}$，其相应的最大转矩为：

$$T_m = \frac{m_1 p_N}{8\pi^2} \left(\frac{E_1}{f_1}\right)^2 \frac{1}{L_{2\sigma}'} \quad (4.11)$$

式中 $L'_{2\sigma}$——转子每相漏感（折算到定子绕组）。

可见，保持 E_1/f_1 恒定进行变频调速时，最大转矩保持不变。由式（4.11）可知，当 s 很小时，$r'_2/s \gg x'_2$，此时

$$T \approx \frac{m_1 p_N}{2\pi} \left(\frac{E_1}{f_1}\right)^2 \frac{sf_1}{r'_2} \propto s \tag{4.12}$$

这说明 s 很小时机械特性近似为直线，在此直线上，带负载后产生的转速降为：

$$\Delta n = sn_1 = s\frac{60}{p_N}f_1 = \frac{60}{p_N^2} \cdot \frac{2\pi r'_2 T}{m_1 \left(\frac{E_1}{f_1}\right)^2} \tag{4.13}$$

（4.13）式表明，保持 E_1/f_1 恒定进行变频调速时，对应于同一转矩 T，转速降 Δn 基本不变，亦即直线部分斜率不变（硬度相同），机械特性平行地移动，如图 4.11 所示。

在变频调速过程中，即频率变化前后，电动机的过载能力应相等。根据电机学知识，过载能力为：

$$k_m = \frac{T_m}{T_N} \tag{4.14}$$

式中 T_N——额定转矩。

设调速前 $k_m = T_m/T_N$，调速后 $k'_m = T'_m/T'_N$，按照过载能力相等的条件，由式（4.14）保持 E_1/f_1 恒定时，$T_m = T'_m$，则 $T_N = T'_N$。说明输出转矩不变，属于恒转矩调速。

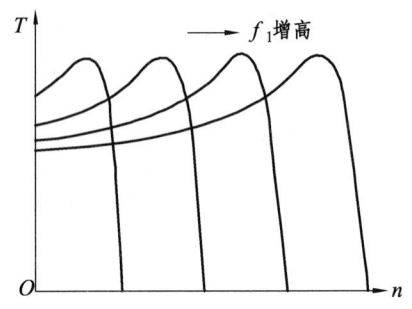

图 4.11　E_1/f_1 恒定时变频调速机械特性

2）U_1/f_1 恒定运行（或恒定子电流运行）

实际上，由于感应电动势难于直接控制，保持 E_1/f_1 恒定只是一种理想的控制方法。当忽略定子漏阻抗压降时，近似地可以认为定子相电压

$$U_1 \approx E_1 = 4.44 f_1 N_1 K_{N1} \Phi_m \tag{4.15}$$

因此，保持 $U_1/f_1 \approx \text{const}$，可以近似地维持 Φ_m 恒定，从而实现近似的恒磁通调速，这可通过对定子相电压和频率进行协调控制来实现。由图 4.10 可以导出保持 U_1/f_1 恒定时的机械特性方程：

$$I'_2 = \frac{U_1}{\sqrt{\left(r_1 + c_1\frac{r'_2}{s}\right)^2 + (x_1 + c_1 x'_2)^2}} \tag{4.16}$$

式中 $c_1 = 1 + x_1/x_m \approx 1$；

x_m——与气隙主磁通相对应的定子每相绕组励磁电抗；

x_1——定子绕组每相漏抗；

r_1——定子绕组每相电阻。

电磁转矩为：

$$T = \frac{P_M}{\Omega_1} = \frac{m_1 p_N}{2\pi} \left(\frac{U_1}{f_1}\right)^2 \frac{f_1 r_2'/s}{\left(r_1 + \frac{r_2'}{s}\right)^2 + (x_1 + x_2')^2} \quad (4.17)$$

（4.17）式即为保持 U_1/f_1 恒定的机械特性方程式。令 $dT/ds = 0$ 可以产生最大转矩时的转差率为：

$$s_m = \frac{r_2'}{\sqrt{r_1^2 + (x_1 + x_2')^2}} \quad (4.18)$$

相应的最大转矩为：

$$T_m = \frac{m_1 p_N}{8\pi^2} \left(\frac{U_1}{f_1}\right)^2 \frac{1}{\frac{r_1}{2\pi f_1} + \sqrt{\left(\frac{r_1}{2\pi f_1}\right)^2 + (L_{1\sigma} + L_{2\sigma}')^2}} \quad (4.19)$$

式中　$L_{1\sigma}$——定子每相漏感；

　　　$L_{2\sigma}'$——转子每相漏感的折算值。

可见，保持 U_1/f_1 恒定进行变频调速时，最大转矩将随 f_1 的降低而降低。此时直线部分的斜率仍不变，机械特性如图 4.12 实线所示。

采用 $U_1 \approx E_1$，使控制易于实现，但也带来误差。由图 4.10 的等效电路所知，U_1 扣除定子漏阻抗压降之后的部分即由感应电动势 E_1 所平衡。显然，被忽略的定子漏阻抗压降在 U_1 中所占比例的大小决定了它的影响。当频率 f_1 的数值对较高时，由式（4.15）可知，此时 E_1 数值较大，定子漏阻抗压降在 U_1 中比例较小，认为 $U_1 \approx E_1$ 不致引起太大误差；当频率相对较低时，E_1 数值变小，U_1 也变小，此时定子漏阻抗压降在 U_1 中所占比例增大，已经不能满足 $U_1 \approx E_1$，此时若仍以 U_1/f_1 恒定代替 U_1/f_1 恒定，则不能不带来较大误差。为此，可在低频段提高定子电压 U_1，目的是补偿定子漏阻抗压降，近似地维持 U_1/f_1 恒定。补偿后的机械特性，如图 4.12 虚线所示。

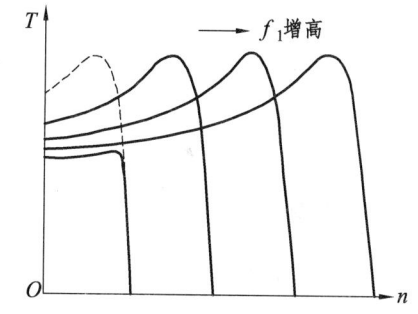

图 4.12　U_1/f_1 恒定时变频调速机械特性

由于异步电动机定子电流 $\dot{I}_1$ 为：

$$\dot{I}_1 \approx -\dot{I}_2' = \frac{\dot{U}_1}{(r_1 + r_2'/s) + j(x_{1\sigma} + x_{2\sigma}')} \quad (4.20)$$

即

$$\dot{I}_1 \approx \frac{\dot{U}_1}{2\pi f_1} \cdot \frac{1}{L_1 + L_2'} \quad (4.21)$$

所以在 U_1/f_1 恒定的情况下，I_1 也保持恒定，故这种运行方式又称为恒定子电流运行方式。

2. 保持电压为额定值的恒电压运行

在额定频率（基波）以上调速时，鉴于电动机绕组是按额定电压等级设计的，超过额定电压运行将受到绕组绝缘强度的限制，因此定子电压不可能与频率成正比地升高，只能保持在额定电压，即 $U_1 = U_{1N}$。由式（4.15）可知，此时气隙磁通 Φ_m 将随着频率 f_1 的升高而反比例下降，类似于直流电动机的弱磁升速。

体现定子电压、供电频率及电动机参数关系的机械特性方程式如下：

$$T = \frac{P_M}{\Omega_1} = \frac{m_1 p_N}{2\pi} \left(\frac{U_1}{f_1}\right)^2 \frac{f_1 r_2'/s}{\left(r_1 + \frac{r_2'}{s}\right)^2 + (x_1 + x_2')^2} \quad (4.22)$$

令 $dT/ds = 0$，即可求出产生最大转矩时的转差率为：

$$s_m = \frac{r_2'}{\sqrt{r_1^2 + (x_1 + x_2')^2}} \quad (4.23)$$

相应最大转矩为：

$$T_m = \frac{m_1 p_N}{8\pi^2}\left(\frac{U_1}{f_1}\right)^2 \frac{1}{\frac{r_1}{2\pi f_1} + \sqrt{\left(\frac{r_1}{2\pi f_1}\right)^2 + (L_{1\sigma} + L_{2\sigma}')^2}} \quad (4.24)$$

可见，保持电压为额定值进行变频调速时，最大转矩将随 f_1 的升高而减少。

当 s 很小时，有 $r_2'/s \gg r_1$ 及 $r_2'/s \gg (x_1 + x_2')$，式（4.22）可简化为：

$$T \approx \frac{m_1 p_N}{2\pi}\left(\frac{U_1}{f_1}\right)^2 \frac{sf_1}{r_2'} \propto s \quad (4.25)$$

此时近似为一条直线，在此直线上有

$$s = \frac{2\pi f_1 r_2' T}{m_1 p_N U_1^2} \quad (4.26)$$

带负载后的转速降为：

$$\Delta n = s n_1 = s\frac{60 f_1}{p_N} = \frac{120\pi r_2' T}{m_1 p_N^2 U_1^2} f_1^2 \quad (4.27)$$

（4.27）式说明，保持 $U_1 = U_{1N}$ 进行变频调速时，对应于同一转矩 T，转速降 Δn 随 f_1 的增加而平方倍加大，频率越高，转速越高，即直线部分的硬度随 f_1 的增加而迅速变软。机械特性如图 4.13 所示。

由式（4.25）可知，当保持电压为额定值、且 s 变化范围不大时，如果频率 f_1 增加，则转矩 T 减少，而同步机械角速度 $\Omega_1 = 2\pi f_1/p_N$ 将随频率而增加。这就是说，随着频率增加，转矩减少，而转速增加。根据 $P_M = T\Omega_1$，可近似地看作恒功率调速。综合额定频率以下及以上的两种情况，其定子电压和气隙磁通的控制特性如图 4.14 所示。

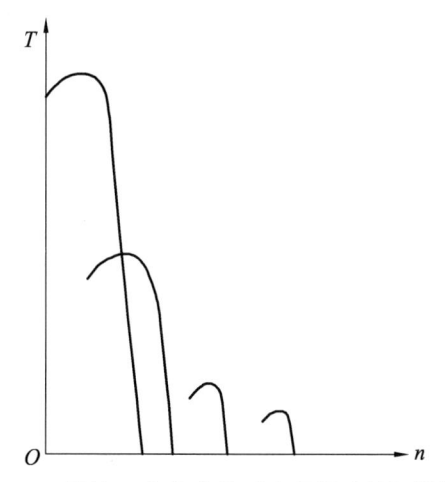

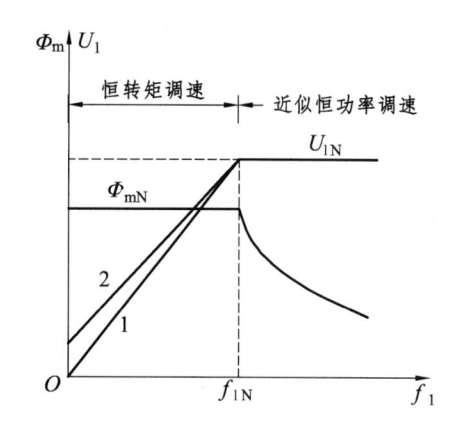

图 4.13　保持 U_1 为额定值时变频调速的机械特性　　图 4.14　异步牵引电动机变频调速的控制特性

1—不含定子压降补偿；2—含定子压降补偿

3. 恒转差频率运行

这是一种在逆变电路的输出电压达到最大值后，仅仅通过改变逆变电路输出频率的运行方式。

由于

$$f_1 = \frac{pn_1}{60} \tag{4.28}$$

根据（4.25）式可得：

$$T \propto \left(\frac{U_1}{f_1}\right)^2 f_s \tag{4.29}$$

式中，$f_s = n_1 - n$，称为转差频率。

根据（4.29）式，当 U_1 达到最大值后，如果保持 f_s 不变，则

$$T \propto \frac{1}{f_1^2} \tag{4.30}$$

其运行机械特性如图 4.15 所示。相当于直流串励牵引电动机的自然转矩特性。

4. 恒功率运行

恒转差频率运行时，随着转速 n 的增加，为保持 f_s 不变，n_1 必然要同步增加，所以 f_1 增大，导致 T 急剧下降。如果设计上 f_s 对于最大值留有余地，在 n 增加的同时，增加 f_s，可以防止 T 急剧下降。

根据（4.29）式，当 U_1 达到最大值后，如果使 f_s 与 f_1 成正比增加，则

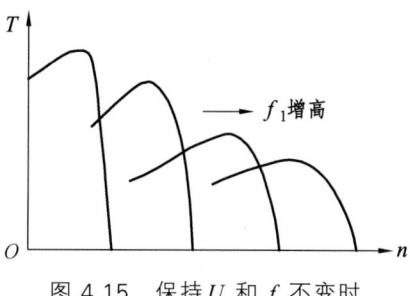

图 4.15　保持 U_1 和 f_s 不变时变频调速的机械特性

$$T \propto \frac{1}{f_1} \tag{4.31}$$

其运行机械特性如图 4.16 所示。T 与 f_1 成正比增加，防止 T 下降过快。这种电源电压恒定、转差频率与电源频率成正比、输入电流也基本恒定的运行方式称为牵引电动机恒功率运行，相当于直流牵引电动机在磁场削弱工况下运行。

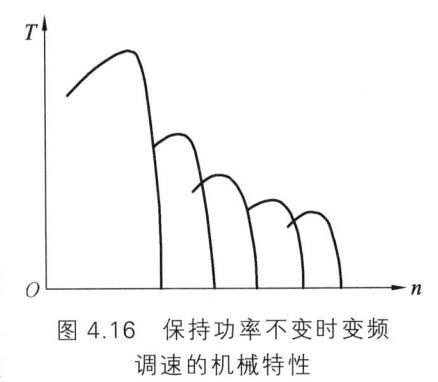

根据上述分析可知，异步电动机在低频条件下，T_m 不变的特性可以满足机车启动时具有较大而稳定不变的牵引力，而在高速运行时机车牵引力较小，使异步电动机输出功率可基本保持不变。显然，该特性很适合铁路牵引动力的要求。

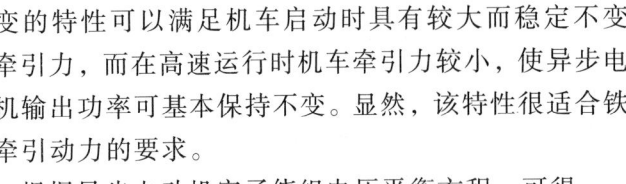

图 4.16 保持功率不变时变频调速的机械特性

根据异步电动机定子绕组电压平衡方程，可得

$$\Phi_m = \frac{E_1}{4.44 f_1 K_{W1} N_1} = \frac{U_1}{4.44 f_1 K_{W1} N_1} \tag{4.32}$$

在 U_1/f_1 为常数条件下，异步电动机气隙磁通是不变，若这时的磁通接近于饱和状态，可认为异步电动机工作在满磁场状态；在 U_1 等于常数条件下，气隙磁通随 f_1 增加而减少，则可认为异步电动机工作在磁场削弱状态。

假如异步电动机在正常工作时，突然降低定子的供电频率，转子的机械惯性将使其维持在高于旋转磁场同步转速的转速上，这时转差率为负值，电机进入发电机状态运行，将电机轴上的机械能转换成电能反馈给电网或消耗在制动电阻上。这样，机车在下坡或高速运行需要制动时，很容易实现再生制动或电阻制动。而当电动机需要改变转向时，只需改变逆变器输出电源的相序即可实现。

上述分析表明，根据机车牵引的要求，只对异步电动机的电压、频率采取不同的调节方式，异步电动机同样具有启动牵引力大、调速范围宽、过载能力强等优良的牵引性能。当然，对异步电动机的变频调节必须遵循一定的规律，同时也应考虑控制手段的难易程度。

第三节 机车牵引中异步牵引电动机的特性调节

一、机车牵引运行的调节区域

异步电动机作为动车组的牵引电动机，必须满足牵引性能的要求。一般来说，牵引运行可分为：启动加速区、恒功率输出区、提高速度区或恒电压区三个运行调节区，如图 4.17 所示。

在机车启动加速阶段，一般要求牵引力尽可能接近黏着牵引力，以获得大而稳定的启动牵引力，这时异步机应按恒转矩要求进行变频调节；启动后，随着速度的提高，牵引

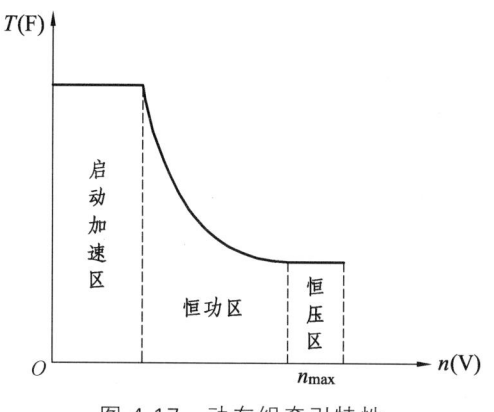

图 4.17　动车组牵引特性

电动机输出功率也不断增大，启动过程结束，则希望牵引电动机按在各种运行速度下保持恒功率输出的要求进行变频调节。为了满足动车组启动和运行时牵引特性的要求，需要在调节频率的同时相应调节牵引电动机的电压。下面简要分析异步牵引电动机工作在不同运行区的变频调节规律。

二、恒转矩特性的变频调节

通常运行在固定频率下的三相异步电动机，其启动电流约为额定电流的 5~6 倍。但由于此时转子的频率高、漏抗大、功率因数很低，所以启动转矩实际上并不大。而采用变频调节时，则可使异步电动机在较低频率下启动，此时定、转子漏抗都很小，从而改善了转子的功率因数，增大了启动转矩。一般来说，机车启动时，异步电动机低频启动电流大致为两倍额定电流的情况下，可使电机启动转矩为最大转矩的 70% 左右，并保持不变。由于异步电动机最大转矩正比于 $(U_1/f_1)^2$，U_1 与 f_1 之比通常称为"伏赫比"。要使机车获得恒定的启动转矩，电机必须保持伏赫比不变，即电机的端电压随频率的提高而成正比例增加，这时，电动机的气隙磁通也近似不变。这就是机车启动加速区异步电动机变频调节规律。

应当注意的是：电动机启动开始时，频率很低，因此 $x_{1\sigma}$ 和 $x_{2\sigma}$ 很小，这时电阻在阻抗中的比例相当大，忽略 r_1 会产生较大的误差。若要保持磁通不变，则在启动时必须适当增加电压 U_1，以克服 r_1 所产生电压降。在恒转矩下变频调节时电机电压 U_1 和定子电流 I_1 随频率 f_1 的变化曲线如图 4.18 所示。

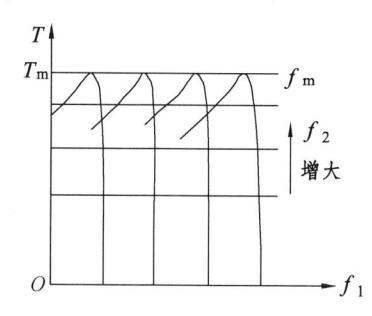

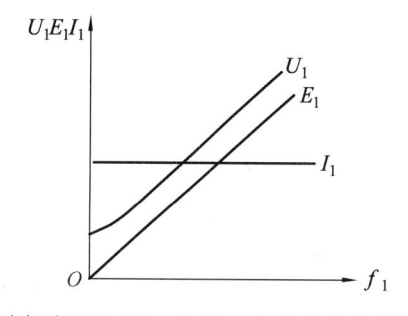

（a）转矩与定子频率的关系　　（b）电动机定子电流、电压、电势与定子频率的关系

图 4.18　恒转矩调节特性

根据式（4.21），恒磁通运行时，在 U_1/f_1 不变时，无任 f_1 如何变化，定子电流 I_1 维持不变，这时变频器在恒电流下运行，可以充分利用变频装置的容量，便变频装置的设计更为经济。

三、恒功率特性的变频调节

在恒转矩运行中，随着电动机转速的上升和电压 U_1 的提高，电机输出功率增大。但电压的提高受到电动机功率或变频器最大电压的限制，当电压升高到一定数值后将维持不变，或者电压不再正比于 f_1 上升。此后异步牵引电动机将以恒功率输出为条件进行电压和频率的调节。

为使异步牵引电动机有恒定的输出功率，电压和频率的调节方式分为恒功率变电压变频调节和恒功率恒电压变频调节两种。

1. 恒功率变电压变频调节

恒额定功率运行时，牵引电动机的输出功率不变，即

$$T_N \cdot n = AT_m \cdot n = 常数 \tag{4.33}$$

式中　A——电机额定转矩 T_N 与最大转矩 T_m 之比。

由（4.19）式，对于结构一定的电机，可得

$$T_m = K_T \left(\frac{U_1}{f_1}\right)^2 \tag{4.34}$$

代入式（4.33），可得

$$AK_T \left(\frac{U_1}{f_1}\right)^2 n = 常数 \tag{4.35}$$

在转差率很小的情况下，转子转速 n 可以近似地认为等于同步转速 n_1，因 n_1 正比于 f_1，即可得

$$n_1 = K_1 f_1 \tag{4.36}$$

K_1 为比例常数，将式（4.36）代入式（4.35），得：

$$\frac{U_1^2}{f_1} = 常数 \quad 或 \quad U_1 = K_2 \sqrt{f_1} \tag{4.37}$$

式中，K_2 为比例常数。由式（4.37）可见，为保持不同运行速度下输出功率不变，异步电动机的电压 U_1 应随定子频率 f_1 的平方根正比变化。这就是保持异步牵引电动机工作在额定工况下输出功率恒定时所应遵循的变频调节规律。所以，这种调节方式称为恒功率变电压变频调节，其牵引特性曲线如图 4.19 所示。

恒功率变电压变频调速时异步牵引电动机的电压、电流和功率曲线如图 4.20 所示。

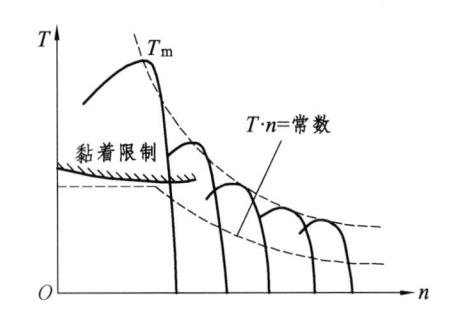

图 4.19 异步电动机恒功率变电压变频调速时的牵引特性

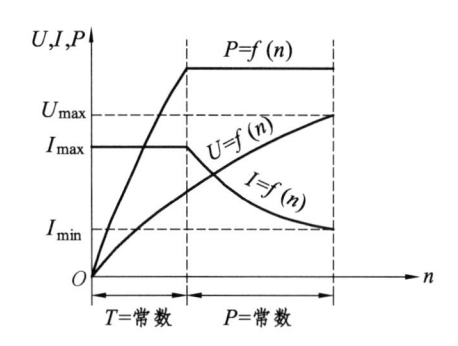

图 4.20 恒功率变电压变频调速时的电压、电流和功率曲线

电动机启动转矩约为 1.6~1.8 倍的额定转矩并保持不变。转速增加时电压和功率正比增加，电流不变。电动机启动结束进入恒功率运行区，电压按式（4.37）关系变化，电流随转速增加而减小，两者乘积保持恒定，作恒功率运行。

2. 恒功率恒电压变频调节

机车运行时，保持异步电动机的电压和功率都不变的变频调速方法，称为恒电压变频调节。根据恒功率条件 $AT_m \cdot n = $ 常数，将式（4.37）代入可得

$$AK_T \frac{U_1^2}{f_1^2} n = 常数 \tag{4.38}$$

若转差率很小，将 $n_1 = K_1 f_1$ 代入（4.38）式，可得

$$K_2 \frac{A}{f_1} U_1^2 = 常数 \tag{4.39}$$

其中，K_1 和 K_2 为比例常数。显然，在电压不变的情况下，电动机输出功率恒定的条件是：

$$\frac{A}{f_1} = 常数 \tag{4.40}$$

由式（4.40）可见，在恒功率恒电压条件下，频率调节的规律是：随着频率的增加，电机额定转矩与最大转矩之比 A 也正比增加，即电机工作点越来越接近电动机的最大转矩。为了保证电机正常工作，必须使最高频率时的工作转矩低于最大转矩。图 4.21 所示为该种调频方式所得的牵引特性曲线。

恒功率恒电压变频调速时异步牵引电动机的电压、电流和功率曲线如图 4.22 所示。

由于这种调节方式下逆变器输出电压恒定，所以转速增加时，电动机实际上随 f_1 的增加，维持在磁场削弱工况下运行，使定子电流不致下降（恒定），以保持电动机输出的功率不变。

以上是从两种极端情况来分析异步牵引电动机的变频调节规律，实际的最佳控制规律则应从异步牵引电动机和逆变器两方面的经济技术指标来考虑，以求得两者的最佳配合。

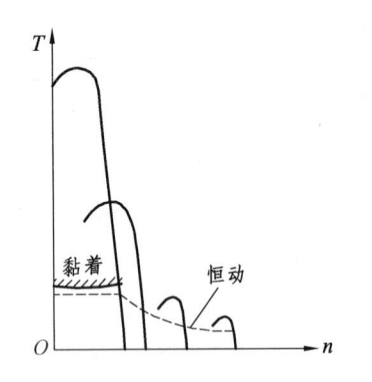

图 4.21 异步电动机恒功率、恒电压变频调速时的牵引特性曲线

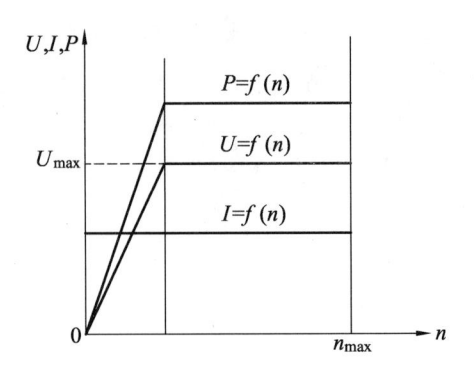

图 4.22 恒功率恒电压变频调速时的电压、电流和功率曲线

第四节　典型动车组用三相交流异步牵引电动机

三相交流异步牵引电动机的内部结构与普通三相异步电动机基本相同，其机座多采用钢板焊接结构，定子轭由电工钢片叠压而成。电机的极数取决于最高定子频率，一般牵引逆变器在最高输出电压时，最高频率不超过 200 Hz。电机的极数一般取 $2p=4$、6、8 极，电机功率大时，极数较多。较大功率的异步牵引电动机定子槽一般为开口槽，以便采用成形绕组，获得良好的绝缘性能，增强运行的可靠性。

三相交流异步牵引电动机的转子采用鼠笼式，鼠笼绕组用铝或铜硅铝合金铸成，当电机功率较大时（1 000 kW 以上），则采用钢材料制成。为了改善电机的启动性能，转子槽一般采用矩形槽，功率较大时，也采用梯形槽。三相交流异步牵引电动机一般不用斜槽转子。

三相交流异步牵引电动机因安装空间限制，结构较为紧凑，为了节省轴向空间，电机一般不采用径向通风道，而采用轴向通风道。机座上方有进风口，由专用通风机进行强迫通风冷却。由于三相交流异步牵引电动机悬挂在转向架上，动车组运行中电机将承受强烈的振动，迫使它加大空气隙，通常为 1.5 ~ 2.5 mm。

三相交流异步牵引电动机转速由于不受换向条件等的限制，齿轮传动装置可选用较高的传动比，一般三相交流异步牵引电动机的传动比大于 4。

一、典型动车组用三相交流异步牵引电动机的结构特点

典型动车组用三相交流异步牵引电动机的结构大致相同，下列以 CRH$_2$ 型动车组的三相异步牵引电动机的结构为例对典型动车组用三相异步牵引电动机的结构特点进行说明。

CRH$_2$ 型动车组每节动车有 4 台并联牵引电动机，一个基本动力单元 8 台，全列共 16 台。牵引电动机是 4 极三相鼠笼式异步电动机，采用转向架悬挂、强迫风冷方式，通过挠性齿形联轴节连接传动齿轮。牵引电动机外形如图 4.23 所示。

图 4.23 牵引电动机外形

牵引电动机采用的三相异步电动机主要由固定的定子和旋转的转子两个基本部分构成。定子安装在定子内腔里，借助轴承被支撑在两个端盖上，此外还有轴承端盖、轴承、机座、排风罩、转动检测器等部件，如图 4.24 所示。

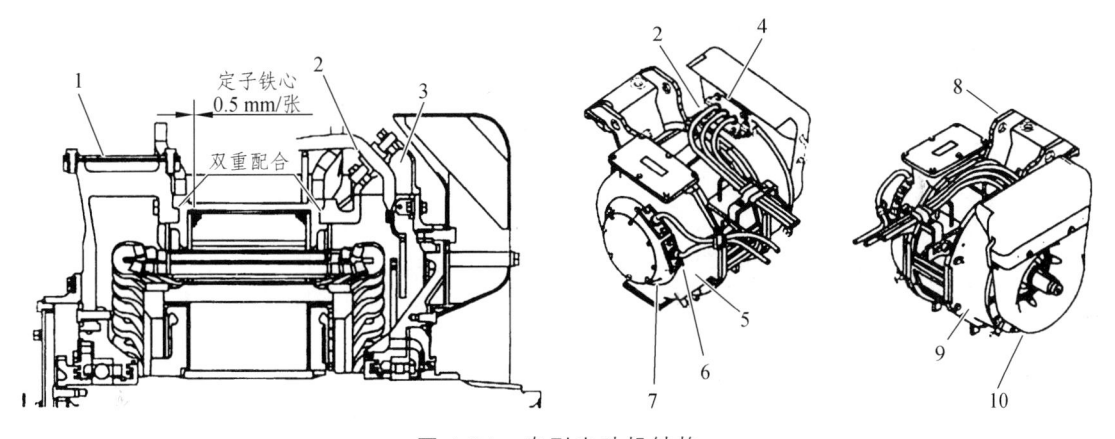

图 4.24 牵引电动机结构

1—风道；2—引出线；3—端子箱；4—端子壳；5—铝托架（反驱动侧）；6—转动检测器；
7—转动检测器外壳；8—定子框；9—铝托架（驱动侧）；10—排风罩

1. 转　子

转子的作用是切割定子磁场，产生感应电动势和电流，并在磁场的作用下受力使转子转动。按其结构不同可分为鼠笼式转子绕组和绕线式转子绕组。鼠笼式转子绕组结构简单，制造方便，经济耐用。动车组采用鼠笼式转子，如图 4.25 所示。

鼠笼式转子绕组由置于转子槽中的导条和两端的端环构成。为了确保转差率，转子导条采用电阻系数较大、强度足够的铜锌合金（红铜）。为了尽量减少运转过程中因温度上升而产生的膨胀，短路环采用电阻系数较小的纯铜。此外，为了应对高速转动，还在短路环的外围设置了保持环。鼠笼式转子绕组自行闭合，不必由外界电源供电。

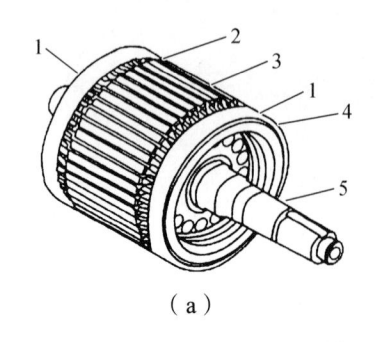

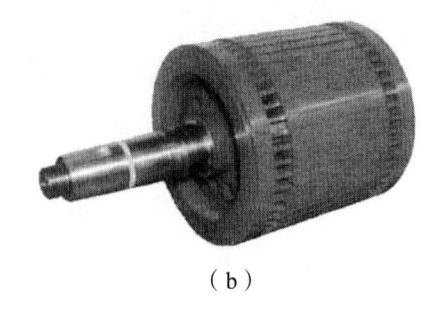

图 4.25 牵引电动机转子

1—保持环；2—转子铁心；3—转子导条； 4—短路环；5—转子轴

1）转子铁心

转子铁心为厚度 0.5 mm 硅钢板和厚度 1.6 mm 的 SPCC（端板）的层压板，热套在转子轴上。铁心上共设有 $\phi24$ 的冷却用通风孔 8 个，同时也使转子轻量化，提高了冷却效率。

2）转子导条及短路环

转子导条为纵长的矩形形状，插入在转子铁心的 46 个切槽中。短路环通过银焊牢固地接合在转子导条的两端。转子导条从转子铁心外周通过模锻牢固地固定在槽内。

3）转 轴

转轴是整个转子部件的安装基础，又是转矩和机械功率的传输部件，整个转子依靠转轴和轴承支撑在定子铁心内腔里。转轴材料为铬钼钢。与齿轮联轴器配合时，直径大的一侧为：$\phi68$ 锥度 1/10，长度为 75 mm。

2. 定 子

定子由线圈、定子铁心和机座组成。为了追求轻量化，定子框采用用以连接铁心的无框架结构，设有安装在转向架的凸头和安装座。定子框的两侧采用铝合金铸件支座部件，进一步实现了定子框整体的轻量化，定子外形如图 4.26 所示。

图 4.26 牵引电动机定子

1）铝托架（反驱动侧和驱动侧）

铝托架的材质以及板的厚度都要考虑到电机的高速运行。另外，铝托架的定子框安装部分，通过加强筋提高强度。

和定子框一侧的配合，采用双重配合方式，利用铁和铝的膨胀差异，防止滑动。

反驱动侧的铝托架，由于采用强制风冷方式的需要，在铝托架上部设置风道，在铝托架端面安装了转动检测器外壳。另外，在驱动侧上部安装了端子壳。

2）定子铁心、定子线圈

定子铁心采用厚度 0.5 mm 的硅钢板和厚度 1.6 mm 的 SPCC（端板）层压而成。定子铁心上设置的切槽为后退式切槽，这样可以留出通风空间，还可以提高冷却效果。

定子线圈是异步电动机磁路的一部分，是把电能转换成机械能的关键部件，定子线圈的三相绕组是对称的，由 U 相绕组、V 相绕组、W 相绕组组成，每相由 3 个线圈串行连接，置于机座外侧的接线盒内，根据需要接成星形或三角形。线圈之间的连接全部实施银焊，并在缠绕绝缘胶带后，实施无溶剂清漆处理。

为防止过度的温升，在定子线圈上增加线圈的并列根数，使线圈导体的端面呈偏平形状。

3）引出线

在驱动侧的铝托架上部安装端子台，在其内部接引出线。引出线通过焊接与各相线圈牢固地连接在一起，之后实施绝缘处理。另外，绝缘部牢固地绑定在固定金属件上。

4）机　座

机座的主要作用是支撑定子铁心，同时也承受整个电机负载运行时产生的反作用力。由于电机运行时内部损耗产生热量，所以机座一般采用铸铁制成。

3. 轴　承

轴承的作用是连接转动部分和不转动部分，采用滚动轴承以减少摩擦。

反驱动侧使用 6311C4P6 轴承，驱动侧使用 NU214C4P6 轴承。另外，为了防止轴承受到电腐蚀，驱动侧和反驱动侧都采用了轴承外轮上喷镀陶瓷以形成一层绝缘外膜的绝缘轴承，轴承构造如图 4.27 所示。

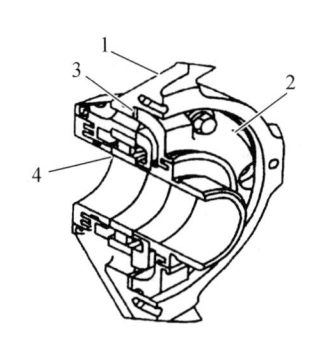

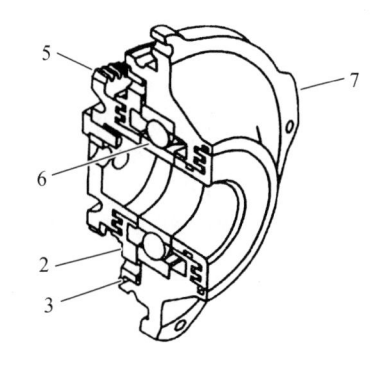

（a）驱动侧轴承构造　　（b）反驱动侧轴承构造

图 4.27　牵引电动机轴承构造

1，2—端盖；3—丁腈橡胶密封垫；4—圆柱滚子轴承；
5—PG 齿轮；6—滚珠轴承；7—滚珠轴承箱

在反驱动侧的端面安装了 2 个用于变频器控制的转速检测器。冷却采用从车体管道抽取的方式，排气部分安装排风罩防止雪雨进入。轴承端盖保护轴承，防止轴承内的润滑油溢出。

二、典型动车组用三相交流异步牵引电动机的主要技术参数

1. CRH_2 型动车组的三相交流异步牵引电动机的主要技术参数

型号：MB-5120-A（三菱型式）；

形式：三相鼠笼型感应电机；

冷却方式：强制风冷方式；

极数：4 极；

动力传送方式：平行万向节齿轮形挠性联轴器方式；

绝缘类别：等级 200（定子绕组）；

最高使用转速：6 120 r/min；

高速实验转速：7 040 r/min；

轴承：驱动侧 NU214C4P6（绝缘轴承滚子导向保持器方式）；

反驱动侧 6311C4P6（绝缘轴承）；

轴承润滑脂：unimaxRNO.2。

CRH_2 型动车组的三相交流异步牵引电动机的额定参数如表 4.5 所示。

表 4.5 CRH_2 型动车组牵引电动机的额定参数

项目	额定值	项目	额定值
额定参数种类	连续	频率/Hz	140
输出/kW	300	效率/%	94
线电压/V	2 000	功率因数/%	87
相电流/A	106	转差率/%	1.4
转数/(r/min)	4 140	冷却风量/(m³/min)	20

2. CRH380A 型动车组的三相交流异步牵引电动机的主要技术参数

型号：YQ365/YJ92B 型；

形式：三相鼠笼式感应电机；

冷却方式：强制风冷方式；

极数：4 极；

动力传送方式：平行万向节齿轮形挠曲轴接头方式；

绝缘类别：等级 200（定子绕组）；

最高使用转速：6 120 r/min；

高速试验转数：7 040 r/min（不超过 2min 实验时间）；

轴承：驱动侧 NU214C4P6（绝缘轴承滚轮导向保持器方式）；

反驱动侧 6311C4P6（绝缘轴承）；

轴承润滑脂：unimaxRNO.2。

CRH380A 型动车组的三相交流异步牵引电动机的额定参数如表 4.6 所示。

表 4.6 CRH380A 型动车组牵引电动机的额定参数

项目	额定值	项目	额定值
额定种类	连续	效率/%	94.8
输出功率/kW	365	转数/(r/min)	4142
线路间电压/V	2 000	频率/Hz	94.8
相电流/A	130	功率因数	5.5

3. CRH380AL 型动车组的三相交流异步牵引电动机的主要技术参数

型号：YQ365 型；

型式：三相鼠笼型感应电机；

冷却方式：强制风冷方式；

极数：4 极；

动力传送方式：平行万向节齿轮形挠曲轴接头方式；

绝缘类别：等级 200（定子绕组）；

最高使用转速：6 120 r/min；

高速实验转速：7 040 r/min；

轴承：驱动侧 NU214C4P6（绝缘轴承滚轮导向保持器方式）；

反驱动侧 6311C4P6（绝缘轴承）；

轴承润滑脂：unimaxR NO.2。

CRH380AL 型动车组的三相交流异步牵引电动机的额定参数如表 4.7 所示。

表 4.7 CRH380AL 型动车组牵引电动机的额定参数

项目	额定值	项目	额定值
额定种类	连续	频率/Hz	140
输出/kW	365（连续运行 385 kW）	效率/%	94.8
线路间电压/V	2 000	功率因数/%	85.5
相电流/A	130	转差率/%	1.38
转数/(r/min)	4 142	冷却风量/(m³/min)	25

复习思考题

1. 异步牵引电动机的调速方法有哪几种？各有何特点？

2. 简述交-直-交变频调速基本电路的原理。

3. 试述交-直-交变频调速系统控制原理。

4. 异步牵引电动机为什么要在恒磁通条件下才能实现变压变频（VVVF）调速？

5. 异步牵引电动机两种变压变频调速方法有何异同？

6. 异步牵引电动机恒转差频率运行方式的运行条件是什么？试分析其运行特性。

7. 异步牵引电动机恒功率运行方式的运行条件是什么？试分析其运行特性。

8. 异步牵引电动机恒转差频率运行方式和恒功率运行方式有何异同？

9. 异步电动机作为铁路机车的牵引电动机，必须满足哪些牵引性能要求？

10. 动车组恒功率运行区对异步牵引电动机的调节有哪两种方法？分别是怎样进行变频调节的？试对两种方法进行比较。

第五章 交流电动机的检修

第一节 交流电动机的解体

一、准备工作

（1）切断电源，拆开电动机与电源连接线，并对电源线头做好绝缘处理。
（2）记录机座的负荷端与非负荷端，标注出线口方向。
（3）测量并记录联轴器与轴台间距离。
（4）标注端盖的负荷端及非负荷端。
总之，在解体前后要记录好电动机的各特征位置，不可盲目动手，应多观察、多思考。

二、解体步骤及主要零部件的拆卸方法

1. 交流电动机的解体步骤（见图 5.1）

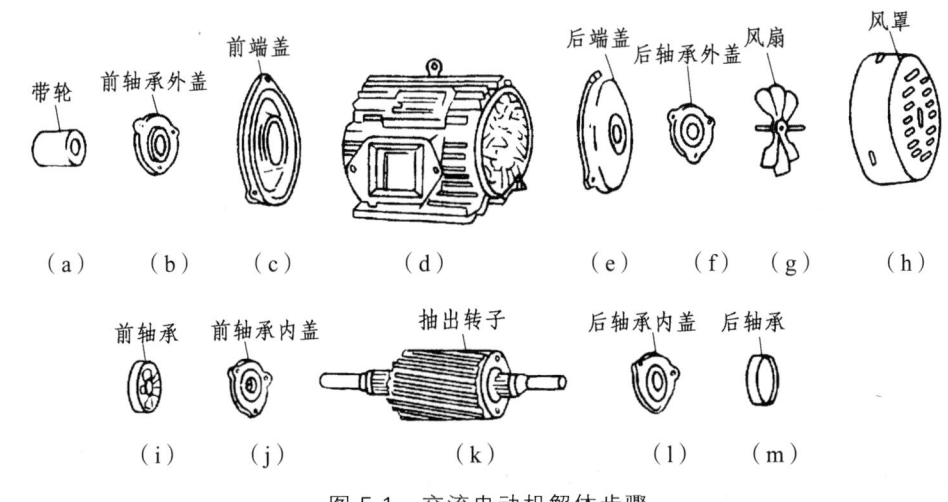

图 5.1 交流电动机解体步骤

2. 主要零部件的拆卸方法

1）整备工作

（1）切断电源，拆开电动机与电源连接线，并对电源线头绝缘处理。
（2）记录机座的负荷与非负荷端，标注出线口方向。
（3）测量并记录联轴器与轴台间距离。
（4）标注端盖的负荷端。

总之，在拆卸前后要记录好电动机的特征位置，不可盲目动手，应多观测，多思考。

2）拆卸联轴器

先在轴伸端做好尺寸标记，再将联轴器上的固定螺钉或销子松脱取下，使用专用工具——拉具（俗称捋子）将其慢慢拉出，如图 5.2 所示。如拉不出来，可往定位螺孔中注入煤油，稍等片刻再拉；或用喷灯急火在外侧轴套四周加热，然后迅速拉出。注意：加热温度不能过高（防止变形），而且一定要轻敲轻拉。

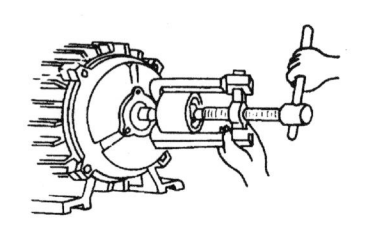

（a）皮带轮的位置标法　　　　（b）用拉具拆卸皮带轮

图 5.2　用拉具拆卸联轴器

3）拆卸轴承盖和端盖

先将轴承外盖螺栓松下，拆下轴承外盖；为了以后的装配准确，应在端盖与机壳接缝处做好标记后，方可松开端盖的紧固螺栓，把端盖取下。对于小型电动机，可先把轴伸端的轴承外盖卸下，再松开后端盖的紧固螺栓，即可将转子、端盖、轴承盖与风扇一起抽出，对于大、中型电动机，由于端盖较重，应借助起重设备，将两侧端盖慢慢拆下。

4）抽出转子

小型电动机的转子可用手托住主轴慢慢抽出，而大、中型电动机则需用起重设备吊住抽出。抽出转子时应注意：

（1）在定、转子间垫放绝缘纸板且缓缓抽出，以免碰伤定子绕组。

（2）吊装前，应在转子轴颈用棉纱包好，或外套钢管，以免碰伤轴头。

（3）起吊后，当重心移至机外时，可用木架支撑以保持转子平衡抽出，如图 5.3 所示。

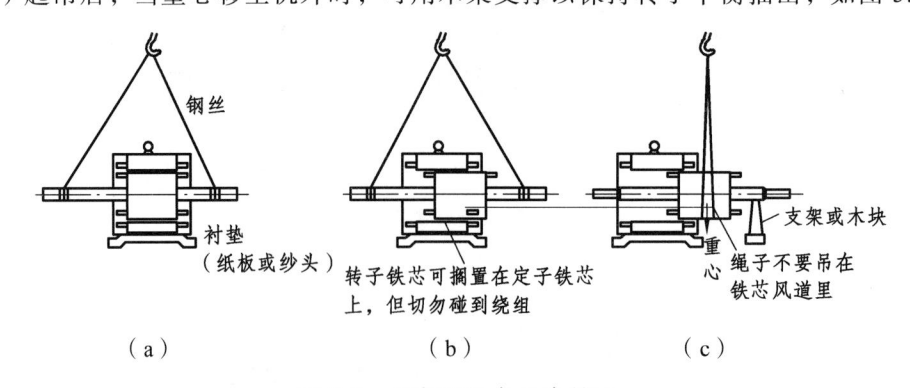

（a）　　　　（b）　　　　（c）

图 5.3　用起重设备吊出转子

5）拆卸轴承

轴承一般不拆卸，确实需要时，可采取以下方法：

（1）使用专用工具拉住轴承的内圆，缓缓拉出，如图5.4所示。除了丝杠要顶正外，还要注意使拉具的抓钩扣住轴承内圆，否则，会拉坏轴承。

（2）用铜棒拆卸。将铜棒对准轴承内圆，用锤子敲打铜棒，把轴承敲出，如图5.5所示。过程中要注意在轴承内圆上对两侧轮流敲打，反复进行，不可偏敲一边，用力也不要过猛，千万不要用锤子直接敲打轴承。

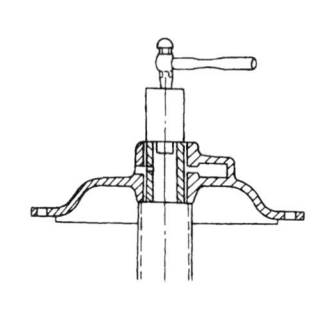

图 5.4 用拉具拆卸轴承　　图 5.5 敲打拆卸轴承

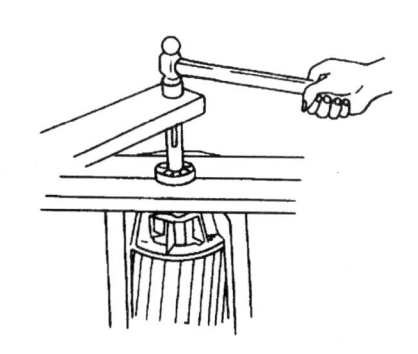

（3）用扁铁架住转子拆卸。用两根扁铁架住轴承内圆，并把扁铁架起，使转子悬空，如图5.6所示。然后在轴端上垫铅块或铜块，用锤子敲打。用此方法拆卸轴承时，扁铁应固定或有人扶住，以免敲打时移位。

对于滑动轴承的拆卸则要在拆卸前先把端盖油箱内的机油倒出，把滑动轴承外面的固定螺栓松脱下来，然后把端盖平放，查看轴承凸缘在端盖内侧还是外侧；如果凸缘在端盖内，端盖止口应面向下，如图5.7所示；若反之，就把端盖翻过来放，把油环槽内的油环放在轴承外面，以防油环压断或卡住轴承。最后，用钢棒或铜棒顶住轴承内圆，用锤子把轴承敲出。注意端盖下要垫套管，否则容易损坏端盖。

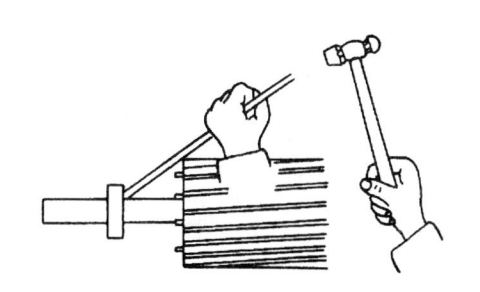

图 5.6 用圆筒、扁铁架起转子拆卸轴承　　图 5.7 敲出滑动轴承

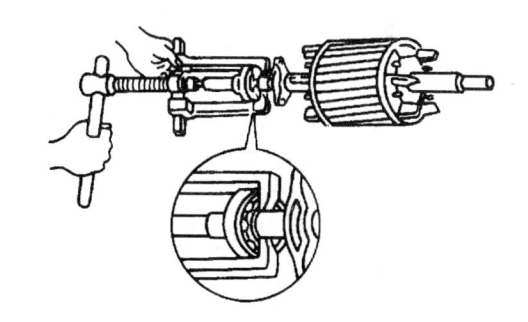

三、交流电动机的清扫

交流电动机解体后要进行清扫。清扫方法多用水剂清洗法，该法节省人力，清洗效果好。清洗剂选用中性金属洗涤剂，配制成浓度为 4% 的清洗溶液，加热到 80～90 ℃，用水泵加压输送到喷头进行冲洗，然后用清水漂洗干净，进干燥炉烘干。如果铁心通风孔和轴承部位油污积尘太多，在进行水剂清洗前最好先进行人工清洗。

第二节　交流电动机的检修

一、定子的检修

1. 定子铁心的检修

1）常见故障

定子铁心的常见故障有：硅钢片间绝缘损坏而短路；由于紧固力不够使电动机产生振动，导致铁心松弛；拆除旧绕组时，操作不当导致硅钢片向外张开；因线圈短路等原因造成铁心槽齿烧坏或熔化；受机械外力撞击使局部变形等。这些故障都会使铁心发热或产生噪声和振动。

2）修理方法

修理前先将铁心清理干净，去掉灰尘、油垢等。如果铁心松弛或两侧压圈不紧，可用两块钢板制成的圆盘压在铁心的两端，其外径略小于定子绕组端部的内径，中心开孔，穿一根双头螺栓，将铁心两端夹紧。紧固双头螺栓，使其恢复原状。凡裂纹及碰伤、卷边超过铁心总面积的5%，沿槽的长度方向槽线，大偏差超过槽宽的20%时，都应对铁心进行修理。

槽齿歪斜可用尖头钳修正，若松弛部位在铁心中间，可在松弛部位打入硬质绝缘材料。对于后来挤紧部分的铁心，应涂涮462号漆进行绝缘。当硅钢片上有毛刺及机械损伤时，可用细锉将毛刺锉去，把凹陷处修平，之后用汽油将硅钢片表面涮净，再涂上一层绝缘漆即可。

当铁心烧坏或融化的面积不大，且未蔓延到铁心的深处时，可将故障处的线圈自槽中取出，用凿子或刮刀、磨石等将烧坏熔毁部分的铁心除去，再用细锉修平，清除异物后涂上一层绝缘漆即可。

若铁心已损坏变质，使整个铁心变热，应更换铁心。如果是硅钢片短路发热，则应拆开铁心，将硅钢片两面涂以绝缘漆后重新装配。

2. 定子绕组故障的检修

电动机因长时间停放或使用、维修不当，可能会导致绕组绝缘性能下降，产生接地、短路及绕组接线错误等故障。它们将造成电动机运转不正常或完全不能运转，甚至烧毁。

1）绕组接地

所谓绕组接地，是指绕组与机壳直接接通。绕组接地后，会引起电流增大，绕组发热烧坏绝缘，严重时会造成相间短路，使电动机不能正常工作，还常伴有振动和异响。

【故障原因】

（1）绕组因受潮、发热、振动，使绕组绝缘性能变坏，在绕组通电时被击穿。

（2）电动机因长时间过载运行或转子与定子铁心相擦（扫膛），产生高热使绝缘老化。

（3）在下线时，槽内绝缘被铁心毛刺刺破或在下线整形时槽口绝缘被压裂，时绕组碰触铁心。

（4）引出线绝缘损坏或绕组端部过长跟机壳相碰。

（5）绕组绝缘因受雷击或因电力系统过压击穿而损坏等。

【检查方法】

（1）兆欧表法。将表接在电极外壳与绕组组成的电路中，测量其绝缘电阻。观察表的示数，若示数为零，说明绕组接地；若示数大于而小于 0.5 MΩ，说明绕组受潮，将绕组烘干后再测量，若测量值小于下式所求得数值，说明定子绕组的绝缘已受损。

$$R = \frac{U_N}{1\,000 + 0.01 P_N}$$

式中　　R——电动机绕组的绝缘电阻（MΩ）；

　　　　U_N——电动机的额定电压（V）；

　　　　P_N——电动机的额定功率（kW）。

但应注意，兆欧表的选择要根据电动机的电压等级来选，一般 300 V 的电动机应用 500 V 的兆欧表，500～1 000 V 的电动机应选用 1 000 V 的兆欧表。

（2）灯泡法。先把绕组各相连接头拆开，然后将灯泡接入电路中，如图 5.8 所示，逐项检查绕组是否接地，若绕组绝缘良好，则灯泡不亮；否则，灯泡就亮。有时灯泡虽不亮，但用测试棒触电动机时会出现火花，则说明绕组严重受潮。应注意的是电路中所用电源一般为电池或低压电源，若用 220 V 交流电源时，应注意安全。

图 5.8　用灯泡法检查定子绕组接地

若用上述两种方法检测出绕组有接地故障后，应进一步检查接地点，应特别注意观察槽口处，看是否有绝缘破裂、焦黑等，若无，则接地点可能在槽内，这时就要将该相定子绕组的极相组间连接线剪断，用兆欧表或灯泡法分相进行检查。

【修理方法】

（1）若接地点在槽的附近，且没有严重烧损时，只需在接地处的导线和铁心之间插入绝缘材料后，涂上绝缘漆即可，不必拆出线圈。

（2）若绕组受潮，需将绕组进行预烘（60～80 ℃），然后浇上绝缘漆并烘干（120 ℃左右），直到绕组对地绝潮电阻大于 0.5 MΩ。

（3）若绕组严重受潮，绝缘因老化而脱落且落地点较多，或接地点在槽内时，一般应更换绕组。注意更换时要与原绕组所用导线的型号、规格和匝数相符。

（4）若绕组接地是因铁心槽内硅钢片划破绝缘造成的，可将硅钢片敲下来，再将绝缘损坏的地方重新包好涮上漆就可以了。

2）绕组短路

绕组短路是指线圈导线绝缘损坏，使不能够相通的线匝直接相通，构成一个低阻抗的环路。此时通电后，会产生比正常电流大数倍的电流，使线圈迅速发热，加速绝缘老化，若只有几匝短路时，电动机还可以启动、运转，但这时电流增大，三相电流不平衡，启动力矩降低；当短路匝数过多时会烧坏电动机，不能启动，常见的短路故障有线圈匝间短路，极相组间短路和相间短路等。

【故障原因】

（1）绕组受潮严重，未经烘干处理就接入电源，造成电源电压击穿绝缘。

（2）电机长期过载运行，老化后变焦脆的绝缘因电机振动而开裂脱落。

（3）机械性损伤，或使用及维修中碰伤绝缘。

（4）绕组端部或双层绕组的槽内相间绝缘没有垫好，被击穿损坏。

（5）绕组端部太长，碰触机壳。

【检查方法】

（1）直接观察法。仔细观察绕组，若短路较严重，则在故障点会有明显的过高热痕迹，且绝缘焦脆，颜色变深，甚至能闻到焦糊味；若短路不明显，可让电动机空载运行十几分钟后，迅速拆开定子，用手探测，凡是发生短路的部分温度会比其他地方都高。

（2）短路侦察法。将已接通交流电源并串有电流表的短路侦察器放在定子铁心槽口，并沿定子内圆逐槽移动，若检查槽内有短路存在，电流表的读数就会增大。若不用电流表，也可以用一块薄铁片放在被测绕组另一边的槽子上面，如图 5.9 所示。若铁片吸附在定子铁心上，并发出响亮噪声，则说明槽内线圈存在短路故障。

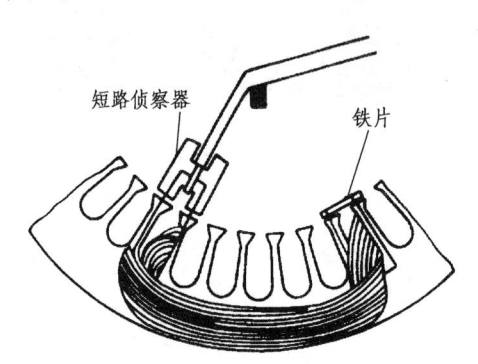

图 5.9 用短路侦察器检查定子绕组的短路

（3）直流电阻法。若被测电动机有 6 个出线头，首先用万用表测出三相电阻值，然后用直流电桥分别测出各相绕组的阻值并加以比较，其中阻值最小的一相，就可能是发生短路的那一相。如图 5.10 所示，若被测电动机有 3 个出线头，内部接成 Y 或 △ 形，这时不必拆开内部接头，可在两个线端上测量电阻，若 3 次测得的电阻值都相等，则没有短路故障存在。否则电阻值较小者，可能有短路存在。

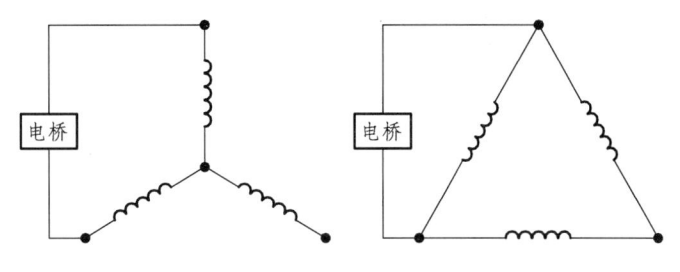

图 5.10　直流电阻法检查绕组短路

【修理方法】

（1）若短路故障发生在绕组端部或绕组外层，且短路线圈的绝缘尚未焦脆时，可在短路处重垫绝缘。涂上绝缘漆，烘干就可以了。

（2）若故障发生在双层绕组的下层时，可将绕组烘热，将上层线圈轻轻取出槽外，待有故障的线圈修好后，再顺序放回槽内。

（3）若线圈匝间短路，且绝缘尚未焦脆，可将短路线匝由端部剪开烘热。将短路线圈取出，若短路线匝较少，只需将原线圈接通即可使用，若短路线匝较多，则需拆换线圈。

（4）极相组间短路常发生在同心式绕组中，主要是极相组间的部分在接线上绝缘套管过短破裂，或被导线接头毛刺刺穿而造成的短路，这时可将绕组加热到 80 ℃ 左右，待绝缘层软化后，再重新处理好套管或在短路部位垫上绝缘即可。

3）绕组断路

绕组断路是导线、连接线、引出线等断开或接线头脱落。定子绕组断路故障主要有：绕组线圈导线断路、一相断路、并绕导线中有一根或几根断路、并联支路断路等。

电动机绕组断路后将无法启动，若在运行中突然断路，电动机仍可运转，但此时机身振动、声音异常、转矩下降、转速降低，时间稍长就会烧坏原本良好的绕组。

【故障原因】

（1）由于操作上的失误，接头焊接不良而在运行中脱落。

（2）绕组受机械力或碰撞发生断裂。

（3）绕组因接地、短路而造成线圈过热熔断。

（4）在并绕导线中，因其他导线断路电流过于集中在示断导线，发热将其烧断。

【检查方法】

只有一相绕组断路，可用兆欧表法和灯泡法检查。Y 和 △ 接法的电动机断路检测方法如图 5.11 所示。有些电动机绕组是由多股导线并绕或多路并联而成的。若绕组发生断路故障，需用电流法和电阻法进行检测。

（1）电流法。若电动机绕组为 Y 接法，如图 5.12（a）所示。使其空载运行，用电流表分别测出三相空载电流，若三相电流不平衡。又无短路现象，那么电流较小的一相就是存在部分断路的一组。

若绕组为 △ 接法，如图 5.12（b）所示，可先将接头拆开一个，用电流表测各相电流，电流小的一相就是存在断路的一相。

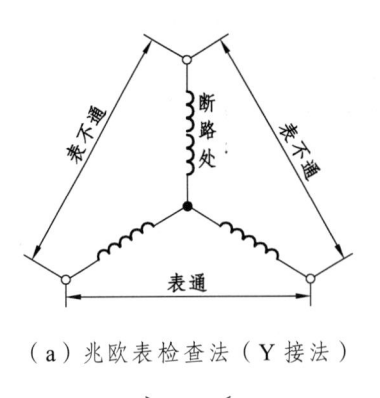

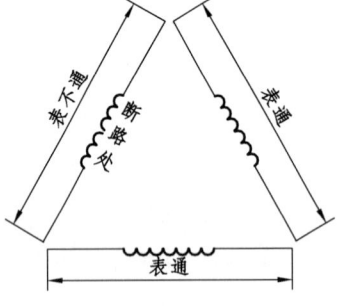

(a)兆欧表检查法（Y接法）　　　　(b)试灯检查法（Y接法）

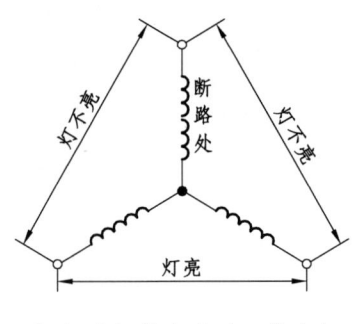

(c)兆欧表检查法（△接法）　　　　(d)试灯检查法（△接法）

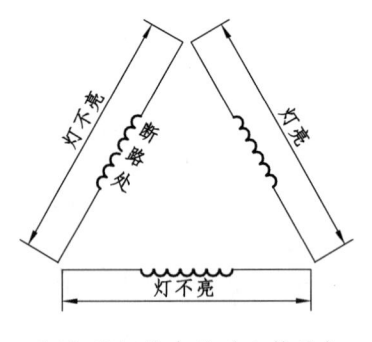

图 5.11　绕组断路检查法

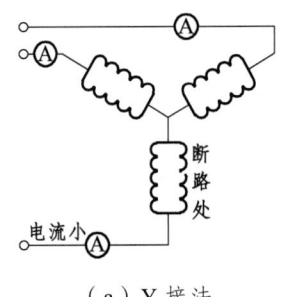

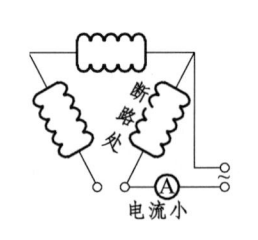

(a)Y接法　　　　　　　　　(b)△接法

图 5.12　电流法检查绕组断路

（2）电阻法。若绕组为 Y 接法，可用电桥分别测出三相绕组的直流电阻，哪相电阻大，断路点就在哪相，若绕组为△接法，可先拆开一个接点，再用电桥分别测三相绕组直流电阻，哪相电阻大，断路点就在哪相。

【修理方法】

（1）若绕组断路发生在端部，只需将断线处的绕组适当加热软化，然后把断线焊好并包上绝缘即可。

（2）若绕组断路是由连接线头松脱或接触不良引起的，可重新焊牢，包好绝缘。

（3）若绕组断路在槽内，且断路严重时，应更换绕组。

4）绕组接线错误

绕组接错将造成电动机启动困难、转速低、响声大，三相电流严重不平衡。绕组接错的类型有，同一极相组中一只或几只线圈嵌反或首尾接错、极相组之间接反、相绕组接反、星形与三角形接错等。下面介绍几种常用的检查方法。

（1）指南针法。将被测绕接入 3~6 V 直流电源中，将指南针沿定子内圆周移动，若该相内绕组接线正确，指南针经过每个极相组时，其指向将南北交替变化；若指南针经过某两相相邻的极相组时，指向不变，说明有一相接反；若在某极相组位置指向不定，说明该极相组内线圈接反或嵌反，按此规律同样测试其他两相绕组。

（2）滚珠法。将电动机转子抽出，在定子内腔放一钢珠，然后接入三相低压电源中，若钢珠沿定子铁心内腔滚动，则说明绕组接线正确，否则接线错误。此法可以很容易地测出定子绕组是否接错，但不能确定是哪个线圈或绕组接错。

（3）相绕组首、尾端判断方法。

◎ 灯泡法：将任意两相绕组串联，接在交流电源上，如图 5.13 所示，若灯泡发亮，说明这两相绕组是正串联。即第一相的首端与第二相的尾端相接，可将其中一相首尾对调再试，判断出前两相的首尾端。再将其中的一相与第三相串联，用同样的方式测试，可判断出第三相的首尾端。

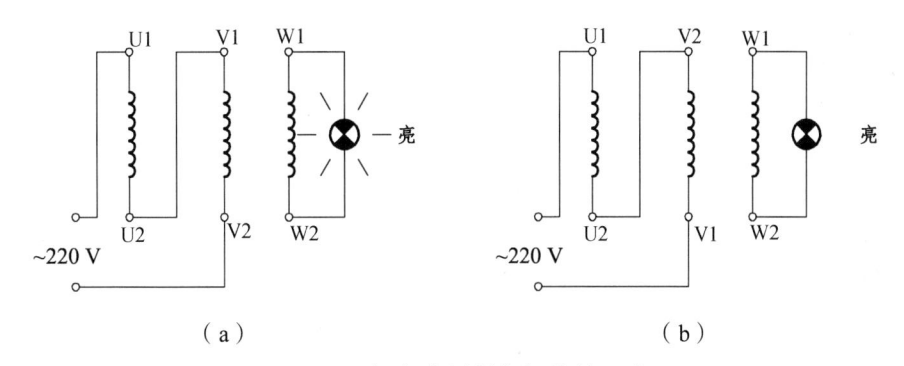

图 5.13 灯泡法判断绕组的首尾端

◎ 万用电表法：将用过的电动机的三相绕组任意串联，如图 5.14 所示，用手均匀地转动转子，观察万用表（选择 10 V 交流挡）指针，若指针摆动，说明绕组不是首端与首端、尾端与尾端相连，可将任一相两线头对调重试，直至指针不动或微动。则说明绕组的首端与首端、尾端与尾端连在一起了。

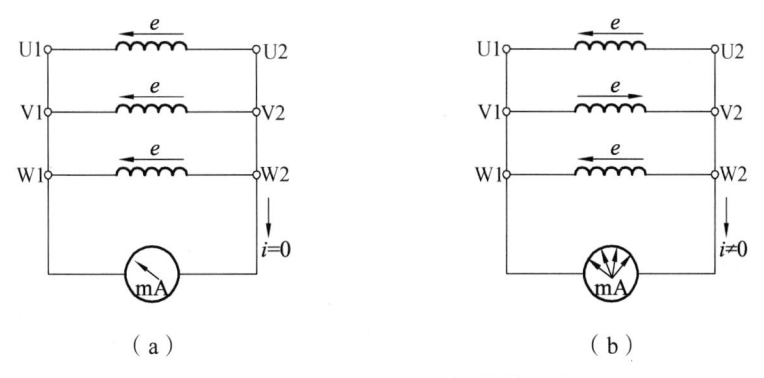

图 5.14 万用表判断绕组的首尾端

3. 定子机壳的检修

电动机机壳的常见故障有：变形、裂纹、散热片缺损及内端面上口处损伤、变形等，这些故障造成运行中的电动机温升增高，转子扫膛，运转不平衡，安装困难，严重时甚至电动机不能运转，为此应加强对定子机壳的维护。注意在搬运与使用中避免机座遭受机械撞击，拆装时要轻拿轻敲，防止直接硬敲，中间最好垫以木块等予以缓冲。

4. 机座、端盖裂缝的检修

对于机座、端盖上出现的小范围裂纹，通常采用铸铁焊或锡合金补焊的方法加以维修。

1）用铸铁焊条热焊

对于铸铁件，在焊前需预热至 700～800 ℃，用铸铁焊等热焊，或用铜焊等补焊，焊接电源采用直流弧焊机。为消除焊件中的内应力，补焊后，应将焊件放在保温炉内逐渐冷却，切勿用冷水冷却。

2）用锡铅合金补焊

（1）配制焊料：用 73% 的锡与 27% 的铅，置于坩锅或铁勺等容器中，加热熔化，待混合均匀后，铸成细长焊条备用。

（2）补焊前，用凿子在裂纹出剔出破口处，并清除铁屑、油污等，然后，用喷灯将铸铁加热到 100 ℃ 左右。

（3）用镪水（强、酸）或其他强氧化剂，除去破口处的铁锈等氧化物，再用少量锡与铅合金在其上打底，待锡铅合金与破口处的铸铁材料结合时，即可涂焊，直至焊平。

在整个操作过程中，要保证机座与端盖应绝对同心，不能有丝毫偏出。

二、转子的检修

1. 转子断条的检修

1）检查方法

（1）铁粉检查法。利用磁场能吸引铁屑的原理，在转子绕组中通入低压交流电，从零伏逐渐升高，转子磁场也不断增强，这时在转子上均匀地散上铁粉，从铁粉的分布情况，即可判断转子鼠笼条是否有断点。若转子绕组没有故障，铁粉就能整齐地按转子铁心槽排列。若转子绕组有断点则此笼条的电流不通，周围没有磁场，在断条上就不能吸住铁粉，如图 5.15 所示。

（2）电流检查法。用此法不必解体电动机，向定子绕组输入额定值 10% 的低压三相交流电，并在一相中串入电流表，用手缓慢转动转子：若转子笼条完好，电流表指针只作均匀而微弱地摆动。若笼条有断裂，电流表指针将发生振幅较大的周期摆动。

（3）短路侦察器法。短路侦察器是一个开放的铁

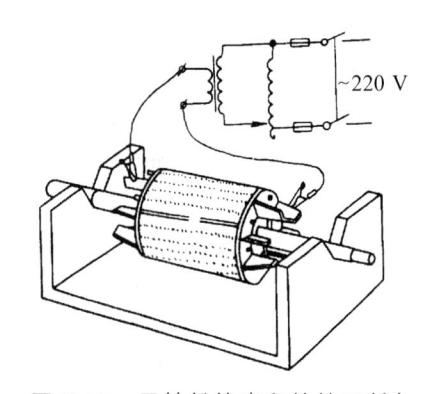

图 5.15 用铁粉检查鼠笼转子断条

心,其上绕有激磁绕组,相当于变压器的原边绕组,被测绕组相当于副绕组,将已接通220 V交流电源并串有电流表的短路侦察器放在铁心槽口,并沿着转子铁心外圆逐槽移动,便可按照电磁感应原理找出绕组故障点:若笼条完好,铁片在磁场的作用下会发生振动;若铁片停止振动,则说明该铁心槽内的笼条电流不通,有断裂故障,如图5.16所示。

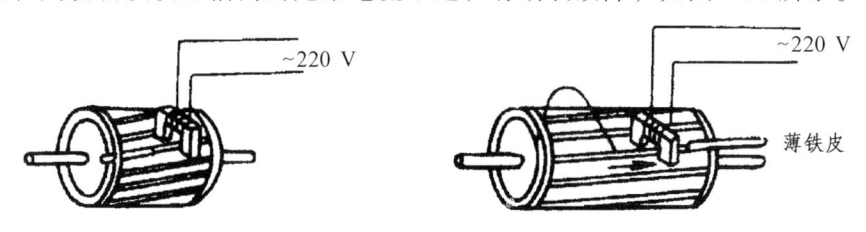

(a)薄铁心振动,鼠笼条不断裂　　(b)检查鼠笼条的断裂点

图5.16　检查断条示意图

2）维修方法

在交流电动机中,转子为鼠笼式转子,其最常见的故障是断条。断条后,电动机还能空载运行,但负载运行时,会造成转速明显降低。

(1)铜条转子断条的修理方法。如果在槽处脱落,可用锉刀将脱焊处清理干净,然后用鳞铜焊料焊接。如槽内铜条断裂且条数较少,可在断条两端的短路环上开一小口,用凿子将断裂的铜条取出,换上截面相同的新铜条,铜条两端伸出约15 mm,把伸出端敲弯将其紧贴在短路环上,之后用气焊焊牢。短路环缺口应用铜焊补好,且铜焊堆积高度应略高于短路环表面,再在车床上将凸出部分切去,使其与短路环表面相平,最好校准转子平衡;当转子断条较多时,则应全部更换,更换前,先把转子两端短路环用车床车去,抽出槽内铜条,换上截面相同的新铜条,且两端各伸出槽口约20 mm,清除伸出端的油污后,依次把铜条伸出端朝一个方向敲弯,互相重叠贴紧,然后用铜焊焊接成端环后,再用车床车平,最后校准转子平衡。

(2)铸铝转子断条的修理。铸铝转子有端条故障时,要将转子槽内的铝熔化后,重新铸铝或换成铜条。由于铸铝鼠笼转子与铁心是一个整体,铸铝转子一般不易取出,通常将转子放在10%氢氧化钠溶液中,并加热到80～100 ℃进程铸铝腐蚀(腐蚀前应车去转子的短路环),腐蚀完毕后,应将转子用清水冲洗干净。若具备重铸条件,可重新铸铝;若无条件,则改为铜条转子。由于铜条的导电性能比铸铝好,故改成铜条转子时,铜条的截面积应为槽面积的55%左右,两端环的截面积也应是原铝端环的70%。

3）转子的平衡

电动机的转子经过修理后,应进行平衡实验,校准平衡后才能进行电动机的总装备,以保证转子运转平衡。转子的平衡有静平衡和动平衡两种。

转子的静平衡,一般可以在水平刀刃式平衡架上进行,如图5.17所示。先将两导轨之间的距离按转子长度调整好,把导轨平面调平。将转子轴颈部分清理干净,放在导轨上,如果发现导轨的某一面总是自动地转向下面,则可以断定朝下的一面一定较重,朝上的一面较轻,这就是转子的静不平衡。处理的方法是加配重或减配重,加配重就是在转子较轻的一面加上一定重量的配重物，如图 5.18 所示。减配重就是在转子较重的一面钻几个孔，减去不平衡重量，达到转子的静平衡。

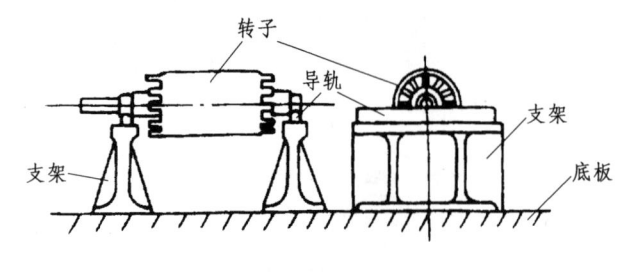

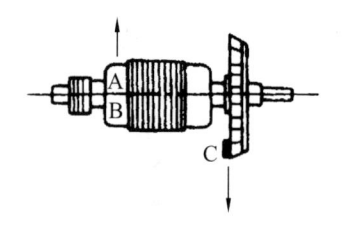

图 5.17 静平衡架　　　　　图 5.18 加配重使转子静平衡

转子动平衡的实验对象主要是大中型和高速电动机，它利用其转动时各部分离心力引起的震动，再借助于专门的仪器，找出不平衡的位置和大小，再用加、减配重的方法加以消除。

2. 转轴的检修

转轴是电动机动力的输出部件，同时也还要支持转子二心旋转，保持定子、转子之间有适当的气隙，如果气隙不均匀会造成电动机温升增高，输出动力降低，并产生震动，因此，电动机转轴必须有足够的机械强度和刚度，轴的集合中心线应为直线。

转轴常见的故障有：轴弯曲、轴颈磨损、键槽磨损、轴裂纹或断裂等，导致轴出现上述故障的原因主要是电动机使用不当造成的。检修方法如下：

1）轴弯曲

把需要检修的电动机转子放在平整的工作台上，用两块"V"形铁支柱轴承，慢慢转动转子，用划线针或千分表检查弯曲的部位和弯曲的程度，如图 5.19 所示。

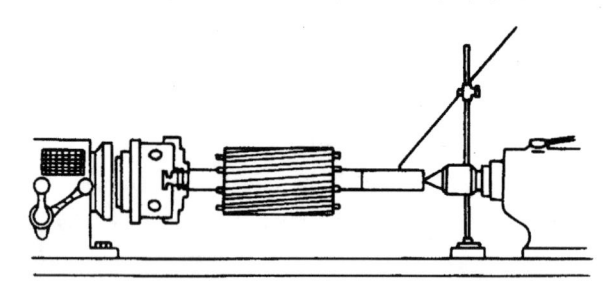

图 5.19 轴弯曲的检查与矫正

转轴弯曲不允许超过 0.2 mm，超过允许的范围就要加以矫正：可将转轴放置在压力机下，在转轴弯曲处加压至矫直。矫正后的表面部分要用车床车削磨光，如果弯曲过大，最好另换新轴。

2）轴颈磨损

轴颈是转轴最重要而又是最容易磨损的部分，它的磨损将造成转子的偏移，严重时造成转子与铁心相擦（扫膛）。如果轴颈磨损不太严重，可在轴颈处镀上一层铬，若磨损较严重，可采用热套法修复，即在轴颈处车小 2～3 mm，再用 45 号钢车一个合格的套筒，厚度不大于 2 mm，其内孔与轴颈外圆成过盈配合；将其加热后套上轴颈，最后精车，如图 5.20 所示。

3）键槽磨损

键槽磨损不大时，可用加宽键槽的方法补救，但加宽部分不应超过原键槽宽度的 15%，同时键也要响应更换；如果键槽不宜加宽，可以用电焊在磨损处堆焊，除去熔渣后在车床上再重新车圆，如图 5.21 所示。

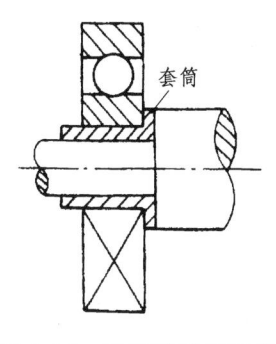

图 5.20 热套法修复轴颈　　图 5.21 键槽磨损的修复

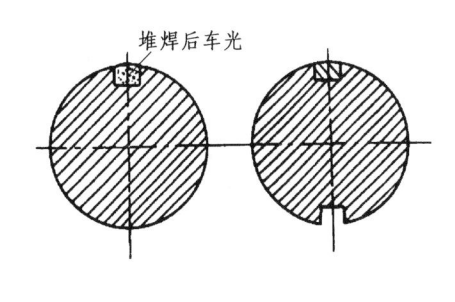

（a）堆焊后车光　（b）在对面另铣槽

4）轴裂纹或断裂

轴有断裂或裂纹时，应更换新轴。此时应仔细测绘换下来的旧轴，绘制加工图，小型电动机的材料一般采用 35 号钢或 45 号优质碳素钢，大、中型电动机应在分析轴的成分后，用同型号钢材更换。如果轴的横向裂纹深度不超过轴直径的 10%～15%，纵向裂纹长度不超过轴长的 10%，则在裂纹处用电焊堆焊法进行补救，轴还可以继续使用，如图 5.22 所示。

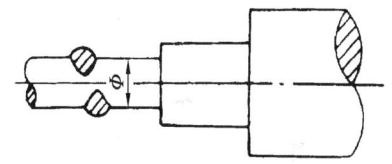

图 5.22 轴裂纹的焊接修复

3．轴承的故障与检修

1）滚动轴承的清洗和加油

滚动轴承在使用过程中，如果发现轴承内积聚杂物、润滑油变硬变质等现象时，或者轴承运行 2 500～3 000 h 之后，必须将轴承清洗干净，否则轴承会很快损坏。在清洗轴承时不要转动，以免有毛、砂等杂物扎入滚动轴衬内。用煤油清洗过的轴承，因煤油中水分较多，最好再用汽油清洗一遍，以免生锈。

洗净并干燥后的轴承，要按规定重新加入纯净的润滑脂。在装润滑脂时应防止外界灰尘、水、铁屑等异物落入润滑脂内，润滑脂的多少要适宜，一般润滑脂占轴承内腔容积的 1/2～1/3 为宜。

2）轴承故障的检查

（1）运行中的检查。电动机正常运转时，滚动轴承仅有均匀连续的轻微"嗡嗡"的声音，而滑动轴承的声音更小。若滚动轴承缺油时，会发出异常的声音，则可能是轴承钢圈破裂或滚珠有疤痕，轴承内混有砂、土等杂物，或轴承零件有轻度的磨损。严重的杂声可以通过人耳听出来,轻微的声音可借助于一把大螺丝刀抵在轴承外盖上,耳朵贴近螺丝刀木柄来观察,如图 5.23 所示。轴承有了故障,在电动机运行中轴承还会出现振动、过热现象。因此,注意轴承发热和振动情况,也是判断轴承是否有故障的基本方法。

图 5.23 听察轴承故障

(2)轴承拆卸后的检查。检查拆卸后的轴承,首先应查看轴承的滚动体,夹持器及外钢圈等部分是否有破裂、锈蚀、疤痕等,然后像图 5.24 所示的那样,用手捏或支住轴承内圈,使轴承摆平,用另一只手轻轻用力推外钢圈,使它旋转。如果轴承良好,外钢圈应转动平稳,并逐渐减速至停止,转动中没有振动或明显的停止现象。如果轴承有缺陷,转动时则会有杂声和振动,停止时像刹车一样突然。

(a)小型轴承旋转检查法　(b)中型或大型轴承旋转检查法

图 5.24 轴承的旋转检查

滚珠或滚珠与钢圈之间的间隙叫径向间隙,用塞尺插入轴承与滚动体之间,即可测得径向间隙值,如图 5.25 所示。滚动体与钢圈之间的径向间隙允许值见表 5.1。

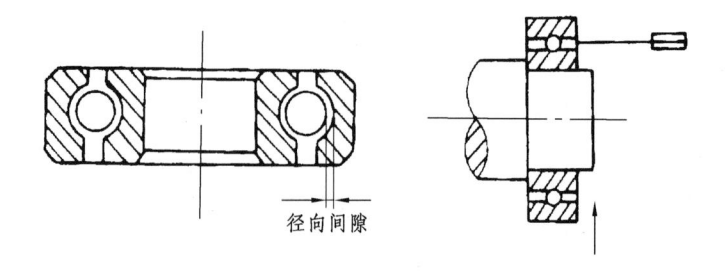

图 5.25 滚动轴承的径向间隙及其测量

表 5.1 滚动体与钢圈之间的径向间隙允许值/mm

轴承内径	径向间隙		
	新滚动轴承	新滚柱轴承	磨损最大允许值
20~30	0.01~0.02	0.03~0.05	0.10
35~50	0.01~0.02	0.05~0.07	0.20
55~80	0.01~0.02	0.06~0.08	0.24
85~120	0.02~0.04	0.08~0.10	0.30
130~150	0.02~0.05	0.10~0.12	0.35

滑动轴承与轴颈的间隙也可以用塞尺侧得，测量方法如图 5.26 所示，允许间隙值见表 5.2。

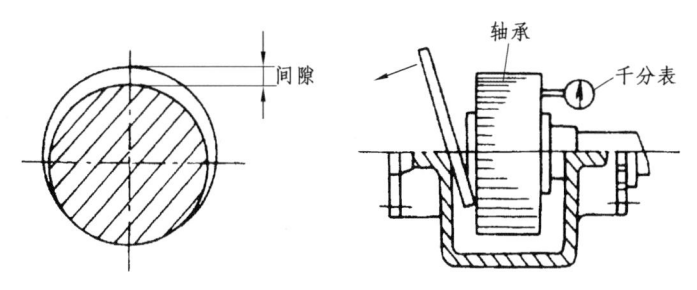

图 5.26 滑动轴承与轴颈之间的间隙

表 5.2 滑动轴承的允许间隙值

准轴直径/mm	900 r/min 以下/mm	900 r/min 以上/mm
18~30	0.1	0.12
30~50	0.1~0.15	0.15
50~80	0.15	0.15~0.2
80~120	0.15~0.2	0.2~0.25

3）轴承的维护

一般电动机的轴承有两种，即滚动轴承和滑动轴承。由于滚动轴承较耐磨，一般不易损坏。因此，近年来生产的中、小型电动机，绝大多数采用滚动轴承。轴承的主要破坏形式是：表面磨损或产生麻点珠痕，使电动机在运转中发出不均匀的声音，并出现发热和振动现象。

轴承的维修方法：

（1）轴承光滑表面有锈蚀。可用 00# 砂布擦光，之后放在汽油中洗净。

（2）轴承有较深的裂纹或内外钢圈碎裂。应更换新轴承。

（3）轴承端盖压住轴承过紧，多是轴承端盖上口过长，应予以修正。

（4）轴承盖内孔与轴颈相擦，应是轴承端盖止口松动或不同心，也应做相应修正。

第三节　交流电动机的组装

交流电动机的装配工序按拆卸时的逆顺序进行，装配前，各配合处要先清理除锈，装配时，应将各部件按拆卸时所作的标记复位。

一、轴承的安装

在装轴承套前，应将轴颈部分擦揩干净，把经过清洗并加好润滑脂的内轴承盖套在轴颈上。轴承的装配有两种方法：冷套法和热套法。

1. 冷套法

把轴承套到轴上，对准轴颈，用一段内径略大于轴颈直径，外径略小于轴承内圈外径的铁管，一端顶在轴承的内圈上，用手锤敲打铁管的另一端，把轴承敲进去，如图5.27所示（最好的方法是用压床压入）。

2. 热套法

如图5.28所示，将轴承放在80~100℃变压器油中加热30~40 min，加热时，轴承要放在钢丝网上，不要与箱底或箱壁接触，油面要盖复轴承，加热要均匀，温度不能过高，时间也不宜过长，以免轴承退火。热套时，要趁热迅速把轴承一直推到轴颈，如图5.29所示。如套不过，应检查原因，如无外因，可用套筒顶住轴承内圈，用手锤轻轻敲入。轴承套好后，用压缩空气吹去轴承内的变压器油，并擦干净。

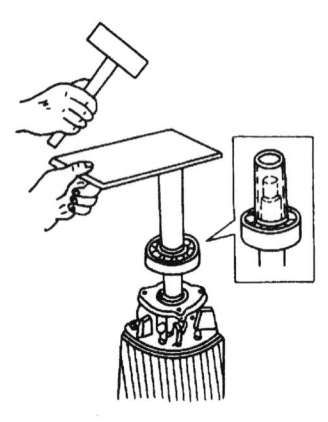

图5.27　打入轴承

图5.28　加热轴承　　图5.29　热套轴承

3. 装润滑油

在轴承内外圈里和轴承盖里装的润滑脂应洁净，塞装要均匀，不应完全装满。一般二极电动机装满1/3~1/2的空腔容积，4极和4极以上电动机装满轴承2/3的空腔容积。轴承内外盖的润滑脂一般为盖内容积的1/3~1/2。

二、后端盖的安装

将轴伸端朝下垂直放置，在其端面上垫上木板，将后端盖套在轴承上，用木锤敲打，把后端盖敲进去后，装轴承外盖。紧固内外轴承盖的螺栓时要逐步拧紧，不能先拧紧一个，再拧紧另一个。

三、转子安装

把转子对准定子孔中心，小心地往里放送，后端盖要对准与机座的标记，旋上后端盖螺栓，但不要拧紧。

四、前端盖的安装

（1）将前端盖对准与机座的标记，用木锤均匀敲击端盖四周，不可单边着力，并拧上端盖的紧固螺栓，不要拧紧。拧紧前端盖的紧固螺栓前，要用木锤在前端盖圆周均匀敲打，按对角线上下逐步分别拧住前端盖螺栓。不能先拧紧一个，再拧紧另一个，这样易造成耳攀断裂或转子同心度不良等。

（2）装前轴承外端盖。先在外轴承盖孔内插入一根螺栓，一手顶住螺栓，另一手缓慢转动转轴，轴承内盖也随之转动，当手感觉到轴承内外盖螺孔对齐时，就可以将螺栓拧入内轴盖的螺孔内，再装另两根螺栓。拧紧时，也应逐步拧紧。

（3）按照以上紧螺栓的方法，分别将前后端盖螺栓全部紧到位。

五、安装风扇叶片和风罩

风扇叶片和风罩装配完毕后，用手转动转轴，转子应转动灵活、均匀，无停滞、摩擦和偏重现象。

六、装配后的检修

检查所有的紧固螺栓是否拧紧；转子转动是否灵活，有无摩擦现象及异常声音；轴伸端径有无偏摆的情况。

七、安装螺钉

在完成以上个部门工作后，将所有螺丝（必须一个不少地）全部装上，并注意该润滑油的部位，要注入相应的润滑油。

第四节　交流电动机的检查试验

一、电动机的整体检查

电动机修复后的检查是非常中重要的一项工作，它的目的是检查修复后电动机的质量。检查与试运转的内容有：输出动率、耗电功率的大小，机械性能和安全性能的可靠性以及转矩、效率、功率因数等。详细检查项目见表5.3。

表5.3 交流电动机检修后的主要检查项目

序号	项目	周期	内容	说明
1	装配质量检查	1. 小修后 2. 大修后	1. 出线连接是否正确 2. 装配是否良好 3. 转子是否灵活 4. 测量电动机轴伸偏摆值	在电气试验前,所列各项符合要求时,方可进行下面的试验
2	测量绕组的绝缘电阻	1. 交接时 2. 小修时 3. 大修时	测量绕组对机壳及绕组间的绝缘电阻	按被测电动机额定电压的不同,采用不同规格的兆欧表
3	测量绕组直流电阻	1. 交接时 2. 大修时 3. 1~2年1次	对各相绕组分别测定其直流电阻,并做比较	中性点无抽头的Y接电动机,不能拆开星点时,可测线间的电阻
4	定子绕组交流耐压试验	1. 交接时 2. 大修时 3. 更换绕组时	以50 Hz正弦交流电压加在定子绕组上,在规定的时间内不被击穿	所加电压随电动机额定电压而定,不能在交流电压下多次重复耐压试验
5	电动机空载检查和空载电流测定	1. 交接时 2. 大修时	对空转电动机运行平稳性、噪声强弱判断,空载电流值符合规定	空载时间由电动机功率而定,若对电动机无特殊怀疑,可不测空载电流

电动机整体检查的内容包括：① 电动机的外观检查；② 出线标记是否正确；③ 紧固螺栓、螺母是否旋紧；④ 转子的转动是否灵活；⑤ 电动机轴身的径向偏摆是否合乎规定等。

在测量电动机轴身偏摆时,把电动机和千分表座放在同一平板上,千分表的测针对准轴身长度的一半处,测针靠住轴表面,慢慢抓动电动机转子,计下千分表读数的变动量,其值不应超过表5.4中所规定的允许偏摆值。

表5.4 电动机轴伸允许值/mm

轴伸直径	允许偏摆值	轴伸直径	允许偏摆值
>6~10	0.025	>50~80	0.060
>10~18	0.030	>80~120	0.080
>18~35	0.040	>120~180	0.100
>35~50	0.050		

1. 绕组直流电阻的测量

电动机绕组冷太直流电阻,按电动机的功率的大小可以分为高电阻和低电阻,电阻在10 Ω以上的为高电阻,电阻在10 Ω以下的为低电阻。高电阻可以用万用表测量,也可以通以直流电，测出电流和电压后，再按欧姆定律计算出直流电阻。测量低电阻时必须用精度较高的电桥。

测量电阻时，应测量绕组的温度，然后再按下式换算为 15 °C 时的标准电阻值：

$$R_{15} = \frac{R_t}{1+\alpha(t-15)}$$

式中　R_{15}——绕组在 15 °C 时的电阻值（Ω）；

　　　R_t——绕组在 t °C 时的电阻值；

　　　α——导线的温度系数，$\alpha_{铜} = 0.004$，$\alpha_{铝} = 0.000\,384$；

　　　t——测量电阻值时的绕组温度（°C）。

绕组的每相电阻与前测得的数值或出厂的数据相比较，其差别不应超过 2%～3%，平均值不应超过 4%。对于三相绕组，其不平衡度以小于 5% 为合格。如果电阻相差太大，则说明焊接的质量有问题，尤其是在多路并联的情况下，可能是一个支路脱焊，如果三相电阻数值都偏大，则表示线径过细。

测量的具体步骤如下：

（1）测量绕组电阻时，应同时测量绕组的温度。

（2）电路直接接在引出线端，测转子绕组时需把变阻器切出。

（3）如果在做发热试验时要测量绕组的冷态电阻，则须在稳定的热态下进行，即在空气中测得的温度与周围介质的温度差不超过 3 °C 的状态下进行。

（4）测量仪表的精度不应低于 0.5 级。

（5）仪表的读数要在测量的同时记下。为了避免错误，测量可连续进行 3～4 次，从中求出平均值。

（6）测量时要特别注意测量仪接线处的触点质量。

2. 绝缘电阻的测量

修复后的电动机定子绕组与机壳之间的绝缘测量，是电动机修复后的一项基本试验，因为绕组对机壳绝缘不良将会造成严重后果：如烧坏电动机的绕组，则会使电动机的机壳带电等，危及人的生命安全。因此，修复后的电动机必须要严格进行绝缘测量，以确保电动机的安全运行。

测量电动机的绝缘电阻时，如果各相绕组的始末端均引出机壳外，应断开各相之间的连接线，分别测量每相绕组对机壳的绝缘电阻，即绕组对地的绝缘电阻；然后测量各相绕组之间的绝缘电阻。对于多速多绕组的电动机的绝缘测量，各绕组对机壳的绝缘电阻要逐个地测量。测量的方法是将兆欧表接地的一端与电动机机壳相接，另一端依次与所测线圈相接，然后转动兆欧表的摇柄，当摇柄以 120 r/min 的转速均匀转动时，待指针稳定后读取兆欧表的数值，就是绕组对地（机壳）的绝缘电阻值。线圈各相间的绝缘电阻，是借助与线圈的 6 个引出线接头来测量的。测量时可将表的两个接头，轮流接到个相邻两绕组的引线接头上，逐次测量各相之间绝缘电阻值。

测量大型电动机的绝缘电阻时，应判断高压绕组绝缘是否受潮，要做出绝缘吸收试验，

测定吸收系数 K，具体方法是：读取兆欧表开始旋转时，第 11 s 绝缘电阻 R_{15} 和第 60 s 的绝缘电阻 R_{60} 按下式计算得出的数值称为吸收系数 K，即

$$K = \frac{R_{60}}{R_{15}}$$

一般 K 要大于 1.3 以上则可以认为绕组的绝缘为干燥，否则认为绕组在修复过程中烘干不合格或认为电机绕组有受潮情况。

测量时应注意：各类电动机绕组接近工作温度时的绝缘电阻值，都有相应的规定，要求不低于下列公式中所得出的极限绝缘电阻值：

$$R = \frac{U}{1\,000 + 0.01P}$$

式中　U——绕组的额定电压或最高电压（V）；
　　　P——电机的额定功率（W）；
　　　R——绝缘电阻（MΩ）。

例如，额定电压为 380 V、功率为 10 kW 的三相异步电动机，其绝缘电阻不能低于 0.38 MΩ。通常测量的绝缘电动机绝缘电阻是"冷态"，也就是电动机不工作时的电阻。当电动机运行时绕组总要发热，造成电动机升温，而温度变化会导致电动机各部分电阻变化，绝缘电阻将随温度升高而减小，电动机定子绕组的烧坏就是因发热造成温度升高，破坏了绝缘造成的，故一般中、小型电动机冷态绝缘电阻都要求在 0.5 MΩ 以上。

二、绝缘耐压试验

电动机的绝缘试验包括绕组对地、绕组之间以及匝间的绝缘强度试验，试验的方法是通以 50 Hz 的高压交流电，看能否经受住高电压而不被击穿。通过绝缘强度试验，可以准确地发现绝缘的局部或电动机整体的缺陷，而这些缺陷往往在运行中容易发生，因此，对于每一台修复后的电动机都必须进行绝缘耐压试验。

1. 绕组对机壳的耐压试验

1）试验方法

这项试验应在电动机静止状态下进行，电压夹在绕组与机壳之间，此电压由单相升压变压器供给。此时，铁心和其他不参与试验的绕组均与机壳相连接，如图 5.30 所示。

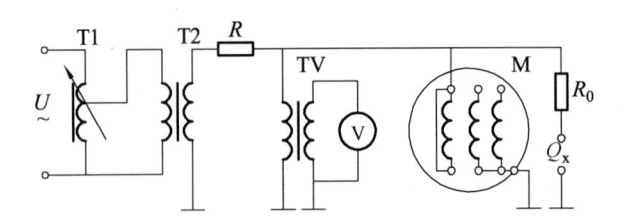

图 5.30　绝缘耐压试验接线图

施加电压时应不超过电动机正常运转的额定电压，以及试验电压全值的 30%，然后稳

步增加到电压最大值 U_{max}，电压自初始值上升到最大值 U_{max} 所用时间应在 10% 以上，在最大值 U_{max} 处的试验时间维持 1 min。

然后匀速降压，电压降至 U_{max} 以下，且在正常运转额定电压下，断开电路，将被测试绕组放电，此绕组试验完毕，然后依次再对其他绕组做同样的试验。试验中要认真观察伏特表的指针和被测电动机，在调压变压器逐渐调高电压过程中，如果伏特表指针所指数据不变大或有变小的趋势，甚至绕组出现冒烟或响声等异常现象，应立即降压，断开电源，进行放电处理。待问题解决后再试验，否则不允许继续通电试验。

2）试验要求

（1）对于试验时所加电压的最大值的说明。绕组为完全重绕的电动机，在直流测定和绝缘都良好的情况下，对于额定电压不大于 380 V 的电动机绝缘绕组来说：

若功率不大于 1 kW，$U_{max} = 500 + 2U_N$；

若功率不大于 1 kW，$U_{max} = 1\,000 + 2U_N$（U_N 为电动机正常运转时的额定电压）。

（2）对于绕组部分重绕的电动机，试验最高电压不超过上述电压的 75%，试验前应对未重绕的部分进行清洁和干燥处理。

（3）拆装清理过的电动机，在清洁或干燥处理后，用 1.5 倍的额定电压做试验。额定电压为 100 V 及其以上的电动机，试验电压应不小于 10 kV；额定电压在 100 V 以下的电动机，试验电压应不小于 500 V。

3）注意事项

（1）在进行此项试验前，应先测量电动机的绝缘电阻，如果绝缘电阻偏低，则不宜做此试验。

（2）耐压试验不能在最大值长时间试验，避免高电压损坏或损伤绝缘层。对同一台电动机不应重复进行试验，如确有必要，允许再做一次试验，试验电压最高不能超过第一次试验电压 U_{max} 的 80%。

（3）如果电动机要进行超速、短路或温升等试验，则本试验应在这些试验之后进行。

（4）在试验的过程中要注意安全，高压试验变压器及调压变压器的外壳必须良好接地。

2. 绕组相互间的绝缘试验

绕组之间的绝缘试验，也即绕组间超压试验。试验时在被测的绕组间加上 1.3 倍的额定电压，历时 3 min。例如：

测定电压为 220 V 单相异步电动机，加在绕组上的试验电压应为 220 × 1.3 = 286 V；

测定电压为 380 V 三相异步电动机，加在绕组上的试验电压应为 380 × 1.3 = 434 V。

对于进行维护保养的电动机，此试验可缩短到 1 min；如果是多年不用的电动机，应进行烘干除潮和拆装润滑维修后再试验。

对鼠笼式异步电动机的绕组进行试验时，必须是在电动机空载运转的情况下进行。

在绕组相互间绝缘试验中，若匝间被击穿，损坏处将会是明显发热、冒烟、发出焦味，出现三相电流不平衡现象，可根据这些现象判断匝间绝缘情况，以便作出对电动机是否重新维修的决定。

三、空载运转试验

空载运转试验也被称为空转试验,是在通以额定电流和电压的情况下,电动机的转轴上不带负载时的运转,要求运转电动机应平稳、轻快,不夹带有害噪声,轴承无过高温升,无冒火花现象。空载运转试验是电动机修复后的一项基本试验,也是电动机在投入工作前必不可少的试验项目之一。

1. 试验目的

(1)检查电动机的运转情况,定子、转子之间是否有摩擦,运转是否平稳、轻快,运转过程中是否夹带杂声,轴承是否有过高的温升。

(2)检查空转试验电流有无什么变化。

(3)检查电动机空载电流的数值是否符合标准,若电动机空载电流超出正常范围,说明电动机有问题。普通电动机正常运转时,空载电流与额定电流的百分比范围见表5.5。

表5.5 电动机空载电流与额定电流百分比(参考值)

极数\容量	0.125 kW	0.5 kW	2 kW	10 kW	50 kW	100 kW
2	70~95	45~70	40~55	30~45	23~35	18~30
4	80~96	65~85	45~60	35~55	25~40	20~30
6	85~98	70~90	50~65	35~65	30~45	22~33
8	90~98	75~90	50~70	37~70	35~50	25~35

2. 注意事项

试验时应注意数值不应过高,试验运行的时间一般小于0.5~1 h,额定功率较低(如小于10 kW)的电动机,运转时间可适当减少。一般使电动机的摩擦达到稳定状态即可。

3. 正常老化处理

对修复后的电动机进行正常的老化处理,运转时间一般要在1 h左右,对额定功率较低(如小于10 kW)的电动机,老化运转时间可适当减少,一般使电动机的磨合达到稳定状态即可。

四、温升和超速试验

1. 温升试验

1)试验目的

电动机的温升是电动机在额定运行情况下,各部分温度达到稳定时,电动机的温度高于环境温度的度数。电动机在运行过程中,有铁耗也有铜耗,这些损耗最后都转化为热能,使电动机各部分部件的温度升高,而过高的温度会使电动机绝缘材料的绝缘老化,电动机的使用寿命降低,因此,各种绝缘材料都规定有一定的工作温度。电动机工作时,若绝缘材料达到规定的温度极限,这时的电动机负载为最大,即额定负载。如果电动机温度超过了规定值，即使不会立即烧坏电机，电动机的寿命也会因绝缘的老化而缩短。此时，电动机的负载容量必须降低，以便使负载电流及电动机的温度降低。因此，修复后的电动机，额定输出的容量是否符合要求，负载到底有多大，应由温升试验决定。

此外，电动机的各种故障，也是造成电动机温升过高的原因，所以，温升试验是判断电动机故障的一种重要手段。

2）试验方法

温升试验时，电动机带额定负载，从开始运转到电动机的温度稳定需要数小时，测量的方法一般有温度计法和电阻法。

（1）温度计法。此法就是用温度计直接测量电动机的温升。启动电动机，使电动机带上稳定负载工作，用温度计紧贴于被测量的部位，（一般主要是测量铁心温度与绕组温度），温度计的玻璃球可用锡箔、棉絮裹住并扎牢。为了保证测量的准确性，应排除一切影响温度的因素。电动机运转中温度不断上升，运行数小时后温度达到某一稳定值而不再上升，这个温度与环境温度之差，就是电动机的温升。

对于封闭式电动机来说，不可能用温度计直接贴在线圈上测量，可将温度计用锡箔裹住玻璃球，塞在吊环孔中测量，四周用棉絮裹住。

温度计法测量温升应注意的事项：

① 温度计要使用酒精温度计，不宜使用水银温度计。因为电动机中有交变磁场，在交变磁场的作用下，水银内将产生涡流而发热，影响测量的准确性。

② 温度计测量出的是表面温度，其内部比测量值大致高 5~10 ℃，这才是电动机的实际温度，计作

$$\Delta T = T_\mathrm{c} + T_\mathrm{t} + T_\mathrm{h}$$

式中　ΔT——实际温升；

　　　T_c——测量温度；

　　　T_t——附加值 5~10 ℃；

　　　T_h——环境温度。

③ 温升试验通常所需的时间很长，不但费人工，占用试验设备，而且还消耗掉了电能。长期的试验证明，电动机在整个温度试验过程中，前 1/3 的时间就有可能达到最后温升的 80%，而剩余的 2/3 的时间只上升剩余的 20%。为缩短试验时间以及节能，一般每隔 15 min 读一次温度计的数据，当温度计的读数连续 3 次近似不变时，可以认为电动机的温升已达到最后的温度。

（2）电阻法。绕组的温升也可以用电阻法测量，这是一种依据导体电阻随温度升高而增大的原理，通过测得绕组冷、热时的电阻，通过计算求出温升的方法。具体做法是：在电动机尚未工作前，先测出电动机一相的电阻值 R_1 和此时绕组的温度值 T_1，然后启动电动机，使电动机在额定负载下运行，用温度计监视电动机温度的变化，待温度稳定后停机，马上测出此时一相绕组的电阻值 R_2，则此时电动机的温升 ΔT 为：

$$\Delta T = \frac{R_2 - R_1}{R_1}(K - T_1) + T_1 - T_k$$

式中　　K——比例系数，对于铜，$K = 235$；对于铝，$K = 228$。

　　　　T_k——试验结束后电动机周围空气温度。

　　　　T_1——试验前绕组的温度。

　　　　R_1——试验前某相绕组的电阻。

　　　　R_2——试验过程中温度稳定时所选某相绕组的温度。

本试验中绕组电阻是用电桥测量的，此法测出的温升为绕组的平均温升，比绕组的最高温度低 5 ℃ 左右。

测量电动机各部分温升的方法还有很多，不论何种方法测出的电动机的温升，均不能超出允许的范围。电动机允许温升见表 5.6。

表 5.6　电动机各部分允许温升限制

绝缘等级 试验方法 电机部件名称	A 温度计法	A 电阻法	E 温度计法	E 电阻法	B 温度计法	B 电阻法	F 温度计法	F 电阻法	H 温度计法	H 电阻法
绕组（额定功率在 5 000 kW 以下）	50	60	65	70	75	80	85	100	105	125
与绕组接触的铁心及其他部件	60		75		80		100		125	
集电环	60		70		80		90		100	

2．超速试验

1）试验目的

超速试验的目的，在于检查电动机修复后安装质量，考验转子各部分承受离心力的机械强度和轴承在超速时的机械强度。超速试验一般在将电动机转速提高到其额定转速的 120% 进行。

2）试验方法

电动机超速试验的操作方法，是提高电源电压的频率，使之转速提高，目前大多都采用可控硅变频装置。

电动机超速试验的另一操作方法，是用其他动力拖住被测电机，目前大多都采用汽油机或柴油机。

在实际试验的过程中，采用什么样的方法，都要根据电动机功率、体积等因素进行选择。

第五节　交流电动机定子绕组大修

当交流电动机定子绕组遭到严重损坏或过热、老化且无法使用时，应按大修规范全部拆换。其工艺流程为：记录原始数据→拆除旧绕组→整备绝缘材料→选制绕线模→绕制线圈→嵌线→接线→检查及试验→浸漆、烘干→组装及试验。

一、记录原始数据

绕组拆换以前要详细记录电动机的原始数据，否则会给重换新绕组造成困难。电动机的原始数据包括铭牌数据、铁心数据和绕组数据等。

1. 铭牌数据

铭牌提供了电动机的额定功率、额定电压、额定电流和转速等基本数据以及电动机的型号、接法和绝缘等级等内容，因此应认真记录下来。

2. 铁心和绕组数据

铁心和绕组数据包括以下内容：定子铁心内、外径；定子铁心长度；定子铁心槽数；转子铁心的外径；转子铁心的槽数；定子铁心磁轭厚度和齿宽。定子铁心的槽形尺寸如图5.31所示。

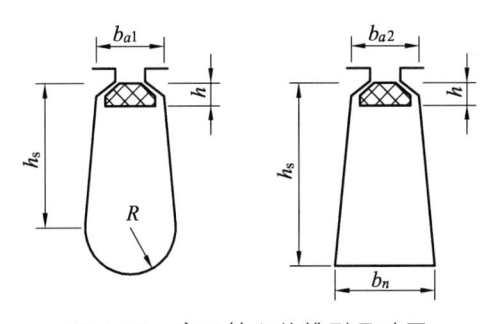

图 5.31 定子铁心的槽形尺寸图

3. 线圈尺寸

在绕组拆下前，应先计下绕组端部伸出铁心的长度；拆下绕组后，根据绕组的形式、测量、记录其各部分尺寸；最后还应称出拆下旧绕组的全部重量，以备重绕时参考。如果旧绕组为分数槽时，还要记下各极绕组的排列次序。

若采用"电动机绕组重换记录卡"的方式记录以上各项数据，不仅能使维修人员一目了然，还可以为以后的维护和再次修理提供便利。记录卡的样式见表5.7。

表 5.7 电机绕组大修记录卡

```
1. 铭牌数据
   编号_____型号_____功率_____转速_____接法_____电压_____
   电流_____频率_____功率因数_____绝缘等级_____
2. 试验数据
   空载：平均电压_____平均电流_____输入功率_____
   负载：平均电压_____平均电流_____输入功率_____
   定子每相电阻_____转子每相电阻_____
   负载时漏升：定子绕组_____转子绕组_____室温_____
```

续表

> 3. 铁心数据
>   定子外径_____ 定子内径_____ 定子有效长度_____
>   转子外径_____ 空气隙_____ 定、转子槽数_____
>   定子轭度_____
> 4. 定子绕组
>   导线规格_____ 每槽导线数_____ 线圈函数_____
>   并绕根数_____ 并联支路数_____ 绕组形式_____
>   每极每相槽数_____ 节距_____
> 5. 绝缘材料
>   槽绝缘_____ 绕组绝缘_____ 外概绝缘_____
> 6. 槽形和线圈尺寸（绘图标明尺寸）
> 7. 修理重绕摘要
>   修理者_____ 修理日期_____

二、拆除旧绕组

在电动机的生产和维修过程中，绕组经过浸漆、烘干后，已成为一个质地坚硬的整体，拆除比较困难。通常旧绕组的拆除有冷拆、热拆、溶剂溶解等几种方法。冷拆和溶剂溶解法可保护铁心的电磁性能不变，但拆线比较困难。热拆法较为容易，但在一定程度上会破坏铁心绝缘，影响电磁性能。

1. 冷拆法

先将槽楔从一端打出（若为开口槽，可用手钳夹住线圈一次取出或从上层逐次取出；若为闭口槽或半闭口槽，可把绕组端部线圈逐根剪断），再用手钳从另一端将导线抽出。注意在拆出旧线圈时，不可用力过猛，以免损坏槽口或使铁心翘起。

2. 热拆法

热拆法分为通电加热法和热烘法两种。

1）通电加热法

拆开绕组端部反对连接线，在一个极相组内通入单相低电压、大电流进行加热，当绝缘软化，绕组开始冒烟后，切断电源，迅速退出槽楔，拆除线圈。这种方法适用于大、中型电动机，但如果绕组中有短路或断路的线圈，则不能应用此法。

2）热烘法

用电烘箱对定子加热，待绝缘软化后，趁热拆除旧绕组。若没有热烘条件，可用通电加热和冷拆法。最好不要用明火直接热烧，因为火烧法容易破坏铁心的绝缘，使电磁性能下降。

3. 溶剂溶解法

此法适于一般小型和微型电动机绕组的拆除。对于小型电动机，可把定子绕组浸入 9% 的 NaOH 溶液中，浸泡 2~3 h 后取出，用清水冲净，抽出线圈即可。

不管用何种方法拆除线圈,在拆除线圈的过程中应保留一个完整的旧线圈,作为绕组新线圈时的样品;在绕组拆完后,应清理残存的绝缘物、铜线、漆锈斑等。在清理时还要注意检查铁心硅钢片是否受损,若有缺口、凸片、弯片时,应给予修整。

三、制作绕线模

线圈的大小对嵌线的质量与电动机性能关系很大,而线圈的大小完全是由绕线模的尺寸决定的,因此,一定要认真设计绕线模的尺寸。最好用拆下来的一个完整的旧线圈为基准来制作绕线模。若没有旧线圈,可通过计算方法确定(需查阅有关资料)。

绕线模尺寸确定后,就可以制作绕线模了。首先根据模心的尺寸将硬木板加工成绕线模。绕线模制成后,为了检验是否合用,可用一根铜线圈绕模心做成一匝线圈,按规定节距放入定子槽中,看是否合适,若尺寸不符,还应对模心进行修正。接着制作夹板,绕线模及夹板的个数,可根据每极每相的线圈数来确定。为使绕成的线圈容易脱模,把绕线模在其轴心处斜锯开,半块固定在上夹板,半块固定在下夹板,如图5.32所示。在黏合模心与夹板时应注意,接缝要紧密,不留空隙,否则在绕线时,易使导线嵌入结合处的缝隙中。

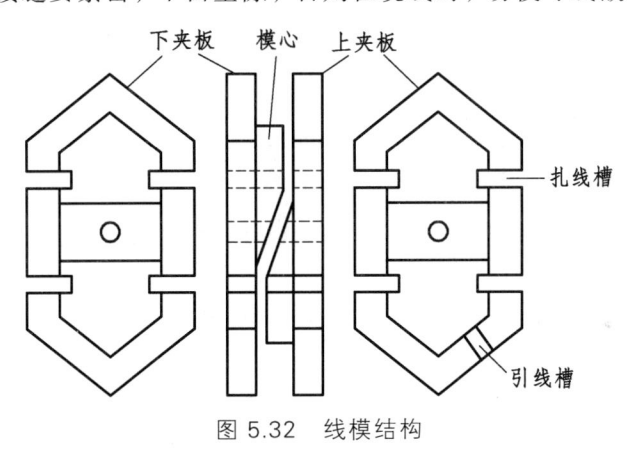

图5.32 线模结构

四、绕制线圈

绕线模作好后,开始绕制线圈。在绕线前应先用千分尺测量所用导线的直径和绝缘层的厚度,看是否符合要求;在使用单根导线绕线时,线径一般不超过1.68 mm,若导线太粗,不仅下线困难,而且槽空间利用率也不高,故当电动机额定电流过大时,应采用几根较细的导线并绕,但并绕的路数也不应太多,否则会造成匝间电压升高,容易超速匝间短路故障。另外,导线还不宜过细,否则会降低其机械强度。

绕制线圈时,应尽可能运用绕线模将一个极相绕组的线圈连续绕完,以减少线圈之间的接头和接线的错误,如图5.33所示。应注意的是若导线断开要进行焊接时,焊接的部位必须在端部的斜边上,而不能在其有效边上。为了提高绕线的质量,在多根并绕时可采用放线架,如图5.34所示。

在绕制线圈的过程中,应注意引力合适,匝数正确,排列整齐紧密,不得有交叉;线圈的始末端留头要适当,一般以线圈周长的1/3为宜。

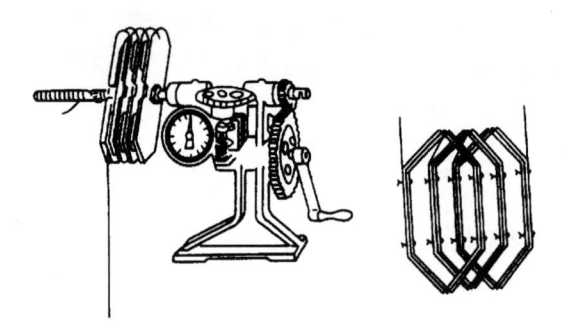

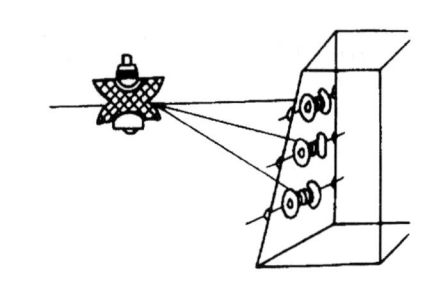

图 5.33　绕线圈　　　　　　　　图 5.34　放线架和线夹

五、嵌　线

线圈绕完以后，开始嵌线工作。嵌线又称"下线"，下线质量的好坏，直接影响电动机的电气性能和使用寿命。一般电动机的嵌线流程是：准备绝缘材料→放置槽绝缘→嵌线→封端口→端部整形。

1. 准备绝缘材料和放置槽绝缘

电动机所用的绝缘材料应以电动机工作温度来确定选取什么材料，一般交流辅助电动机的绝缘材料都采用 B 级（SS_4 改型机车用辅助电动机）或 F 级（SS_8 机车型用辅助电动机）。将选好的绝缘材料裁剪合适后放入槽内。为了加强槽口的绝缘及其机械强度，将槽绝缘两端伸出部分拆成双层，槽口两端伸出铁心的长度一般为 10~15 cm。槽绝缘的宽度等于槽形的周长。对于双层绕组，在上下层之间要垫以层间绝缘，层间绝缘的长度要比铁心长 20~30 cm，而宽度则要比槽宽 5 mm 左右。绕组端部相与相之间也要垫一层相间绝缘，以防发生相间击穿。

2. 槽楔的制作

槽楔是用来压住槽内线圈边，防止绝缘和线圈边松动的。槽楔一般用竹、玻璃层布板做材料，横截面为梯形。其形状和大小要与槽口内侧相吻合，长度一般比槽绝缘短 2~3 cm，厚度为 3 mm 左右，底面要削薄呈斜口状，以利插入线槽，避免损坏槽绝缘。

3. 嵌线工艺

嵌线是一项细致工作，要小心谨慎。其关键是保证绕组的位置和次序的正确以及良好的绝缘性。为了防止嵌线时线圈发生错误，习惯上把定子机座有出线扎的一侧放在操作者的右边，放置待嵌线圈时，应使所有的引出线对着定子腔。嵌线时，将要嵌的线圈捻成薄片状，将其放在槽口处的外槽中间，将导线大部分拉入线槽内，剩余部分可用划线片划入槽内，画线时划线片必须从槽的一端连续划到另一端，导线时应按照绕制线圈的顺序进行，避免导线交叉，而扎在槽口无法嵌入，损伤绝缘，导致对地短路；如果槽内导线高低不平，可利用压线板下衬树脂薄膜，从槽的一端插进槽里，用小铁锤轻轻敲打压线板的下面，边敲打边将压线板向前推移，直至把槽内的导线压平、压实为止，如图 5.35 所示。

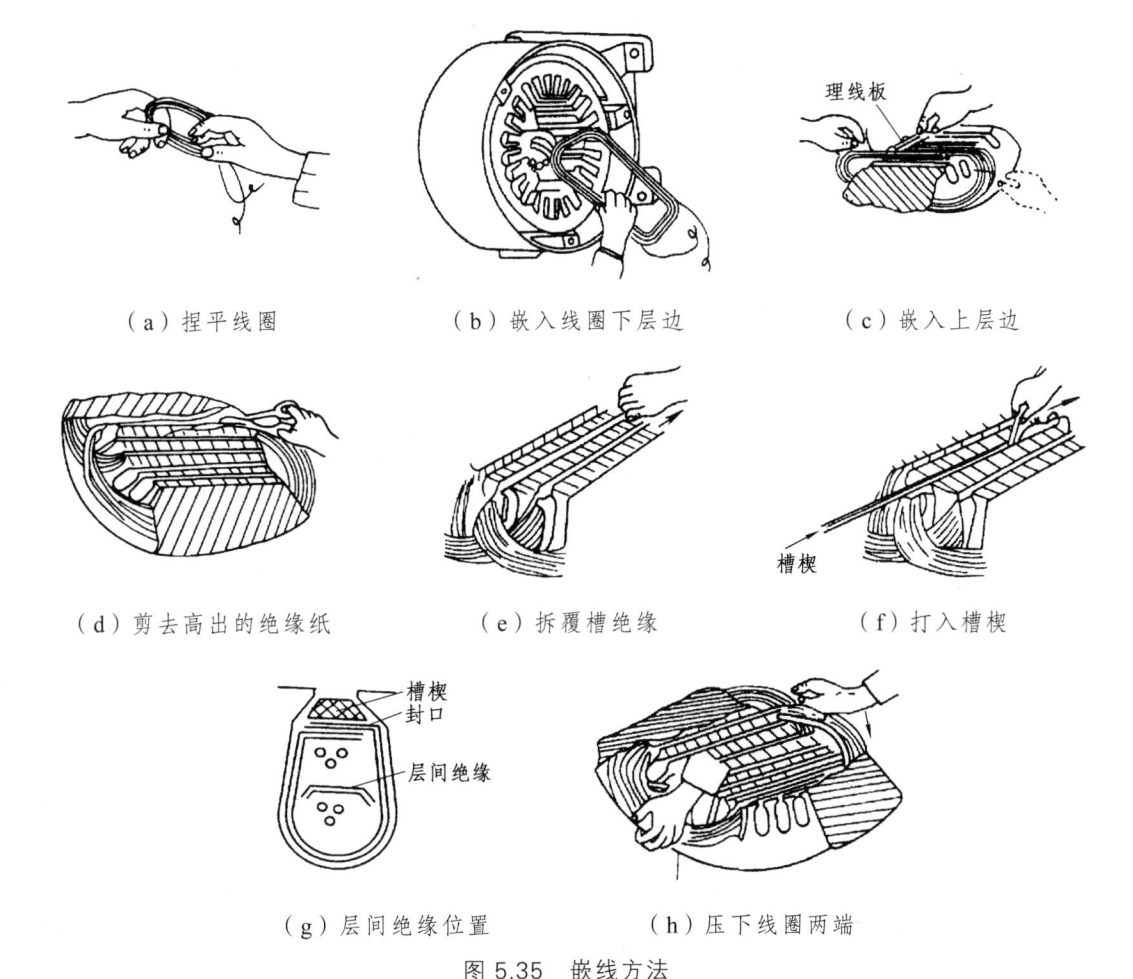

(a) 捏平线圈　　(b) 嵌入线圈下层边　　(c) 嵌入上层边

(d) 剪去高出的绝缘纸　　(e) 拆覆槽绝缘　　(f) 打入槽楔

(g) 层间绝缘位置　　(h) 压下线圈两端

图 5.35　嵌线方法

单、双层绕组的嵌线操作参照绕组的排列。

嵌完线后,将高出槽口的绝缘材料齐槽口剪平,用划线板折合槽绝缘,使其包住导线,再用压线板压实绝缘,从一端将槽楔打入,槽楔长度一般比槽绝缘短 3 mm,厚度一般不小于 2.5 mm,以进槽后松紧适当为宜。

完成以上程序后,应对绕组端部进行整形:先将其两端部排列整齐,向外敲打为喇叭口状,注意喇叭口的大小要适宜,以保证运行时通风良好,再检查一下相间绝缘,如有破坏应及时给予修补。

六、接线与焊接

绕组的连接,包括线圈与线圈连接成极相组(若极相组本身是连好的,则无需再连),极相组与极相组连接成相绕组,然后是相绕组首末端与引出线的连接。

1. 接线步骤

(1) 接线前弄清并联支路数、接法及出线方向,确定出线位置,然后整理好线圈接头,留足所需的引线长度，将多余部分剪去。

（2）用刮漆刀刮去线头上的绝缘漆，并将套管套在引线上。

（3）按绕组的连接方法进行线头的连接。绕组线头的连接：若线圈为3根或3根以下导线并绕的，采用绞接法，如图5.36（a）所示；若并绕根数为4根以上者，采用对接法，如图5.36（b）所示。

引出线的连接，引线并绕根数在3根及3根以下，电缆规格为19根/Φ0.64及其以下者，用绞接法，如图5.36(a)所示。引接线并绕根数4根及4根以上电缆规格为49根/Φ0.52及以上者，用扎线法，如图5.37所示。扎线一般用直径在0.5~1.0 mm的裸铜线。

（a）绞接法　　　（b）对接法

图5.36　导线连接

图5.37　扎接法

2. 焊接的方法

若线头仅是绞合而不焊接，在长期高温下接触面易氧化，从而导致接触面电阻变大，电流通过时会产生高温，加速该处氧化，然后使接触面电阻更大……这样恶性循环，久而久之必然会烧坏接头。因此，导线必须进行焊接，才能保证电动机不因绕组接头损坏而影响整机工作。

绕组的焊接有铜与铜、铜与铝、铝与铝3种焊接，常见的是铜与铜焊接。

在铜与铜的焊接中，锡焊因其操作方便，接点牢固，导电性好而应用最广。其焊料是铅锡合金，焊剂常用松香酒精溶液，松香酒精有去氧作用，它不仅可将氧化铜还原为铜，而且在焊料融化后，可以自行覆盖在焊件表面，防止焊接处氧化。对绝缘及防腐要求不高的焊件也可用焊锡膏做焊剂，但禁止使用盐酸、氧化锌等有强腐蚀性的焊剂，以免腐蚀导线和绕组绝缘。焊接时，将刮净并绞好的接头涂上焊剂，把挂有适量焊锡的电烙铁放在接头下面，在焊剂沸腾时，快速把焊锡涂在电烙铁或接头上，当焊锡浸透接头时，平移开电烙铁；若有锡刺，应用电烙铁烫去。在锡焊时，电烙铁不可过热，否则会造成过热氧化而搪不上锡，另外要注意在焊接过程中保护好绕组。切不可使熔锡掉入线圈内造成短路。对于大容量电动机，也可以采用浇锡焊方法，但要注意安全，防止烫伤操作人员。

七、检查及试验

绕组在浸漆之前，应进行检查与试验，看有无断路、短路、接地和线圈接线错误以及直流电阻、绝缘电阻是否能达到要求。

用500 V兆欧表测定定子绕组对地及相间绝缘电阻值，均不得低于10 MΩ。

对大修绕组的电动机应进行空载试验，测试有无异常噪声、三相电源是否平衡、空载电流是否符合规定值。若电动机有机械振动或摩擦声，说明有机械故障。若发出黄牛叫似的电磁声，可能是一相断路或接触不良造成三相电动机的单相运行，也可能是线圈接错造成的。若三相电流不平衡，则可能存在电源电压不平衡和绕组嵌线、接线等方面的问题。若要进一步判断问题所在，可将电流最大的相线与电流最小的相线对调后再试。若不任怎样换接，总是接某相电源的一相电流最大（或最小），说明电源电压不平衡；若总是某相绕组的电流大（或小），则说明电动机绕组不平衡。为了判断绕组不平衡的原因，可连续试车 20 min。若电流不上升，则说明匝数有误差；若电流不断上升，同时该相绕组温度较另两相高，则说明该相绕组有短路故障，应给予修复。一般三相异步电动机空载电流是额定电流的 20%~50%，过大或过小均说明绕组有故障。

八、浸漆与烘干

绕组检查与空载试运行后，就可以进行浸漆处理了。浸漆的目的是为了增强绕组的电气绝缘强度，提高防潮能力、导热性和散热效果，提高机械性能和保护绕组端部。因此要求绝缘漆具有黏度低、流动性好、渗透能力强以及含固体成分高的特点，还要具有吸潮性小的良好电气性能。

1. 浸漆与烘干的工艺过程

1）预　烘

预烘的目的是把绕组间隙及绝缘内部的潮气烘出来，同时预热工件。由于浸漆时漆有较好的流动性和渗透性，预烘温度要逐渐增加，在表面水分蒸发时，有一部分潮气将往绕组内部扩散，影响预烘效果。一般温升速度以不大于 20~30 ℃/小时为宜。预烘的温度：A 级绝缘保持在 105~115 ℃，E 级与 B 级保持在 115~125 ℃，F 级与 H 级保持在 155~180 ℃。时间一般为 4~7 h，烘干后的绕组绝缘电阻达到 30~50 MΩ 后，就可以进行第一次浸漆了。

2）第一次浸漆

预烘后绕组要冷却到 60~80 ℃ 才能浸漆。如果绕组温度过高，会使绝缘漆快速挥发在绕组表面形成漆膜，阻碍后面的漆浸透绕组。如果绕组温度过低，又会吸入潮气，而且这时绝缘黏度大，流动性和渗透能力均差，不易渗透组织。

第一次浸漆要求绝缘漆黏度要小一些，浸漆时间要长一些，漆面高于绕组约 20 cm，直到不冒气泡为止。

3）滴　漆

取出定子绕组后，在常温下放置 30 min，滴去多余的漆（可回收再用）。

4）第一次烘干

烘干的目的是使漆中的溶剂和水分挥发掉，使绕组表面形成较坚固的漆膜。为了实现烘烤的良好效果，应将烘烤分成高温和低温两个阶段，低温保持在 60~70 ℃ 约 3 个小时，然后开始升温。A 级绝缘温度升到 115~125 ℃，E 级绝缘温度升到 125~135 ℃，

F 级与 H 级保持在 155～180 ℃，烘焙 6～8 h，炉温下热态绝缘电阻应稳定在 3 MΩ 以上才算合格。

5）第二次浸漆

其目的是增加漆膜厚度，提高绕组防潮能力。定子绕组冷却到 60～70 ℃ 时进行第二次浸漆。漆的黏度要略高些。浸漆时间可短些（10～15 min），时间过长会将形成的漆膜溶坏。

6）第二次滴漆

取出定子绕组后，常温下放置 30 min 以上，滴去多余的漆。

7）第二次烘干

烘焙温度：A 级绝缘控制在 115～125 ℃，E、B 级绝缘控制在 125～135 ℃，F 级与 H 级保持在 155～180 ℃，时间在 10 h 以上。烘干过程中，每隔 1 h 用兆欧表测量一次绝缘电阻，若连续 3 次测出的数值基本不变时，即可停止烘干。

2. 烘焙方法

1）灯泡烘焙法

此法工艺、设备简单方便、耗电少，适于小型电动机。烘焙设备如图 5.38 所示。将电动机定子放置在灯泡之间，最好用红外线灯泡，灯泡的功率可按 5 kW/m³ 左右考虑。烘焙时注意用温度计监视箱内温度，不得超过规定的温度，灯泡也不要过于靠近绕组，以免烤焦。在整个烘焙过程中，箱盖上都应开排气孔以排出潮气和溶剂挥发的蒸汽。

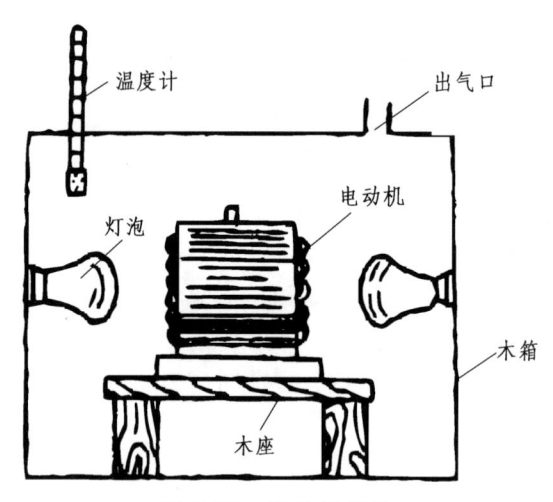

图 5.38 灯泡烘焙法

2）烘房烘焙法

烘房通常用耐火砖砌成，有内外两层，中间填隔热材料，如图 5.39 所示。在墙的四周放上电阻丝作为发热器，发热器外面用铁皮罩住，在通电的过程中，必须用温度计监测烘房的温度。不得超过允许值。烘房顶部留有出气孔，烘房的大小根据常修电动机容量大小和每次烘干电动机台数决定。

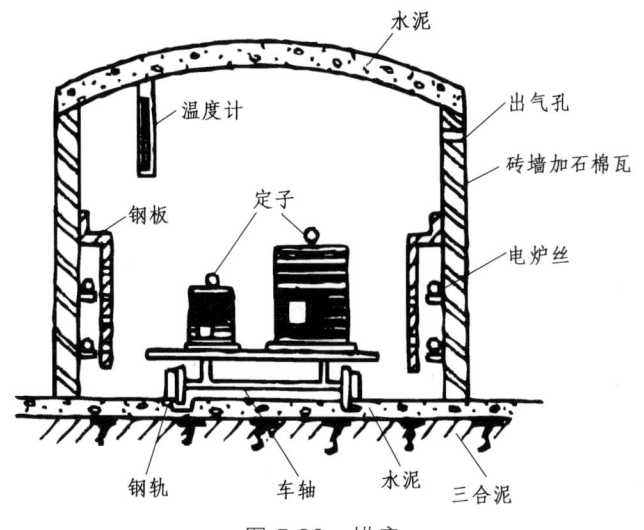

图 5.39 烘房

3）电流烘干法

将定子绕组接在低压电源上，靠绕组自身发热进行干燥。烘焙过程中，须经常监视绕组温度。若温度过高则暂时停止通电，以调节温度；还要不断测量电动机的绝缘电阻，符合要求后停止通电。

复习思考题

1. 交流电动机在解体前应做好哪些准备工作？
2. 简述交流电动机的解体步骤。
3. 简述拆卸联轴器的方法。
4. 简述拆卸风罩和风扇叶片的方法。
5. 如何拆卸轴承盖和端盖？
6. 如何抽出转子？
7. 拆卸轴承的常用方法有哪些？
8. 解释水剂清洗法。
9. 定子铁心的常见故障有哪些？故障原因是什么？如何处理？
10. 定子绕组的常见故障有哪些？如何处理？
11. 机壳的常见故障有哪些？应注意哪些事项？
12. 机座、端盖裂缝如何检修？
13. 鼠笼式转子断条常用的检查方法有哪几种？如何检查？
14. 鼠笼式转子断条常用的维修方法有哪几种？如何维修？
15. 如何进行转子平衡试验？
16. 转子轴的常见故障有哪些？试述其检修方法。

17. 轴承在什么情况下要进行清洗？为什么？
18. 轴承故障如何检查？
19. 简述轴承的检查方法。
20. 简述电动机的组装工序。
21. 交流电动机检修后主要要进行哪些项目检查？
22. 交流电动机整体检查的内容有哪些？
23. 试述绕组直流电阻的测量步骤。
24. 如何测量交流电动机定子绕组的绝缘电阻？
25. 试述绕组对机壳的耐压试验方法。有何要求？有哪些注意事项？
26. 如何判断绕组相互间的绝缘被击穿？
27. 空转试验的目的是什么？试验时有哪些注意事项？
28. 试述温升试验的目的和试验方法。
29. 试述超速试验的目的和试验方法。
30. 简述交流电动机定子绕组大修的工艺流程。
31. 试述拆除旧绕组的常用方法。
32. 如何制作绕线模？
33. 如何绕制线圈？
34. 如何下线？
35. 试述接线步骤，接线头为何要进行焊接？
36. 试述绕组浸漆与烘干的工艺过程。

第六章 动车组变压器

第一节 变压器的分类、铭牌及基本结构

一、变压器的分类

1. 按用途分类

1）电力变压器

它用来传输和分配电能,是所有变压器中用途最广、生产量最大的一种变压器,通过如图 6.1 所示的一个简单电力系统示意图,可加深对电力变压器所处重要地位的认识。

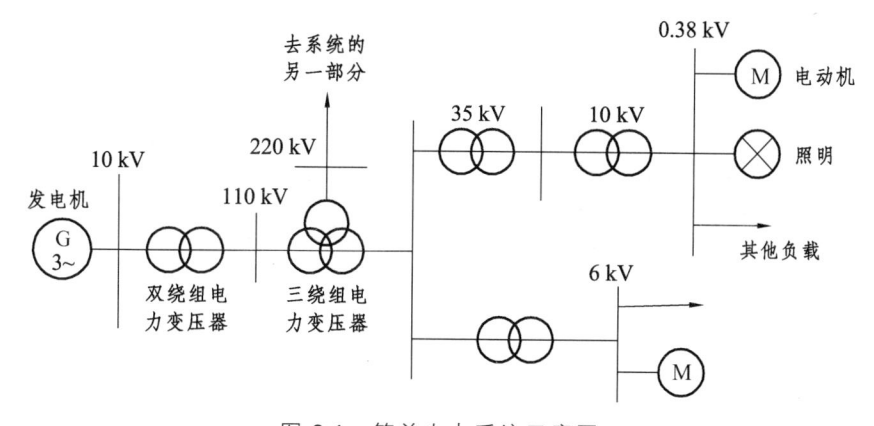

图 6.1 简单电力系统示意图

远距离输送一定的电功率,电压越低则电流越大,消耗在输电线路上电阻的损耗越大;若要减小输电线电阻以输送大电流,就要用大截面的输电线而消耗较多的导体材料,所以,为了减小输电线路上的损耗和节约导体材料,目前电力系统的输电线路都采用高压输电。由于受到绝缘水平的限制,发电厂的同步发电机一般输出的额定电压为 10.5 kV(发电机额定电压越高对发电机各部分的绝缘要求就越高),而一般高压输电线路的额定电压为 110 kV、220 kV、330 kV、500 kV,这就需要用升压变压器将电压升高后再送入输电线路;当电能经过高压输电线路传输到用电区后,必须用降压变压器把输电线路上的高电压降下来,才能供给人们日常生产、生活所使用的动力用电和照明用电。由图 6.1 可见,电力系统中存在许多变压器,通过这些变压器的作用产生了不同等级的电压从而满足人们不同场合的需要。

2）仪用变压器

包括电流互感器和电压互感器,在测量系统中使用。它们能够把大电流变换成小电流,

或把高电压变换成低电压，从而隔离大电流或高电压以便于安全地进行测量工作。

3）自耦变压器

容量较大的异步电动机降压启动时常用自耦变压器实现降压。在实验室中，经常要使用自耦变压器，可以很方便地调节输出电压。

4）专用变压器

如电解用的整流变压器、焊接用的电焊变压器以及供无线电通信用的特殊变压器等。

2. 按相数分类

变压器按相数分主要有两类：一是单相变压器，用于单相交流电系统；二是三相变压器，用于三相交流电系统。

3. 按结构分类

变压器按结构分类主要有心式变压器和壳式变压器两类，如图6.2所示。

（1）心式变压器：其结构特点是绕组包围铁心，电力变压器都采用心式结构。

（2）壳式变压器：其结构特点是铁心包围绕组，电子设备中的小变压器一般均采用这种结构。该结构的变压器机械强度高，铁心散热比较容易。

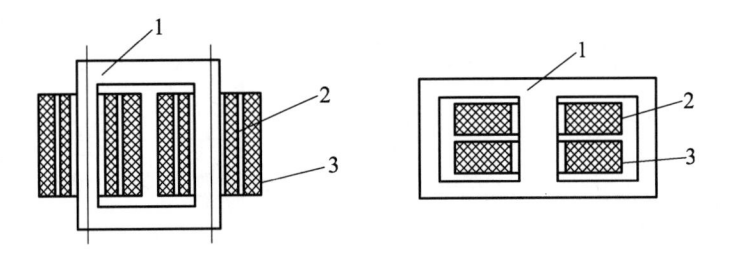

（a）心式铁心和同心式绕组　　（b）壳式铁心和交叠式绕组

图6.2　变压器的铁心与绕组形式

1—铁心；2—低压绕组；3—高压绕组

此外还有其他的分类方法。例如，按照绕组数目来区分，则有双绕组变压器、三绕组变压器等；按冷却方式来区分，则有干式变压器和油浸式变压器，油浸式变压器还可进一步分为油浸自冷、油浸风冷、油浸水冷、强迫油循环风冷或水冷等类型。

虽然变压器的种类很多，但各种变压器运行时的基本物理过程及分析变压器运行性能的基本方法，大体上都是一样的。

二、变压器的铭牌和额定值

每台变压器都有一块铭牌，上面标注着变压器的型号和额定值等。铭牌用不受气候影响的材料制成，并安装在变压器外壳上的明显位置。在使用变压器之前必须先查看铭牌。通过查看铭牌，对变压器的参数等有了充分了解后，才能正确使用变压器。图6.3所示为一台变压器铭牌示意图。

电 力 变 压 器

产品型号	S7-500/10	标准代号	××××	额定容量	500 kV·A
产品代号	××××	额定电压	10 kV	出厂序号	×××
额定频率	50 Hz 三相	连接组别号	Y,yn0	阻抗电压	4%
冷却方式	油冷				

开关位置	高 压		低 压	
	电压/V	电流/A	电压/V	电流/A
Ⅰ	10 500	27.5		
Ⅱ	10 000	28.9	400	721.7
Ⅲ	9 500	30.4		

××变压器厂　　　　　　××年××月

图 6.3　变压器的铭牌

额定值是制造工厂对变压器正常工作时所作的使用规定。在设计变压器时，根据所选用的导体截面、铁心尺寸、绝缘材料以及冷却方式等条件来确定变压器正常运行时的有关数值。例如，它能流过多大电流及能承受多高的电压等。这些在正常运行时所承担的电流和电压等数值，就被规定为额定值。各个量都处在额定值时的状态被称为额定运行。额定运行可以使变压器安全、经济地工作并保证一定的使用寿命。变压器的额定值主要有：

1. 额定电压

在额定运行时规定加在原边绕组的端电压，称为原边绕组额定电压，以 U_{1N} 表示；当变压器空载时，原边绕组加以额定电压后，在副边绕组上测量到的电压，称为副边绕组额定电压，以 U_{2N} 表示。因此副边绕组的额定电压是指它的空载电压。在三相变压器中，额定电压都指线电压。电压的单位为 V 或 kV。

2. 额定电流

在额定运行时，原边绕组、副边绕组所能承担的电流，分别称为原边绕组、副边绕组的额定电流，并分别用 I_{1N} 和 I_{2N} 表示。在三相变压器中，额定电流都指线电流，电流的单位为 A。

3. 额定容量

原边绕组或副边绕组的额定电流与额定电压的乘积，称为额定容量，以 S_N 表示，它是在铭牌上所标注的额定运行状态下，变压器输出的视在功率，它的单位以 kV·A 表示。对于三相变压器来说，额定容量是指三相的总容量，即

单相变压器　　$S_N = I_{1N}U_{1N} = I_{2N}U_{2N}$　　　　　　　　　　（6.1）

三相变压器　　$S_N = \sqrt{3}I_{1N}U_{1N} = \sqrt{3}I_{2N}U_{2N}$　　　　　　　（6.2）

4. 额定频率

额定频率用 f_N 表示。在我国，交流电的额定频率为 $f_N = 50$ Hz。

5. 阻抗电压

阻抗电压又称为短路电压，它表示在额定电流时变压器短路阻抗压降的大小。通常用它的额定电压 U_N 的百分比来表示。

此外，额定值还包括额定状态下变压器的效率、温升等数据。在铭牌上除额定值外，还标注着变压器的制造厂名、出厂序号、制造年月、标准代号、相数、连接组标号、接线图、冷却方式等。为便于运输，有时还标注变压器的重量和外形尺寸等数据。

三、变压器的基本结构

变压器的基本结构部件是铁心和绕组，由它们组成变压器的器身。为了改善散热条件，大、中容量变压器的器身浸入盛满变压器油的封闭油箱中，各绕组与外电路的连接则经绝缘套管引出。为了使变压器安全可靠地运行，还设有储油柜、气体继电器和安全气道等附件，如图 6.4 所示。

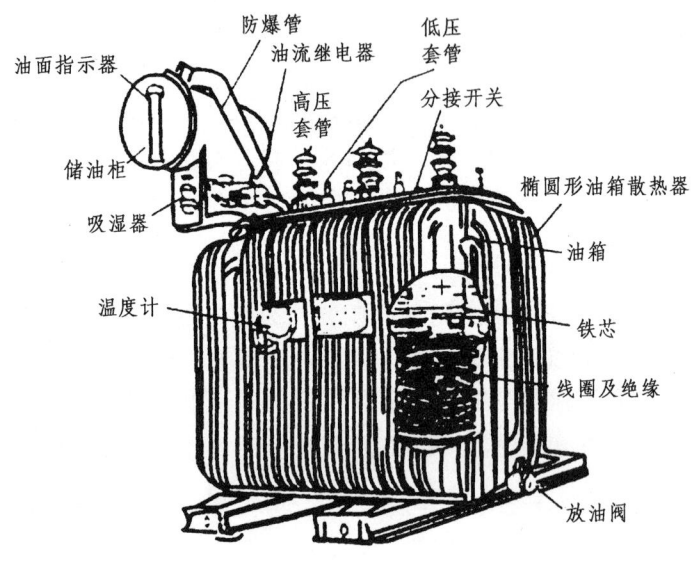

图 6.4 电力变压器外形

1. 铁 芯

铁心既作为变压器的磁路，又作为变压器的机械骨架。

为了提高导磁性能、减少交变磁通在铁心中引起的损耗，变压器的铁心都采用厚度为 0.35～0.5 mm 的电工钢片叠而成。电工钢片的两面涂有绝缘层，起绝缘作用。大容量变压器多采用高磁导率、低损耗的冷轧电工钢片。电力变压器的铁心一般都采用心式结构，其铁心可分为铁心柱（有绕组的部分）和铁轭（连接两个铁心柱的部分）两部分。绕组套装在铁心柱上，铁轭使铁心柱之间的磁路闭合。

在铁心柱与铁轭组合成整个铁心时，多采用交叠式装配，使各层的接缝不在同一地点，这样能减少励磁电流，但缺点是装配复杂，费工费时。在一般变压器中，铁心柱截面采用外接圆的阶梯形，只有当变压器容量很小时才采用方形。

交流磁通在铁心中会引起涡流损耗和磁滞损耗，使铁心发热。在大容量变压器的铁心中往往设置油道。铁心浸在变压器油中，当油从油道中流过时，可将铁心中的热量带走。

2. 绕　组

绕组是变压器的电路部分，用来传输电能，一般分为高压绕组和低压绕组。接在较高电压上的绕组称为高压绕组；接在较低电压上的绕组称为低压绕组。从能量的变换传递来说，接在电源上，从电源吸收电能的绕组称为原边绕组（又称一次绕组或初级绕组）；与负载连接，给负载输送电能的绕组称副边绕组（又称二次绕组或次级绕组）。

绕组一般用绝缘的铜线绕制而成。高压绕组的匝数多、导线横截面小；低压绕组的匝数少、导线横截面大。为了保证变压器安全可靠运行，变压器绕组必须具有足够的电气强度、耐热强度、机械强度和良好的散热条件，使变压器既能在额定工作条件下长期使用，又能经受住过渡过程中（如短路、雷击、操作等）产生的过电压、过电流以及相应的电磁力作用，不致发生绝缘击穿、过热、变形或损坏。

绕组是组成变压器绕组的基本单元，单相心式变压器的每个绕组都是由分别布置在两个心柱上的两个绕组并联或串联而成。绕组由纸包扁（圆）铜线和绝缘件组成，绝缘件构成绕组的主绝缘的纵绝缘，使绕组固定在一定位置上，并形成冷却油道。

1）绕组的结构形式

绕组的结构形式分为同心式和交叠式两种（图6.2）。同心式绕组是将变压器的高、低压绕组绕成直径不同的圆筒形，套装在同一个铁心柱上。它具有结构简单、制造方便等特点，是最常用的一种绕组形式。按绕制方式不同，同心式绕组又分为圆筒式、螺旋式、连续式和纠结式等基本形式。交叠式绕组都做成饼式绕组，高、低压绕组互相交错叠放，易于构成多条并联支路，主要用于壳式变压器和特种变压器（如电焊、电炉变压器）中。

变压器绕组根据容量大小、电压高低和使用条件的不同，选用不同的结构形式。主变压器中常用的同心式绕组有以下几种形式：

（1）圆筒式绕组。圆筒式绕组又称层式绕组，是同心式绕组中最简单的一种形式。通常用单根或几根扁导线或圆导线绕制而成，同层线匝相互紧靠，沿绕组轴向排列，如图6.5（a）所示。圆筒式绕组分为单层、双层、多层3种。单层和双层绕组一般用作低压绕组。用1~6根导线直接在绕线模或绝缘纸筒上并连绕制；多层绕组用作高压绕组，层间用电缆纸及绝缘撑条隔开，构成轴向油道，以改善散热条件。圆筒式绕组绕制方便，但端部支撑的稳定性较差。

（2）螺旋式绕组。螺旋式绕组通常由沿绕组幅向重叠排列的多根扁导线并绕而成，每一线饼只有一匝，整个绕组像螺纹一样绕制下去，故称为螺旋式。匝间垫有绝缘垫块，形成径向油道，固定在绝缘纸筒上的撑条间构成轴向油道，如图6.5（b）所示。螺旋式绕组按并列绕制的线圈数目的不同，又有单列、双列和四列螺旋绕组之分。螺旋式绕组的机械强度高、冷却条件好，并联导线多，但匝数较少，常用作大电流的低压绕组。

螺旋式绕组由于并绕导线根数较多，内层和外层导线所处的磁场位置不同，导线长度也不相等，故每根导线的阻抗不等，致使并联导线中电流分布不均匀，绕组附加损耗增加而发热加剧。为此，在绕制过程中并绕导线间必须进行换位。

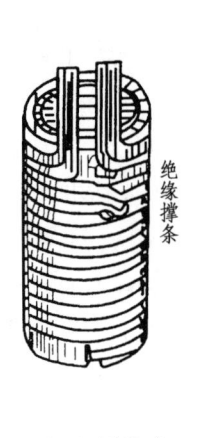

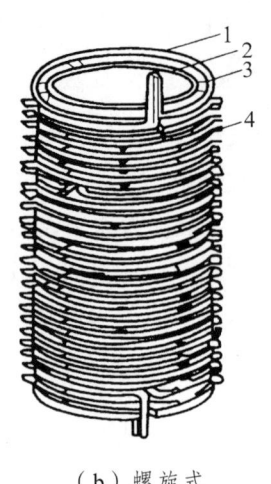

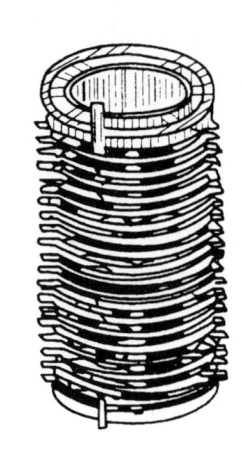

（a）圆筒式　　　　　　（b）螺旋式　　　　　　（c）连续式

图 6.5　同心式绕组

1—绝缘端圈；2—绝缘纸筒；3—绝缘撑条；4—绝缘垫块

并绕导线的换位方法有标准换位、特殊换位及均匀交叉换位等几种，图 6.6 给出了两种。

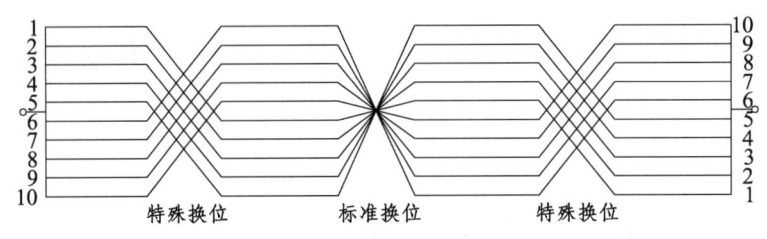

图 6.6　并联导线的换位示意图

所谓"标准换位"就是通过换位把并绕导线的位置完全对称互换，如图 6.7（a）所示。"特殊换位"则是把并绕导线等分成两组（或四组），把两组（或四组）导线间进行标准换位，而每组内导线相互位置不变，如图 6.7（b）、(d)所示，"均匀交叉换位"通常用于双螺旋式绕组，它在并列的两列螺旋绕组之间进行，在每个换位处，将第一列螺旋的最上面一根导线移至第二列螺旋的最上面；同时将第二列螺旋的最下面一根导线移至第一列螺旋的最下面（上、下换位成交叉状），如图 6.7（e）所示。这种换位方法的换位数等于两列螺旋并绕导线总数，换位位置均匀分布在绕组的不同位置上，通过全部换位依次将一列螺旋的导线换到另一列螺旋上，最后回到原来的位置。对于四螺旋式绕组可将相邻的两列螺旋看成一组双螺旋绕组，这样四螺旋绕组就可分成两组双螺旋绕组分别进行均匀交叉换位。

（3）连续式绕组。连续式绕组是由单根或多根（一般不超过 4 根）并联扁导线先沿绕组径向串联绕制数匝，构成一个线段（又称线饼），然后采用特殊的"翻线法"使绕制连续过渡到下一个线段，用这种方法绕制的若干个串联线段就成了连续式绕组，如图 6.5（c）所示；相邻线段之间用绝缘垫块隔开，形成径向油道，撑条之间形成轴向油道。连续式绕组的绕制技术要求较高，且费工时，但它的机械强度高，冷却条件好，能在较大范围内适应容量和电压的要求，一般用于大容量变压器中作高压或中压绕组。

（a）标准换位　　　　（b）两组特殊换位

（c）两组标准换位　　（d）四组特殊换位　　（e）均匀交叉换位

图 6.7　并绕导线的换位

（4）双饼式绕组。双饼式绕组的绕制方法与连续式绕组基本相似，它是以两个连续式线段为一组，组成一个双饼。各双饼绕组在套装到芯柱上后，再根据需要把它们之间并联或串联焊接起来。因此，采用双饼绕组可使绕组具有较多的抽头，一般用作特种变压器及壳式变压器的绕组。

绕组绕制完成后，需进行干燥、调整高度、整形压紧、出头包扎、浸渍绝缘漆等处理以提高绕组的机械强度和绝缘强度，防止绕组在各工序传递过程中吸潮。

2）绕组的绕向

绕组的线匝环绕方向称为绕向，绕组的绕向分为左绕向和右绕向两种。

（1）左绕向：指从起绕头由上往下看，若线匝环绕方向为逆时针方向，则为左绕向，如图 6.8（a）所示。

（2）右绕向：指从起绕头由上往下看，若线匝环绕方向为顺时针方向，则为右绕向，如图 6.8（b）所示。

判别绕组的绕向非常重要，绕组绕向不同，则绕组的极性也不相同，如果绕组绕向判别错误，那么绕组经过串联或并联之后，绕组间预期的电势极性关系必然也是错误的，不是电压输出不正确，就是绕组因短路而烧损。

3）绕组的排列

绕组排列方式主要应从阻抗电压大小、出线方便程度及绝缘结构的合理性等方面综合考虑。对于同心式排

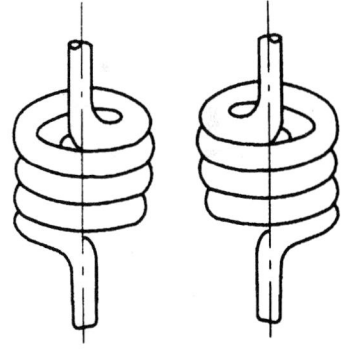

（a）左绕向　　（b）右绕向

图 6.8　绕组的绕向

列的三绕组变压器，一般将低压绕组靠近铁心柱布置，因它与铁心所需的绝缘距离较小，有利于缩小绕组尺寸；带有较多抽头的低压绕组布置在最外面，便于抽头的引出和连接；高压绕组位于两个低压绕组之间，形成低-高-低排列方式，以减少阻抗电压。

3．油箱及附件

油箱就是油浸式变压器的外壳。变压器在运行中，绕组和铁心会产生热量，为了迅速将热量散发到周围空气中去，可采用增加散热面积的方法。变压器油箱的结构形式主要有

平板式、管式等。对容量较大的变压器，采用在油箱壁的外侧装有散热管的管式油箱来增加散热面积。当油受热膨胀时，箱内的热油上升到油箱的上部，经散热管冷却后的油下降到油箱的底部，形成自然循环，把热量散发到周围空气中。对大容量变压器，还可采用强迫冷却的方法，如用风扇吹冷变压器等以提高散热效果。

高、低压绕组套装在铁心上总称为器身，器身放在油箱中，油箱中充以变压器油。充油的目的：一是提高绕组的绝缘强度，因为油的绝缘性能比空气好；二是便于散热，因为通过油受热后的对流作用，可以将绕组及铁心的热量带到油箱壁，再由油箱壁散发到空气中去。对变压器油的要求是：① 介质强度高；② 着火点高；③ 黏度小；④ 水分和杂质含量尽可能少。

变压器油受热后要膨胀，因此油箱不能密封。为了减小油与空气的接触面积，变压器安装有储油柜。储油柜固定在油箱顶上并用管子与油箱直接连通，储油柜的上部有加油栓，可以向变压器内补油；油箱的下部有放油活门，可以排放变压器油。储油柜使油箱内部与外界空气隔绝，减少了油氧化及吸收水分的面积。储油柜内的油面高度被控制在一定范围内，当油受热膨胀时，一部分油被挤入储油柜中使油面升高，而油遇冷收缩时，这部分油再流回油箱使油面降低。储油柜的大小应能满足变压器在各种可能的运行温度下，油面的升降总是能保持在储油柜的范围内。

储油柜的一侧有油位计，可查看油面高度的变化。另外，储油柜上还装有吸湿器，它是一种空气过滤装置，外部空气经过吸湿器干燥后才能进入储油柜，从而使油箱中的油不易变质损坏。

在油箱与储油柜之间还装有气体继电器。当变压器发生故障时，油箱内部会产生气体，气体继电器动作而发出故障信号以提示工作人员及时处理或使相应的开关自动跳闸，切除变压器的电源。

大容量变压器的油箱盖上还装有安全气道，它是一个长的钢筒，下面与油箱相通，上端装有防爆膜。当变压器内部发生严重故障产生大量气体时，油箱内部压力迅速升高而冲破安全气道上的防爆膜，喷出气体，消除压力，以免产生重大事故。

变压器绕组的接线端子由绝缘套管从油箱内引到油箱外。绝缘套管由外部的瓷套和中心的导电杆组成，它穿过变压器上部的油箱壁，其导电杆在油箱内部的一端与绕组的出线端子连接，在外部的一端与外电路连接。绝缘套管的结构因电压的高低而不同，引出的电压越高，套管的结构越复杂。当电压不高时，可采用简单的瓷制实心式套管。电压很高时，要采用高压瓷套管，高压瓷套管在套管和导电杆之间充油，在外部做成多级伞形，电压越高，级数越多。

第二节 变压器的工作原理及运行分析

一、变压器的工作原理

变压器的工作原理如图 6.9 所示。在绕组 N_1 上外施交流电压 $\dot{U}_1$，便有交流电流 $\dot{I}_1$ 流入，因而在铁心中激励出交变磁通$\dot{\Phi}$。根据电磁感应定律可知，磁通$\dot{\Phi}$中的交变会在绕组N_2中感应出电动势$\dot{E}_2$，此时若绕组N_2接上负载，就会有电能输出。由于绕组的感应电势正比于它的匝数，因此只要改变绕组N_2的匝数，就能改变感应电动势$\dot{E}_2$的大小，这就是变压器的工

作原理。绕组N_1从电源吸收电能，称为原边绕组，有关原边绕组的各量均以下标"1"来表示，例如原边绕组的功率、电流、电阻分别为P_1、I_1、R_1；绕组N_2向负载输出电能，称为副边绕组，有关副边绕组的各量均以下标"2"来表示，如副边绕组的功率、电流、电阻分别为P_2、I_2、R_2。若原边绕组为高压绕组，副边绕组为低压绕组，则该变压器就是降压变压器；若原边绕组为低压绕组，副边绕组为高压绕组，则该变压器就是升压变压器。

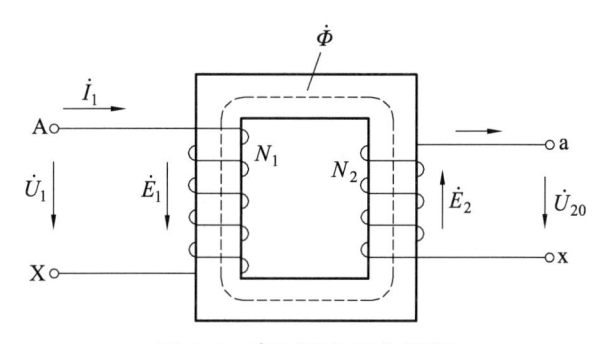

图 6.9　变压器的工作原理

二、变压器的空载运行

空载运行是指变压器的原边绕组接在电源上，副边绕组不带负载（开路，$I_2 = 0$）时的状态。为了便于理解变压器的电磁关系，以下按照由简到繁的顺序先从理想变压器的空载运行开始分析。所谓理想变压器是指绕组没有电阻，铁心中没有损耗，磁路不饱和且没有漏磁通的变压器。

变压器是接在交流电源上工作的，其中的电压、电流、电动势及磁通的大小和方向都随时间而变化。要研究这些量之间的关系及计算它们的数值，必须首先规定出它们的正方向。正方向的规定是人为的，习惯上将变压器中各电磁量的正方向按图 6.5 所示作如下规定：

（1）电位降用电压$\dot{U}$表示，电位升用电动势$\dot{E}$表示。
（2）原边绕组电压$\dot{U}_1$的正方向是从原边绕组的首端 A 指向末端 X。
（3）原边绕组电流$\dot{I}_1$的正方向是从原边绕组的首端 A 指向末端 X，即原边绕组电压的正方向和电流的正方向一致。
（4）磁通$\dot{\Phi}$的正方向与电流入的正方向之间符合右手螺旋定则。
（5）原边绕组感应电动势$\dot{E}_1$的正方向和副边绕组感应电动势$\dot{E}_2$的正方向与产生它们的磁通中的正方向之间也符合右手螺旋定则。

1. 理想变压器空载时的电压方程

理想变压器空载运行示意图如图 6.9 所示。空载时原边绕组上接电源电压$\dot{U}_1$（正弦交

流电），原边绕组中流过的电流 $\dot{I}_1$ 用 $\dot{I}_0$ 表示，被称为空载电流 $\dot{I}_0$。空载电流 $\dot{I}_0$ 产生空载磁势 $\dot{I}_0 N_1$ 加在变压器的铁心磁路上。由于铁心中的磁场就是由 $\dot{I}_0 N_1$ 建立的，所以又称空载磁势 $\dot{I}_0 N_1$ 为励磁磁势，空载电流 $\dot{I}_0$ 又被称为励磁电流。励磁磁势 $\dot{I}_0 N_1$ 在铁心中激励起按正弦变化的磁通 $\dot{\Phi}$，该磁通同时与原边、副边绕组交链，通过铁心回路闭合，称为主磁通，其幅值用 $\dot{\Phi}_m$ 表示，它在原边和副边绕组中产生感应电动势 $\dot{E}_1$ 和 $\dot{E}_2$。

根据电磁感应定律，可推导出原边、副边绕组感应电动势的有效值为：

$$E_1 = 4.44 f N_1 \Phi_m \tag{6.3}$$

$$E_2 = 4.44 f N_2 \Phi_m \tag{6.4}$$

式中　E_1、E_2——原、副边绕组感应电动势的有效值（V）；

　　　N_1、N_2——原、副边绕组的匝数；

　　　Φ_m——主磁通的幅值（Wb）；

　　　f——正弦交流电的频率（Hz）。

上式表明了感应电动势与主磁通的关系，而主磁通与励磁电流的关系由磁化曲线相联系，因而感应电动势与励磁电流之间必然存在着一定的关系。通过进一步的分析可知，理想变压器原边绕组感应电动势与励磁电流 $\dot{I}_0$ 之间的关系可以用一个电抗来表达，即

$$\dot{E} = -j \dot{I}_0 X_m \tag{6.5}$$

式中的 X_m 称为变压器的励磁电抗，它是表示铁心磁化性能的一个参数，X_m 与铁心绕组的电感 L_m。相对应，因而它与原边绕组匝数 N_1 的平方和铁心磁路的磁导 Λ_m 成正比，即

$$X_m = \omega L_m = 2\pi f N_1^2 \Lambda_m \tag{6.6}$$

根据正方向的规定和基尔霍夫定律可知，电动势应与电压相平衡，即理想变压器空载时原边绕组电压方程为：

$$\dot{U}_1 = -\dot{E}_1 \tag{6.7}$$

（6.7）式表明，在理想变压器中，外加的电源电压边绕组电压 $\dot{U}_1$ 和原边绕组中的感应电动势 $\dot{E}_1$ 在数值上是相等的，而在相位上相差 180°。因此可以得到：

$$U_1 = E_1 = 4.44 f N_1 \Phi_m \tag{6.8}$$

上式表明，一定幅值的外加电压 U_1 产生一定幅值的交变磁通 Φ_m，以建立与电压平衡的感应电势。即在频率 f 和匝数 N_1 不变的条件下，电压 U_1 正比于磁通 Φ_m；或者说，若外加电压 U_1 不变，则磁通电也不变。变压器运行时铁心中的磁通基本上不变，这是分析变压器运行情况的一个基本概念。

根据正方向的规定和基尔霍夫定律可知，副边绕组输出的空载电压 U_{2O} 就等于副边绕组感应电势 E_2，即变压器空载时副边绕组电压方程为：

$$\dot{U}_{2O} = \dot{E}_2 \tag{6.9}$$

2. 变压器的变压比

变压器的变压比用 K 表示，它定义为原边绕组电动势 E_1 与副边绕组电动势 E_2 之比，即

$$K = \frac{E_1}{E_2} \tag{6.10}$$

根据 $E_1 = 4.44 f N_1 \Phi_m$，$E_2 = 4.44 f N_2 \Phi_m$，$\dot{U}_1 = -\dot{E}_1$，$\dot{U}_{2O} = \dot{E}_2$ 及变压器额定电压的定义，可得

$$K = \frac{E_1}{E_2} = \frac{N_1}{N_2} = \frac{U_1}{U_{2O}} = \frac{U_{1N}}{U_{2N}} \tag{6.11}$$

（6.11）式表明，变压器的变压比等于原边、副边绕组的匝数之比，等于原边绕组电压与副边绕组空载电压之比，也等于原边绕组额定电压与副边绕组额定电压之比。在实际的变压器中，$K = \frac{U_{1N}}{U_{2N}}$ 只是近似的。变压比 K 是变压器的一个重要参数。

三、变压器的负载运行

负载运行就是指变压器的原边绕组接在电源上，副边绕组接上负载后输出电流的状态。变压器负载运行如图 6.10 所示。

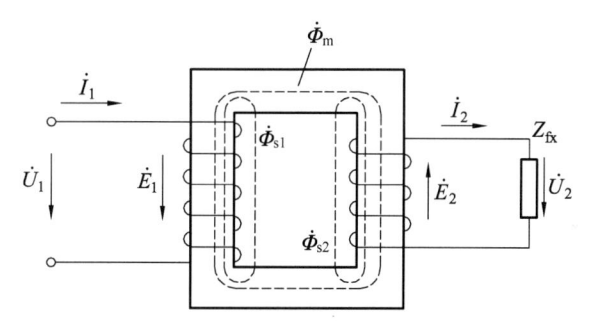

图 6.10 变压器负载运行示意图

变压器空载运行时，原边绕组流过空载电流 $\dot{I}_0$，铁心磁路只有励磁磁势 $\dot{I}_0 N_1$，它产生的主磁通 Φ_m 分别在原边、副边绕组中感应出电势 $\dot{E}_1$ 和 $\dot{E}_2$。当副边绕组接上负载后，在 $\dot{E}_2$ 作用下，副边绕组流过负载电流 $\dot{I}_2$，并产生相应的磁势 $\dot{I}_2 N_2$ 也加在铁心磁路上，根据楞次定律，该磁势将使铁心中的主磁通 Φ_m 趋于改变，因而 $\dot{E}_1$ 也将趋于改变，从而打破了原有的平衡，使原边绕组电流发生变化。设电流由 $\dot{I}_0$ 变为 $\dot{I}_1$，则变压器负载运行时原边绕组电压方程为：

$$\dot{U}_1 = -\dot{E}_1 + \dot{I}_1 Z_{1\sigma} \tag{6.12}$$

由于 $\dot{I}_1 Z_{1\sigma}$ 在数值上比 $\dot{E}_1$ 小很多，将 $\dot{I}_1 Z_{1\sigma}$ 忽略不计。当 $\dot{U}_1$ 不变时，$\dot{E}_1$ 近似不变，与 $\dot{E}_1$ 对应的磁通 Φ_m 也近似不变，因而变压器空载时和负载时产生该磁通 Φ_m 的磁势也应该不变，即空载时的励磁磁势与负载时的合成磁势应该相等，由此，可以得出变压器的磁势平衡方程为：

$$\dot{I}_0 N_1 = \dot{I}_1 N_1 + \dot{I}_2 N_2 \tag{6.13}$$

（6.13）式表明，变压器负载时原边绕组电流产生的磁势与副边绕组电流产生的磁势的合成值等于励磁电流产生的磁势。在（6.13）式中用 N_1 除各项后可得

$$\dot{I}_1 = \dot{I}_0 + \dot{I}_1' \qquad (6.14)$$

式中，$\dot{I}_1' = -\dfrac{N_1}{N_2}\dot{I}_2$，表示原边绕组电流的负载分量。

式（6.14）表明，原边绕组电流 $\dot{I}_1$ 由两部分组成，其中 $\dot{I}_0$ 用来产生磁通 $\varPhi_m$，称它为励磁分量；$\dot{I}_1'$ 用以抵消副边绕组电流 $\dot{I}_2$ 产生的去磁作用，称它为负载分量。当变压器的负载电流 $\dot{I}_2$ 变化时，原边绕组电流 $\dot{I}_1$ 会相应变化，以抵消副边绕组电流的影响，使铁心中的磁通基本上不变。正是磁通近似不变的这种效果，使得变压器可以通过磁的联系，把输入到原边绕组的电功率传递到副边绕组电路中去。这个概念是相当重要的。从功率平衡的角度来讲，也应该是这样：副边绕组输出了功率，原边绕组就应该相应地输入功率。

当变压器在额定负载下运行时，励磁电流 $\dot{I}_0$ 相对于额定电流来说是很小的，故将（6.14）式中的 $\dot{I}_0$ 忽略后可得：

$$\dot{I}_1 \approx \dfrac{N_1}{N_2}\dot{I}_2 = -\dfrac{1}{K}\dot{I}_2 \qquad (6.15)$$

（6.15）式表明，变压器的原边绕组电流 $\dot{I}_1$ 与副边绕组电流 $\dot{I}_2$ 在相位上几乎相差 180°，而有效值的大小是 $\dot{I}_2$ 为 $\dot{I}_1$ 的 K 倍。

四、变压器的等效电路

要得到变压器的等效电路，需要先进行变压器的折算，通过折算使变压器的基本方程得到简化，便可以找到与简化后的基本方程相对应的变压器的等效电路。

1. 变压器的折算

变压器的原边绕组和副边绕组之间没有电的联系，只有磁的联系。从变压器的磁势平衡方程可见，副边绕组的负载电流是通过它的磁势来影响原边绕组的电流的。变压器的折算就是指假设用一个和原边绕组具有相同匝数 N_1 的等效副边绕组，去代替匝数 N_2。折算后，等效副边绕组的电流、电势、电阻、漏抗和阻抗分别用 I_2'、E_2'、R_2'、$X_{2\sigma}'$ 和 $Z_{2\sigma}'$ 来表示。

变压器的折算只是分析变压器的一种方法，通过折算可以把原边绕组和副边绕组之间复杂的电磁关系转换为等效的电的关系，从而能简化变压器的基本方程，便于画出变压器的等效电路。

2. 变压器的等效电路

根据折算后的变压器的基本方程，可以找到与其对应的等效电路，如图 6.11 所示。

所谓等效电路，就是指这个电路能够等效地反应变压器的运行情况。例如，励磁支路中流过励磁电流 $\dot{I}_0$，它用来产生主磁通，以便产生感应电势 $\dot{E}_1 = \dot{E}_2'$；$\dot{E}_2'\dot{I}_2'$ 表示原边绕组通过电磁感应传送给副边绕组的电磁功率，它是变压器进行能量转化的枢纽；R_1 和 R_2' 上消耗

的功率表示原边绕组电阻和副边绕组电阻的铜损耗；$\dot{U}_1\dot{I}_1$ 和 $\dot{U}'_2\dot{I}'_2$ 分别表示变压器的输入功率和输出功率。

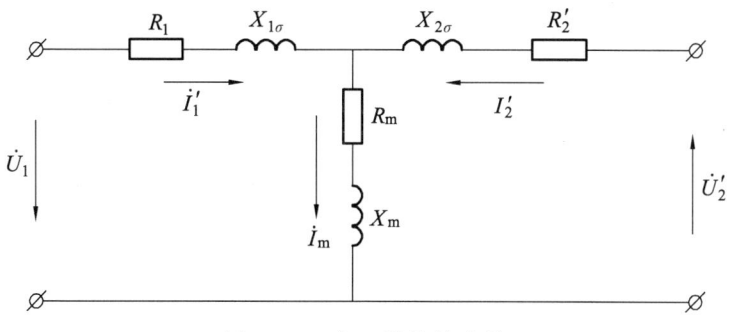

图 6.11 变压器等效电路

R_1——与变压器原边绕组的铜耗相对应的电阻；$X_{1\sigma}$——与变压器原边绕组的漏磁通相对应的漏电抗；
R'_2——与变压器副边绕组的铜耗相对应的经折算后的电阻；$X'_{2\sigma}$——与变压器副边绕组的漏磁通相对应的经折算后的漏电抗；R_m——与变压器的铁耗相对应的励磁电阻；
X_m——与变压器的主磁通相对应的励磁电抗

五、变压器的参数测定

在利用变压器等效电路分析其性能时，要用到变压器的参数 R_1，$X_{1\sigma}$，R'_2，$X'_{2\sigma}$，R_m 和 X_m，这些参数的大小直接影响到变压器的运行性能。变压器的参数，归根结底还是由它使用的材料、结构形状及几何尺寸决定的。设计变压器时应考虑：既要满足运行性能的要求，又要合理使用材料、提高劳动生产率以降低成本。

要得到变压器的参数，可以有两种办法：一种是根据变压器所使用的材料、结构尺寸等，通过设计、计算得到，这是电机设计课程的内容；另一种是对已经制造出来的变压器，可以通过实验的方法来测定。下面就介绍测定变压器参数的方法：变压器的空载实验和短路实验。

1. 空载实验

变压器的空载实验，就是指将变压器的副边绕组（高压绕组）处于开路状态，让原边绕组（低压绕组）电压达到额定值，测量此时的空载电流 I_0、变压比 K、空载损耗 P_0 和励磁阻抗 Z_0。其实验线路图如图 6.12（a）所示。

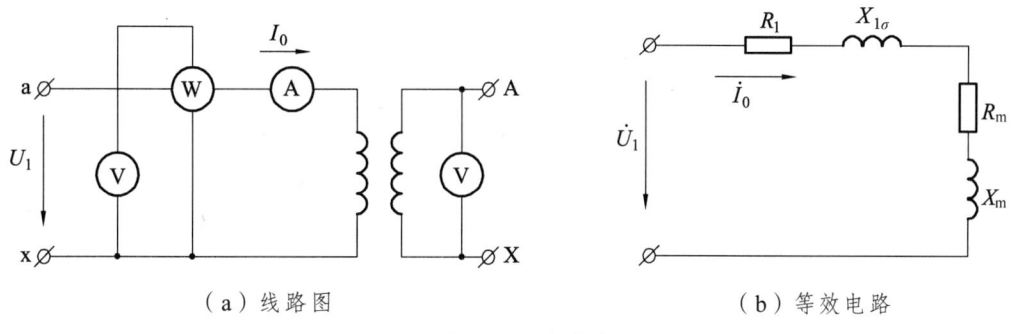

（a）线路图　　　　　（b）等效电路

图 6.12 变压器的空载实验

空载实验时的等效电路如图 6.12（b）所示，此时变压器原边绕组（低压绕组）电压、感应电势和主磁通都达到额定值，$\dot{I}_2' = 0$，$\dot{I}_1 = \dot{I}_0$。变压器的空载损耗 p_0 由两部分组成：一是空载电流 I_0 在原边绕组中产生的铜耗，二是因为磁通交变而在铁心中产生的铁耗。由于空载电流入很小，空载时的铜耗便可以略去，近似地认为 p_0 就是铁耗。

在图 6.12（b）中，$X_m \gg X_{1\sigma}$，这是由于变压器中的主磁通远大于它的漏磁通；$R_m \gg R_1$，这是由于空载时的铁耗远大于钢耗。因此可以得到变压器的励磁阻抗 Z_m、励磁电阻 R_m 及励磁电抗 X_m 分别为：

$$\frac{U_1}{I_0} = Z_0 = Z_{1\sigma} + Z_m \approx Z_m \tag{6.16}$$

$$\frac{p_0}{I_0^2} = R_0 = R_1 + R_m \approx R_m \tag{6.17}$$

$$X_0 = X_{1\sigma} + X_m \approx X_m = \sqrt{Z_m^2 - R_m^2} \tag{6.18}$$

通过空载实验，除了可以求出激磁参数外，还可求出变压器的变压比 K，即

$$K = \frac{U_{20}}{U_1} \tag{6.19}$$

理论上空载实验可以在低压绕组侧进行，也可以在高压绕组侧进行，但一般都在低压绕组侧的额定电压下进行，这是因为低压绕组侧的电压较低，比较安全。当然，这样测出来的参数都是低压绕组侧的值。要得到高压绕组侧的励磁阻抗，还必须进行折算，即高压绕组侧的励磁阻抗为 $K^2 Z_m$。Z_m 的大小与铁心的饱和程度有关，电压超过额定值越多，铁心越饱和，Z_m 就越小。常用的为对应于额定电压时的 Z_m 值。

空载损耗 P_0 主要是铁耗，也就是由于铁心磁化所引起的磁滞损耗和涡流损耗。如果铁心质量不好（如：硅钢片不合格、片间绝缘有损伤、铁心螺杆或压板的绝缘损坏、铁心接缝过大、铁心叠片不整齐、铁心磁阻过大等），会引起空载损耗和空载电流过大。人们希望变压器的励磁阻抗大，空载损耗和空载电流小。

2．短路实验

变压器的短路实验，就是指将变压器的副边绕组（低压绕组）处于短路状态，让原边绕组（高压绕组）电流达到额定值，测量此时的短路电压 U_k、短路电流 I_k 及功率 P_k。其实验线路图如图 6.13（a）所示。

由于副边绕组未接任何阻抗而直接短路，整个变压器等效电路的阻抗很小；为避免原边和副边绕组因电流过大而烧坏，在进行短路试验时，外施电源电压必须经调压器后接到原边绕组。原边绕组上的电压要从零开始增大，使原边绕组电流达到额定值为止，此时原边绕组侧的短路电压 $U_k = (5 \sim 10)\% U_N$。

短路实验时测量到的功率 P_k 由两部分组成，即因磁通交变而产生的铁耗和短路电流在原边和副边绕组中产生的铜耗。由于 U_k 很低，铁心中磁通很小，故铁耗可以略去。近似地认为短路实验时测量到的功率 P_k 就是铜耗。

(a)线路图　　　　　　　　　　(b)等效电路

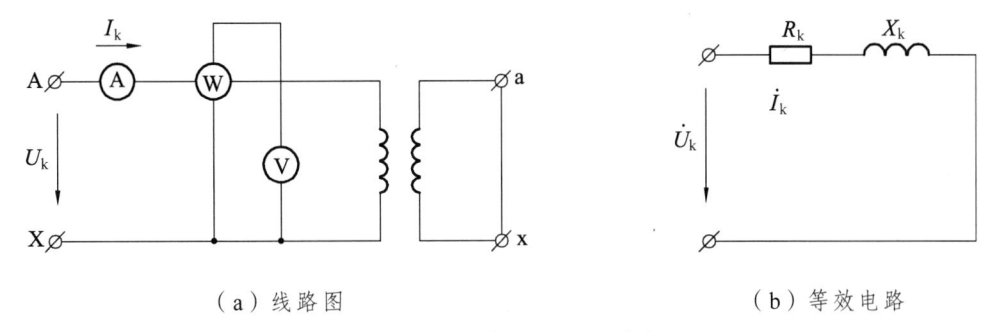

图 6.13　变压器的短路实验

由于原边绕组侧的短路电压 $U_k = (5\sim10)\%U_N$，它比额定电压低很多，因此铁心中磁通很小，励磁电流可以略去，则短路实验时的等效电路便如图6.13（b）所示。

根据测量数据，可以计算出：

$$Z_k = Z_{1\sigma} + Z'_{2\sigma} = \frac{U_k}{I_k} \tag{6.20}$$

$$R_k = R_1 + R'_2 = \frac{P_k}{I_k^2} \tag{6.21}$$

$$X_k = X_{1\sigma} + X'_{2\sigma} = \sqrt{Z_k^2 - R_k^2} \tag{6.22}$$

由于 Z_k、R_k、X_k 是在变压器短路情况下所测量到的参数，因此分别称 Z_k 为短路阻抗，R_k 为短路电阻，X_k 为短路电抗。

理论上讲，在进行短路试验时，电源可以加在高压绕组侧，也可以加在低压绕组侧。由于高压绕组侧电流较小，测量比较方便，所以一般都是把高压绕组侧接电源，而把低压绕组侧短路。当然在这种情况下测量到的参数都是折算到高压绕组侧的数值。

由于绕组的电阻随温度而改变，而短路实验一般在室温下进行，故必要时应将所测得的室温电阻值换算到基准工作温度时的数值。按国家标准规定，油浸式电力变压器的短路电阻应换算到75 ℃时的数值：

$$R_k(75\ ℃) = R_k \frac{234.5 + 75}{234.5 + t} \tag{6.23}$$

式中　$R_k(75\ ℃)$——换算到75 ℃时的短路电阻；

　　　t——实验时的室温。

施加额定电流作短路实验时的短路电压 U_k 又称为变压器的阻抗电压，它表示变压器在额定负载下运行时漏阻抗压降的大小。从正常运行的角度来看，人们要求变压器的阻抗电压小一些。这是因为阻抗电压越小，短路阻抗就越小，负载变化时的漏阻抗压降变化也就越小，输出电压也就越稳定。阻抗电压是变压器的一个重要参数，标在变压器的铭牌上。

第三节　单相变压器的连接组别

一、变压器绕组的同名端

在任何瞬间，变压器的原、副边绕组电势极性相同的两个对应的端点，称为同名端或同极性端，通常用标记"·"或"*"表示。

在使用变压器或其他磁耦合线圈时，经常会遇到两个绕组或线圈同名端的正确连接问题。

例如，假设某变压器的原、副绕组由两个匝数相等绕向一致的绕组组成，如图6.14（a）中绕组1-2和3-4所示。如每个绕组额定电压为110 V，则当电源电压为220 V时，应把两个绕组串联起来使用，如图6.14（b）所示的接法；如电源电压为110 V时，则应将它们并联起来使用，如图6.14（c）所示的接法。

当接法正确时，两个绕组所产生的磁通方向相同，磁通在铁心中互相叠加。如接法错误，则两个绕组所产生的磁通方向相反，它们在铁心中互相抵消，使铁心中的合成磁通为零，在每个绕组中也就没有感应电势产生，相当于短路状态，会把变压器烧毁。因此，同名端的判定是相当重要的，其判定方法如下：

（1）对两个绕向已知的绕组，当电流从两个同名端流入（或流出）时，铁心中所产生的磁通方向是一致的。如图6.14（b）所示，1和3为同名端，电流从这两个端点流入时，它们在铁心中产生的磁通方向相同。同理可判断图6.15中的两个绕组，1和4为同名端。

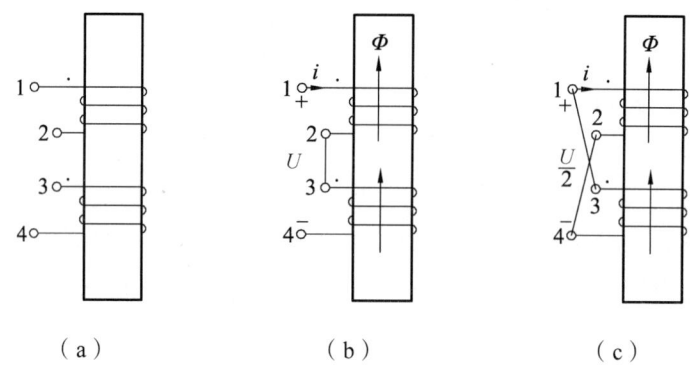

图6.14　变压器的正确连接

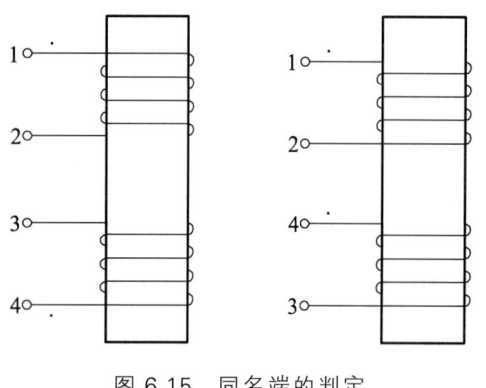

图6.15　同名端的判定　　图6.16　同名端的测定

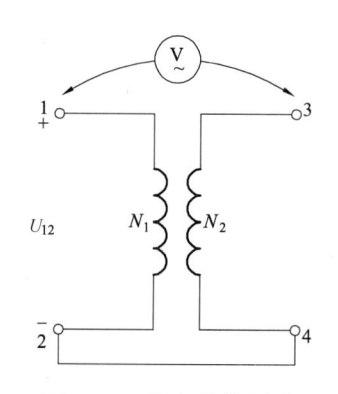

（2）对于一台已经制成的变压器，无法从外部观察其绕组的绕向，因此无法辨认其同名端，此时可用实验的方法进行测定。测定的方法有交流法和直流法两种，以下介绍用交流法来测定变压器绕组的同名端。如图6.16所示，将原、副边绕组各取一个接线端连接在一起，如图6.16中的2和4，并在一个绕组上（图6.16中为N_1绕组）加一个较低的交流电压U_{12}，再用交流电压表分别测量U_{12}、U_{13}、U_{34}的值，如果测量结果为：$U_{13}=U_{12}-U_{34}$，则说明N_1、N_2绕组为反极性串联，故1和3为同名端；如果$U_{13}=U_{12}+U_{34}$，则说明N_1、N_2绕组为同极性串联，故1和4为同名端。

二、单相变压器的连接组别

国家标准规定：单相变压器的高压绕组出线端，以大写字母AX标志，而低压绕组的出线端则以小写字母a、x标志，其中A、a表示绕组的首端，X、x表示绕组的末端。

把绕组的出线端分为首端和末端并标上字母的这种标志方法，有两种标法：一是把变压器高、低压绕组的同名端标为首端，如图6.17中的（a）和（d）；二是把变压器高、低压绕组的非同名端标为首端，如图6.17中的（b）和（c）。

规定用首端指向末端的电动势$\dot{E}_{AX}$和$\dot{E}_{ax}$来比较两个绕组感应电动势的相位关系，为了简单用$\dot{E}_A$表示$\dot{E}_{AX}$，用$\dot{E}_a$表示$\dot{E}_{ax}$；从图中4种情况可见，原边绕组和副边绕组的感应电动势$\dot{E}_A$和$\dot{E}_a$可以同相也可以反相，这取决于它们的绕向及如何标志首末端。如果把原边绕组和副边绕组的同名端标为首端，则A和a同相；如果把原边绕组和副边绕组的非同名端标为首端，则$\dot{E}_A$和$\dot{E}_a$反相。

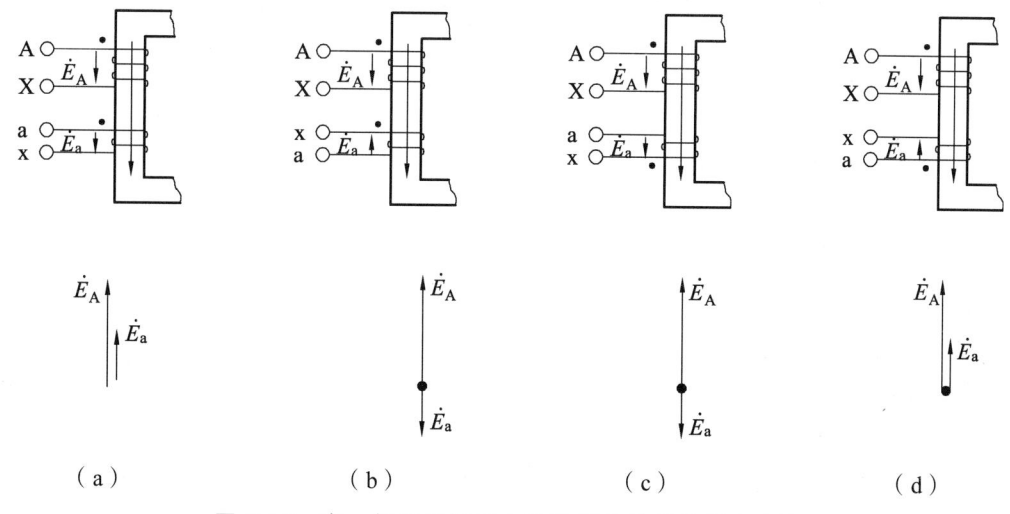

（a） （b） （c） （d）

图6.17 高、低压绕组相电动势相位关系的标志方法

变压器的连接组别用时钟表示法来确定，即把高压绕组电动势$\dot{E}_A$当作时钟面上的长针并指向12点，把低压绕组电动势$\dot{E}_a$当作时钟面上的短针，短针指向钟面上的哪个数字，该数字就为变压器连接组别的标号。例如，图6.17中（a）和（d）所示的单相变压器连接组别的标号是"0"（$\dot{E}_A$和$\dot{E}_a$都指向12点，其相位差是零），用$I、I_0$表示；图6.17中（b）和（c）所示的单相变压器连接组别的标号是"6"（$\dot{E}_A$指向12点，$\dot{E}_a$指向6点，其相位

差是 $6 \times 30° = 180°$），用 I、I_6 表示，它们表示高、低压绕组都是单相，下角标的数字表示高、低压绕组电动势的相位关系。

对单相变压器而言只有相电动势的相位关系，所以单相变压器的连接组别只有 I、I_0 和 I、I_6 两种。

第四节　其他用途变压器

一、自耦变压器

双绕组变压器的原、副边绕组是分开绕制的，原边绕组和副边绕组虽然装在同一个铁心上，但它们之间只有磁的联系，没有电的直接联系。自耦变压器是原、副边共用一部分绕组的变压器，它只有一个绕组，低压绕组是高压绕组的一部分，如图 6.18 所示，图中标出了各电磁量的正方向，采用与双绕组变压器相同的惯例。这是一台降压自耦变压器，原边绕组匝数 N_1 大于副边绕组匝数 N_2。

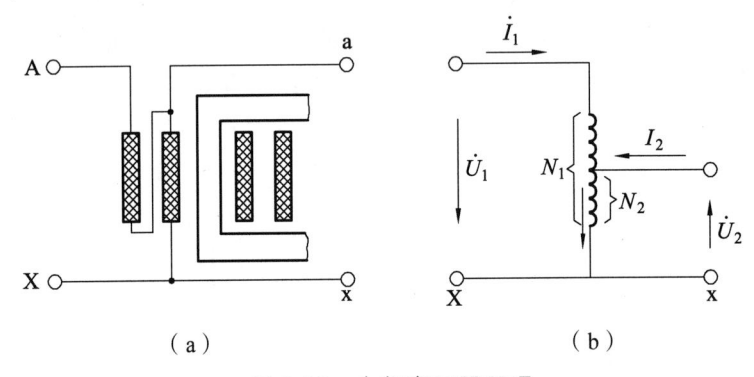

图 6.18　自耦变压器原理

1. 电压、电流关系

自耦变压器与双绕组变压器一样，有主磁通和漏磁通，主磁通在原绕组 N_1 和副绕组 N_2 中分别产生感应电势 E_1 和 E_2。当原边接在额定电压 U_{1N} 上，副边空载电压为 U_{2N}，忽略漏阻抗压降，则它们的关系是：

$$\frac{U_{1N}}{U_{2N}} = \frac{E_1}{E_2} = \frac{N_1}{N_2} = K_A > 1 \qquad (6.24)$$

式中，K_A 为自耦变压器的变比。

同双绕组变压器一样，带负载时，由于电源电压保持额定，主磁通为常数，因此有同样的磁势平衡关系：

$$\dot{I}_0 N_1 = \dot{I}_1 N_1 + \dot{I}_2 N_2 \qquad (6.25)$$

分析负载运行时，忽略 $\dot{I}_0$，则有

$$\dot{I}_1 N_1 + \dot{I}_2 N_2 \approx 0 \tag{6.26}$$

因此可得原边输入电流和副边输出电流的关系为：

$$\dot{I}_1 \approx -\frac{1}{K_A}\dot{I}_2 \tag{6.27}$$

由图 6.18（b）可见，副边绕组中的电流 $\dot{I}$ 为：

$$\dot{I} = \dot{I}_1 + \dot{I}_2 \approx -\frac{1}{K_A}\dot{I}_2 + \dot{I}_2 = \left(1 - \frac{1}{K_A}\right)\dot{I}_2 \tag{6.28}$$

2. 容量关系

对于自耦变压器，有两个容量必须分清楚，这就是变压器容量和绕组容量。所谓变压器容量也叫做通过容量，是指它的输入容量，也等于它的输出容量，在数值上为输入（或输出）的额定电压乘以额定电流，也就是前面所讲的额定容量。所谓绕组容量是指额定情况下该绕组的电压与电流的乘积。对于双绕组变压器，原边绕组的绕组容量就是变压器的输入容量，副边绕组的绕组容量就是变压器的输出容量，都等于变压器容量。但是，对于自耦变压器来说，变压器容量和绕组容量是不相等的。由图 6.18 可见：

自耦变压器的额定容量为：

$$S_N = U_{1N}I_{1N} + U_{2N}I_{2N} \tag{6.29}$$

从接线图可以看出，额定运行时，绕组 Aa 的容量为：

$$S_{Aa} = U_{Aa}I_{1N} = \frac{N_1 - N_2}{N_1}U_{1N}I_{1N} = \left(1 - \frac{1}{K_A}\right)S_N \tag{6.30}$$

绕组 ax 的容量为：

$$S_{ax} = U_{ax}I = U_{2N}I_{2N}\left(1 - \frac{1}{K_A}\right) = \left(1 - \frac{1}{K_A}\right)S_N \tag{6.31}$$

可见，额定运行时，绕组 Aa 和绕组 ax 的容量相等并且比变压器额定容量小。实际上，原边输入电流 I_1 和副边输出电流 I_2 的相位在忽略励磁电流时相差 180°，同时 $K_A > 1$，$I_2 > I_1$，原边输入电流 I_1、副边输出电流 I_2 及副绕组中电流 I 的有效值的关系为：

$$I_1 + I = I_2 \tag{6.32}$$

因此，自耦变压器副边输出的容量为：

$$S_2 = U_2 I_2 = U_{ax}(I_1 + I) = U_{ax}I_1 + U_{ax}I = S_{传导} + S_{ax} \tag{6.33}$$

从（6.33）式可见，自耦变压器输出容量可以分为两部分：一是副边绕组容量比 $U_{ax}I = S_{ax}$，这是通过（$N_1 - N_2$）段绕组和 N_2 段绕组的电磁感应作用传到副边绕组再送给负载的容量。二是 $U_{ax}I_1 = S_{传导}$，叫做传导容量是由原边输入电流 I_1 直接传到负载去的。双绕组变比器没有传导容量，全部输出容量都是经过原、副绕组的电磁感应作用传递的，因而双绕组变压器的绕组容量与额定容量是相等的。

3. 主要优缺点

当原、副边的电压较接近时，采用自耦变压器，其绕组公共部分的电流是很小的，这一部分的导线可以用得细一些，小电流引起的损耗也小，效率高。

理论和实践都可以证明：当原、副边电压之比接近于 1 时，或说不大于 2 时，自耦变压器的优点是显著的，当变比大于 2 时，优点就不明显了。所以自耦变压器的变比一般在 1.2 ~ 2.0 的范围内。

自耦变压器的缺点在于：原、副边绕组电路直接连在一起，高压侧的电气故障会波及低压侧，很不安全，因此，它对内部绝缘与过电压保护的要求较高，使用时必须正确接线，且外壳必须接地，并规定安全照明变压器不允许采用自耦变压器结构形式。

自耦变压器有单相的也有三相的。与讨论双绕组电力变压器一样，对单相自耦变压器运行时电磁关系等的分析方法及结论，也适用于对称运行的三相自耦变压器的每一相。

二、互感器

直接测量大电流或高电压是比较困难的。在交流电路中，常用特殊的变压器把高电压转换成低电压、大电流转换成小电流后再测量。这种特殊的变压器就是互感器。使用互感器可以使测量仪表与高电压隔离从而保证人身和仪表安全；可以扩大仪表量限，便于仪表的标准化。

1. 电压互感器

电压互感器实质上就是一台降压变压器，它将高电压转换成低电压以供测量，也可作为控制信号使用。电压互感器副边的额定电压一般为 100 V。

电压互感器接线图如图 6.19 所示。原边绕组并连接入主线路，被测电压为 U_1，副边电压为 U_2，副边绕组接的电压表或功率表的电压线圈的阻抗很大，实际副边绕组近似为开路。因此，电压互感器是一个近似空载运行的单相降压变压器。为了安全，铁心及副边绕组一端必须接地。

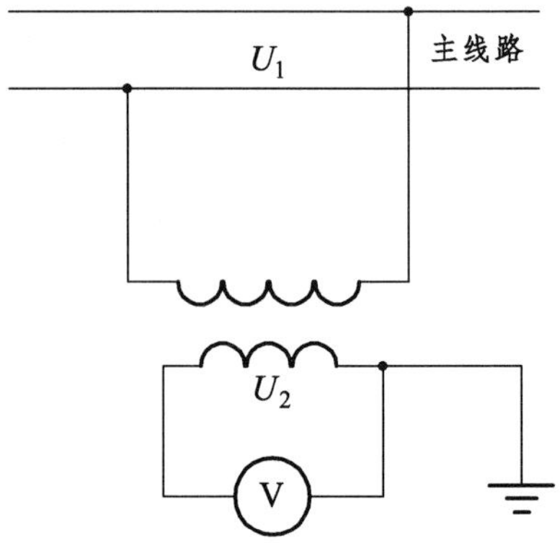

采用单相变压器的分析方法来分析电压互感器可知，不计漏阻抗压降，电压互感器原边被测电压 U_1；与副边实际测量得到的电压 U_2 之间的关系为：

$$U_1 = KU_2 \tag{6.34}$$

图 6.19 电压互感器接线图

K 是电压互感器的变压比，是个常数，$K = N_1/N_2$，N_1 为原边绕组匝数，N_2 为副边绕组匝数。可见，电压互感器副边电压数值乘以常数 K 就是原边被测电压的数值。测量的电

压表按 KU_2 来刻度，就可直接从表上读出被测电压的数值。

实际上的电压互感器，原、副边都有漏阻抗压降，因此，原、副边电压数值之比只是近似为常数 K，误差必然存在。电压互感器的误差有电压误差（数值大小的误差）和相位误差。根据误差的大小分为 0.2、0.5、1.0、3.0 几个等级，每个等级的允许误差可查阅有关技术标准。

电压互感器使用时必须注意以下 3 个问题：

（1）副边不许短路。电压互感器正常运行时接近空载，如副边短路，则电流变得很大，使绕组过热而烧毁。

（2）铁心及副边绕组一端接地。

（3）副边接入的阻抗值不能太小。否则原、副边电流都将增大，使原、副边漏阻抗压降增加，误差加大，降低电压互感器的精度等级。

2. 电流互感器

电流互感器实质上是一台升压变压器，它将大电流转换成小电流，送到电流表或功率表的电流线圈以供测量，也可作为控制信号使用。电流互感器副边的额定电流一般为 5 A 或 1 A。

电流互感器接线图如图 6.20 所示。原边绕组串联接入主线路，被测电流为 I_1，副边电流为 I_2，副边绕组接内阻很小的电流表或功率表的电流线圈，实际副边近似为短路。因此，电流互感器是一个近似短路运行的单相升压变压器。为了安全，铁心及副边绕组一端必须接地。

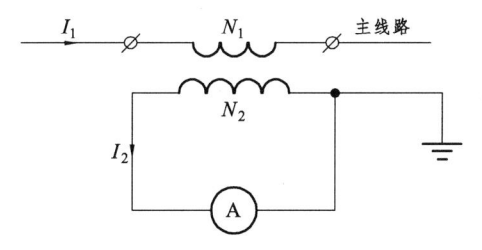

图 6.20　电流互感器接线图

采用单相变压器的分析方法来分析电流互感器可知，忽略励磁电流，电流互感器原边被测电流 I_1 与副边实际测量得到的电流 I_2 之间的关系为：

$$I_1 = \frac{1}{K} I_2 \tag{6.35}$$

K 是电流互感器的变压比，是一个常数，$K = N_1/N_2$，N_1 为原边绕组匝数，N_2 为副边绕组匝数。可见，电流互感器副边电流数值乘以常数就是原边被测电流的数值。用来测量的电流表按 I_2/K 来刻度，就可直接从表上读出被测电流的数值。

实际上的电流互感器中，励磁电流不可能为零，因此，原、副边电流数值之比只是近似为常数 $1/K$，误差必然存在。电流互感器的误差有电流误差（数值大小的误差）和相位误差。根据误差的大小，电流互感器分为以下几个等级：0.2、0.5、1.0、3.0 和 10.0，每个等级的允许误差可查阅有关技术标准。

电流互感器使用时必须注意以下 3 个问题：

（1）副边不许开路。电流互感器正常运行时接近短路，如副边开路，则原边被测的主线路电流就成为励磁电流，它比正常工作时的励磁电流大几百倍，这样大的励磁电流会造成电流互感器的铁磁损耗急剧上升，使它过热甚至烧毁绝缘，会造成电流互感器的副边出现很高的电压，不但击穿绝缘，而且危及操作人员和其他设备安全。

（2）铁心及副边绕组一端接地。

（3）副边回路串入的阻抗值不能超过有关技术标准的规定。这是因为，如果副边回路串入的阻抗值过大，则副边电流变小，而原边电流（主线路电流）不变，造成励磁电流增大，使误差加大，降低电流互感器的精度等级。

第五节　典型动车组用牵引变压器

牵引变压器是动车组中的重要电器设备，用来将接触网上取得的单相工频交流 25 kV 高压电降为动车组中各电路所需的电压。牵引变压器的工作原理与普通单相降压电力变压器基本相同，但由于其工作条件特殊，故在牵引变压器的设计及结构形式上均有自身的特点。

一、典型动车组用牵引变压器结构特点

典型动车组用牵引变压器的结构大致相同，以 CRH2 型动车组的牵引变压器的结构为例对典型动车组用牵引变压器的结构特点进行说明。

CRH2 型动车组的一个基本动力单元用 1 个牵引变压器，全列共 2 个。变压器采用壳式结构，车体下吊挂，油循环强迫风冷方式；具有 1 个原边绕组（25 kV、3 060 kV·A），2 个牵引绕组（1 500 V、2×1 285 kV·A），1 个辅助绕组（400 V、490 kV·A）。采用铝线圈、轻量耐热材料和环保型硅油，实现了小型化、轻量化；外形尺寸（$L \times W \times H$）为 2 570 mm × 2 300 mm × 835 mm，质量 2 910 kg，效率大于 95%。

在网压规定范围内，牵引变压器额定电压、电流及功率，满足动车组牵引和再生制动的要求。牵引变压器的安装采用车体下横梁吊挂方式，用螺栓固定。牵引变压器外形如图 6.21 所示。

图 6.21　牵引变压器外形

1. 内部构造

采用壳式形状自适应构造，油箱分上部油箱和下部油箱两部分，如图6.22所示。

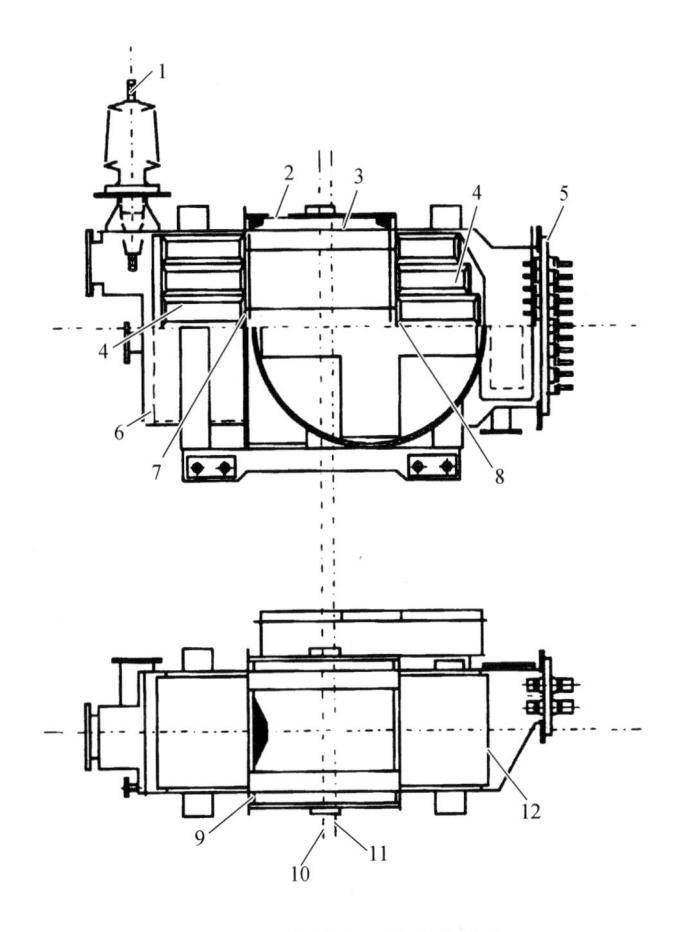

图 6.22 牵引变压器内部构造

1—原边线路侧套管；2—铁心；3—撑杆；4—上下部楔；5—低压端子板；6—线圈支撑台；
7—扁尾支撑片；8—扁尾边缘；9—垫片；10—变压器中心；
11—车体中心；12—线圈绝缘群

线圈接线如图6.23所示。

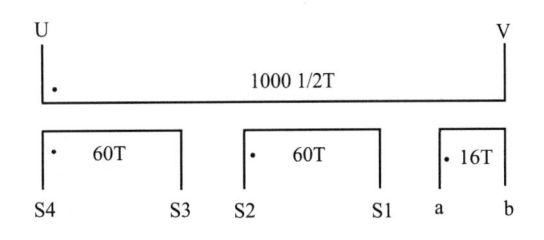

图 6.23 牵引变压器线圈接线图

2. 外部构造

牵引变压器外部构造如图6.24所示。

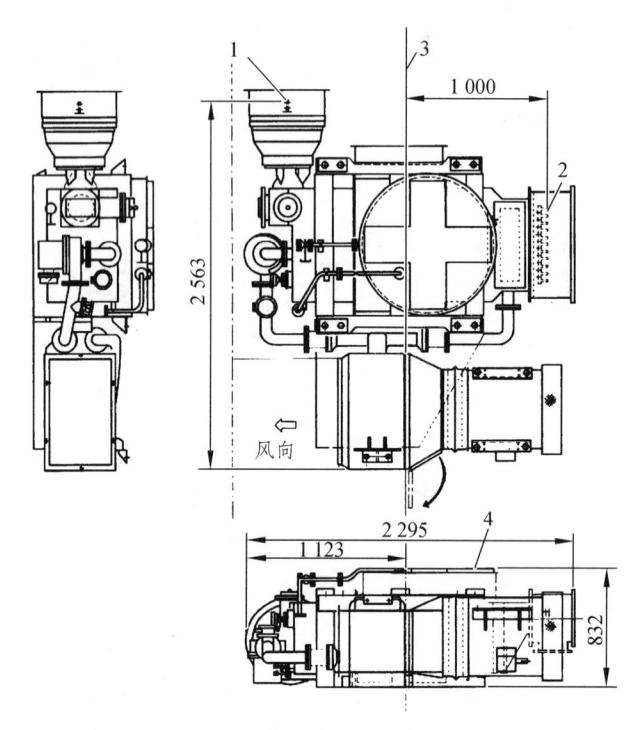

图6.24 牵引变压器外部构造

1—原边线路侧套管；2—低压端子板；3—车体中心；4—金属波纹管式储油柜

该牵引变压器同其他牵引变压器一样采用金属波纹管式储油柜。储油柜安装在牵引变压器中央部附近，波纹管选用圆形不锈钢焊接波纹管。储油柜和主机油箱通过连接孔输送绝缘油，油存放在波纹管外侧。波纹管内侧与大气相同。

原边线路侧套管选用一体性耐热环氧树脂注塑成型套管。套管从牵引变压器主机前朝向侧面引出，连接到相邻的高压气箱内的断路器上。

3. 冷却系统

冷却系统主要由油冷却、电动油泵、电动送风机等部件组成，如图6.25所示。电动送风机从车辆侧面吸入冷却风经柔性风道内的整风栅板送往油冷却器。在油冷却器内热交换后的空气从进气风道对侧的排气风口排出。绝缘油在油冷却器冷却后被送往变压器。油在流经绕组表面和铁心侧面时吸收热量，吸收热量后的油经电动送油泵再次送往油冷却器进行热交换。接着不停地在变压器中循环，一旦循环因油泵故障等停止，则绕组将过热、甚至烧损。为此，需要在循环回路的某部分安装油流继电器，以进行油流状态的检测。

1）油冷却器

油冷却器选用整体铝制油冷却器，采用铝制波纹翅片。油冷却器的风道部侧面开设清扫（检查）口，以便于堵塞时的检查和清扫。油冷却器规格如表6.1所示。

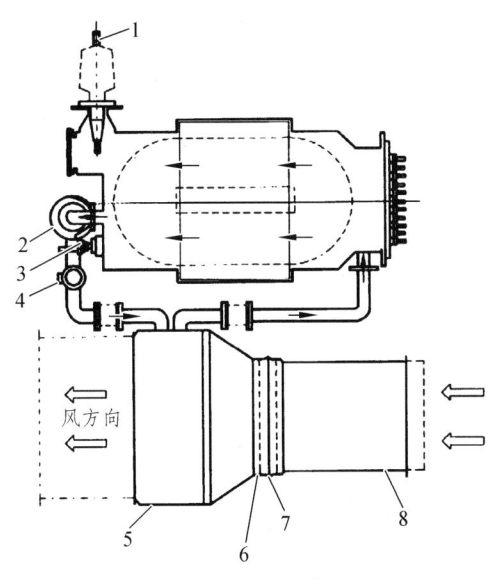

图 6.25 牵引变压器冷却系统图

1—原边线路侧套管；2—电动油泵；3—温度继电器；4—油流继电器；5—油冷却器；
6—整风栅板；7—柔性风道；8—电动送风机

表 6.1 油冷却器规格

	高温侧	低温侧		高温侧	低温侧
热交换量	150 kW		入口温度	105 ℃	25 ℃
流体	硅油	空气	压力损失	3.0 油柱	400 Pa
流量	700 L/min	125 m²/min			

2）电动油泵

选用轴向空隙型电动油泵。油泵的泵和电动机采用一体构造，任何一侧均能浸润硅油，因此轴承可直接使用硅油浸润。电动油泵规格如表 6.2 所示。

表 6.2 电动油泵规格

型 号	TS16-80-b4		
电 机		油 泵	
方 式	三相鼠笼式径向空隙型	方 式	漩涡型
输出功率	1.5 kW	排出口	700 L/min
电 压	400 V	全长程	7 m 油柱
电 流	5.5 A	使用绝缘油	硅 油
频 率	50 Hz		
极 数	4		

3）电动送风机

电动送风机采用单相鼠笼型感应电动机和送风机直连构造，安装在牵引变压器的油冷

155

却器的旁边,通过防振橡胶衬垫吊在车体下部。送风机为 2 段轴流型。电动送风机规格如表 6.3 所示。

表 6.3 电机送风机规格

电 机		送风机	
型 号	SE-J	型 号	FPD56-01
相 数	三	风 量	125 m³/min
极 数	4	静 压	784 Pa
电 压	400 V		
输出功率	3.4 kW		
频 率	50 Hz		

4)温度继电器

用于检测牵引变压器的油温度。警报温度设定 135 ℃ ± 2.5 ℃,高于此值时接点闭合,车辆上的指示灯点亮。

5)流油继电器

用于检测牵引变压器运行中的油流量。流量超过 150 × (1 ± 10%) m³/min 时动作,流量低于 120 × (1 ± 15%) m³/min 时接点闭合。

4. 金属波纹管式储油柜

波纹管是由多层薄板冲压成形的环经内外圆柱交互焊接而成的、呈蛇腹状的、具有伸缩性的管。管的一端用钢板密封,另一端设有通气孔,并焊接到储油柜体的钢板上。缸体套在波纹管外周,两部件之间油密焊接。储油柜安装在牵引变压器上部。波纹管外侧和缸体内侧之间存放绝缘油,此空间与牵引变压器主机连通。波纹管内侧通过空气配管与大气连通。储油柜通过波纹管伸缩吸收绝缘油温度变化引起的体积变化,使牵引变压器内部保持大气压力。

5. 自动复归型卸压阀

卸压阀采用由连杆和弹簧组成的自动回复结构。当主机内部异常导致压力升高到 0.1 MPa ± 0.015 MPa(1.0 kg/cm² ± 0.15 kg/cm²) 以上时,自动卸压;当压力降低到约 0.03 MPa(0.3 kg/cm²)以下时,自动关闭卸压阀外罩,以避免不必要的油损失。

二、典型动车组用牵引变压器的主要技术参数

1. CRH$_2$ 型动车组用牵引变压器的主要技术参数

(1)环境温度:− 25 ~ + 40 ℃;

(2)原边电压:标称接触网电压 25 kV(电压变动范围 17.5 ~ 31 kV);

(3)单相、壳式、无压密封;

(4)油循环风冷方式:KDAF;

（5）额定值：如表6.4所示。

表6.4　CRH₂型动车组用牵引变压器的额定参数

绕组额定	容量/kV·A	电压/V	电流/A
原　边	3 060	25 000	122
牵　引	2 570	1 500	857×2
辅　助	490	400	1 225

（6）绝缘介质：矿物硅油。
（7）辅助设备电源规格：
电动送风机：三相，50 Hz，400 V，风速115 m/min。
电动油泵：三相、油速700 L/min、7 m油柱。

2. CRH380A型动车组用牵引变压器的主要技术参数

CRH380A型动车组用ATMB型牵引变压器，其额定参数如表6.5所示，感应电耐压试验，工频耐压试验，耐雷冲击试验的典压值如表6.6所示。

表6.5　ATMB型牵引变压器额定参数

绕组 \ 额定值	容量/kV·A	电压/V	电流/A
一次	3 060	25 000	154.2
二次	3 335	1 658	1 008.7×2
三次	520	400	1 300

表6.6　ATM9B型牵引变压器绝缘等级试验电压

绕　组	试验电压		
	感应电耐压	工频试验电压	耐雷冲击电压
一次绕组	60 kV×10 min	—	全波：150 kV 截波：170 kV
一次接地	—	2.5 kV×1 min	—
一次	—	5.7 kV×1 min	—
二次	—	2.9 kV×1 min	—

温度上升限度
绕组：125 K（电阻法）；

油：80 K（温度计法）；

总质量：小于 3 400 kg（包括电动送风机）。

3．CRH380AL 型动车组用牵引变压器的主要技术参数

CRH380AL 型动车组用 TBQ34-3855/25A 型和 ATM9D 型牵引变压器。相关参数如表6.7、表 6.8、表 6.9 所示。

表 6.7 CRH380AL 型动车组牵引变压器的额定参数

额定值 绕组	容量/kV·A	电压/V	电流/A
1 次	3 060	25 000	154.2
2 次	3 335	1 658	1 008.7×2
3 次	520	400	1 300

表 6.8 CRH380AL 型动车组牵引变压器的持续运行参数

绕 组	一次	二次	三次
材 质	铝	铜	铜
容量/kV·A	4 174	1 827.4×2	520
电压/V	25 000	1 658	400
电流/A	167	1 102×2	1 300
频率/Hz	50		
额定类别	连续额定		

表 6.9 CRH380AL 型动车组牵引变压器的绝缘等级−试验电压

绕 组	试验电压		
	感应电耐压	工频试验电压	耐雷冲击电压
1 次绕组侧	60 kV×10 min	—	全波：150 kV 截波：170 kV
1 次接地侧	—	2.5 kV×1 min	—
2 次	—	5.7 kV×1 min	—
3 次	—	2.9 kV×1 min	—

温度上升限度

绕组：125 K（电阻法）；

油：80 K（温度计法）；

总重量：小于 3 400 kg（包括电动送风机）。

复习思考题

1. 变压器是根据什么原理制造的？变压器有哪些部件？各部件的作用是什么？

2. 变压器不用铁心行不行？为什么铁心要用电工钢片叠装而成？电工钢片的厚度对变压器的铁磁损耗有何影响？电工钢片表面为什么要涂绝缘漆？

3. 为什么电力变压器的铁心与绕组通常浸在变压器油中？

4. 为什么对变压器要规定有额定值？确定变压器额定值的依据是什么？变压器的额定值主要有哪些？

5. 已知某单相变压器的额定容量 $S_N = 180\ kV·A$，额定电压 $U_{1N}/U_{2N} = 6\ 000/220\ V$，求额定电流 I_{1N} 和 I_{2N} 各是多少？在该变压器的副边绕组端可否接入功率为 180 kW、功率因数为 0.8 的感性负载？

6. 三相变压器其铭牌数据 $S_N = 150\ kV·A$，$U_{1N}/U_{2N} = 66/10.5\ kV$，原边为星形接法，副边为三角形接法，求其原、副边额定电流、线电流和相电流。

7. 如果在一台变压器的副边绕组上接一个灯泡作为它的负载，当它的原边绕组与匹配的交流电源接通时，灯泡会亮吗？请画出它的原理示意图并说明变压器的工作原理。

8. 变压器空载运行时，与额定电流比较，空载电流是大还是小？为什么？

9. 变压器中的主磁通与电源电压有什么关系？与漏磁通有什么区别？

10. 制作某变压器时，铁心截面比原设计值小了，若该变压器接在原设计的额定电源电压上，其主磁通、空载电流、励磁电抗如何变化？如果仅原边绕组匝数减少了，其主磁通、空载电流、励磁电抗及副边绕组端电压如何变化？

11. 某变压器额定频率为 50 Hz，若将它接在 60 Hz 的交流电源上，其主磁通、空载电流、励磁电抗及副边绕组端电压如何变化？

12. 某变压器额定电压为 220/110 V，若将低压绕组接在 220 V 的交流电源上，会产生什么后果？为什么？

13. 某单相变压器 $S_N = 10\ kV·A$，$U_{1N}/U_{2N} = 3\ 300/220\ kV$，如果要求变压器在额定情况下运行，可以接多少个 220 V、60 W 的白炽灯？并求原、副边额定电流？

14. 某单相变压器 $S_N = 4.6\ kV·A$，$U_{1N}/U_{2N} = 380/115\ kV$，空载试验在低压边进行，测得：$U_0 = 115\ V$，$I_0 = 3\ A$，$P_0 = 60\ W$；短路试验在高压边进行，测得：$U_k = 15.6\ V$，$I_k = 12.1\ A$，

$P_k = 172$ W。设 $R_1 = R_k = R_2' = 0.5R_k$，$X_{1\sigma} = X_{2\sigma}' = 0.5X_k$，求此变压器等效电路的各个参数值，并画出其等效电路图。

15. 自耦变压器有什么特点？自耦变压器的功率是如何传递的？自耦变压器与普通双绕组变压器相比有什么优缺点？

16. 电流互感器使用中应注意哪些事项？

17. 电压互感器使用中应注意哪些事项？

第七章 电器基本理论

第一节 电器的发热与电动力

电器的发热及电动力是电器中存在的两种物理现象，它们对电器的正常工作有一定的影响。

一、电器的发热与散热

有触点电器是由导电材料、导磁材料和绝缘材料等组成的。电器在工作时由于有电流通过导体和线圈而产生电阻损耗。如果电器工作于交流电路，则由于交变电磁场的作用，在铁磁体内产生涡流和磁滞损耗，在绝缘体内产生介质损耗。所有这些损耗几乎全部都转变为热能，其中一部分散失到周围介质中，另一部分加热电器本身，使其温度升高。

电器温度升高后，其本身温度与周围环境温度之差，成为温升。

电器的温度超过某一极限值后，其中金属材料的机械强度会明显下降，绝缘材料的绝缘强度会受到破坏。若电器温度过高，会使其使用寿命降低，甚至使电器遭到破坏。反之，电器工作时的温度也不宜过低，因为电器工作时温度太低，说明材料没有得到充分利用，经济性差，相对体积大、重量重。由此可见，研究电器的发热问题，对保证电器正常可靠地运行及缩小电器体积、节约原材料、降低成本、增加使用寿命等都具有重要意义。

电器的发热与散热是一个极其复杂的过程，影响它的因素很多，很难建立一个包括一切影响因素的热过程解析公式；电器的热计算只能是近似的，经过大量实验校核后，对于不同的具体条件，应用一些经验数据可以得到比较准确的结果，其中运用计算机采用温度场计算方法可以提高计算的准确度。为了确保电器的工作性能和使用寿命，各国电器技术标准都规定了电器各部件的发热温度极限及温升。

所谓发热温度极限就是保证电器的机械强度、导电、导磁性以及介质的绝缘性不受危害的极限温度。

因为电器工作环境直接影响电器的散热过程，我国国家标准规定最高环境温度为 + 40 ℃（一般为 35 ℃），从发热温度极限减去最高环境温度即为允许温升值，即

允许温升 = 发热温度极限 − 40 ℃

1. 电器的发热

电器工作时，电流通过导电部分将产生电阻损耗。载流导体的电阻损耗为：

$$P = I^2 R$$

式中　P——电阻损耗功率（W）；

I——通过导体的电流（A）；

R——导体电阻（Ω）。

此损耗将转变为热能。正常状态时，其中一部分散发到周围介质中去，另一部分使导体的温度升高，形成温升。

2. 电器的散热

电器工作时，只要电器温度高于周围介质及接触零件的温度，它便向周围介质散热，发热和散热同时存在于电器发热过程中。

当电器产生的热量与散失的热量相平衡时，电器的温升维持不变，称为热稳定状态。此时的温升称为稳定温升。若温升随着时间而变化，则称为不稳定发热状态。

电器的散热以传导、对流与辐射3种基本方式进行。

热传导现象的实质是通过具有一定内部能量的物质基本质点间的直接相互作用，使能量从一个质点传递到另一相邻质点。热传导的方向是由较热部分向其他部分传播，或由发热体向与它接触的物体传播。热传导是固体传热的主要方式，它也可在气体和液体中进行。

对流是通过流体（液体与气体）的运动而传递热量。根据流体流动的原因，对流分为自然对流和强迫对流。机车的电机、电器因受安装空间的限制，较多采用强迫对流，可加强散热，缩小体积。

热辐射是发热体的热量以电磁波的形式传播能量的过程。热辐射可穿越真空和气体而传播，但不能透过固体和液体物质。

传导、对流、辐射3种传热过程利用公式分别进行热计算是相当复杂的，而且结果不十分准确。所以在实际计算发热体表面温升时，不分别单独考虑，而是在一定表面情况和周围介质条件下，把3种散热方式综合起来，用综合散热系数 K_T 考虑散热，这就是通常采用的牛顿公式：

$$P = K_T S \tau$$

式中　　P——散热功率（W）；

K_T——综合散热系数[W/(m²·°C)]；

S——有效散热面积（m²）；

τ——温升（°C）。

通过上式可得出，散热功率与温升及有效散热面积成正比，温升越高，有效散热面越大，则散热功率越大。

二、载流导体的电动力及电动稳定性

载流导体处在磁场中会受到力的作用，载流导体间相互也会受到力的作用，这种力称为电动力。对于这种现象，有可利用的一面，如电动机就是利用载流导体在磁场中受力将电能转换为机械能。也有危害的一面，如对大容量输配电设备来说，在短路情况下电动力可达很大数值，对配电装置的性能和结构影响极大。在电器中，载流导体间、线圈匝间、动静触头间、电弧与铁磁体间等都有电动力的作用。在正常电流下电动力不至于使电器损坏，但动、静触头间的电动斥力过大会使接触压力减小，接触电阻增大造成触头的熔化或熔焊，影响触头的正常工作。有时在强大短路电流所形成的电动力下，使电器发生误动作或使导体机械变形，甚至损坏。利用电动力的作用改善和提高电器性能的例子也是很多的。例如接触器的磁吹灭弧、快速自动开关的速断机构等。

电动力的方向判断可用左手定则或磁通管侧压力原理来进行。左手定则：伸平左手，让磁力线垂直穿过手心，四指指向电流方向，大拇指的指向就是电动力方向。磁通管侧压力原理（米特开维奇定则）是：把磁力线看成为磁通管，并认为它有一种趋势，即纵向力图缩短，横向力图扩张，从而具有纵向张力和横向侧压力。因此磁通管密度高的一侧具有推动导体向密度低的一侧运动的电动力。

电动力方向判断的两种方法其结果是一样的，可根据具体情况采用某一种。在结构及产生磁场因素复杂的情况下用磁通管侧压力原理来判定电动力方向较为方便。

1. 载流导体电动力计算基础和电动稳定性

当长为 L 并通有电流 I 的导体垂直置于磁感应强度为 B 的均匀磁场中时，作用在该导体上的电动力 F 为：

$$F = BIL$$

若该导体与磁感应强度 B 的方向成 β 夹角时，则作用在导体上的电动力为：

$$F = BIL\sin\beta$$

电器的电动稳定性就是指电器有关部分在电动力作用下不产生损坏或永久变形所能通过的最大电流。它以可能的最大冲击电流的峰值表示，也有的以它与额定电流的比值表示。

2. 触头电动力

触头闭合通过电流时，在触头间有电动力存在。这是因为触头表面不管加工怎样平整，从微观上看仍然是凹凸不平的。由于接触面积远小于触头表面积，电流线在接触点处产生收缩，由此而引起触头间的电动斥力。当电流很大时此电动力可将触头拉开或使触头间接触压力减小。触头处在闭合位置能承受短路电流所产生的电动力而不致损坏的能力，称为触头的电稳定性。由于触头面加工情况不同，触头压力情况不同，因而难以确定触头接触处电流线收缩的情况，因此电流线收缩而产生的电动斥力计算较复杂。

通过分析可得，视在接触面积 S、触头材料的抗压强度越大，电流线收缩得越厉害，电动斥力也越大。触头压力 F_j 越大，有效接触面积增加，电动斥力也就越小。

第二节 电弧的产生和灭弧方法

一、电弧的产生

电弧是触头从闭合状态过渡到断开状态过程中产生的。触头的断开过程是逐步进行的，开始时接触面积逐渐减小，接触电阻随之增加。根据试验，当触头切断电路，如果电路电压在 10~20 V，电流在 80~100 mA 时，触头之间就会产生电弧。由于电弧的高温及强光，它可以广泛应用于焊接、熔炼、化学合成、强光源及空间技术等方面。对于有触点电器而言，由于电弧主要产生于触头断开电路时，高温将烧损触头及绝缘，严重情况下甚至引起相间短路、电器爆炸，酿成火灾，危及人员及设备的安全。所以从电器的角度来研究电弧，目的在于了解它的基本规律，找出相应的办法，让电弧在电器中尽快熄灭。

电弧是气体自持放电的形式之一，是一种带电质点（电子或离子）的急流。它的主要特点是外部有白炽弧光，内部有很高的温度和密度很大的电流。我们借助一定的仪器仔细观察电弧，可以发现，除两个极（触头）外，明显分为三个区域，即近阴极区、近阳极区及弧柱区。弧柱区是电弧中温度最高、亮度最强的区域。

触头分断瞬间，由于间隙很小，电路电压几乎全部加在触头之间，在触头间形成很强的电场，阴极中的自由电子会逸出到间隙中，并向阳极加速运动。前进中的自由电子中途碰撞中性粒子（气体分子或原子），使其分裂为电子和正离子，电子在向阳极运动过程中又碰撞其他粒子，这就是碰撞电离。经碰撞电离后产生的正离子向阴极运动，撞击阴极表面并使其温度逐渐升高，当温度达到一定值时，部分电子将从阴极表面逸出，再次参与碰撞电离。此时，触头间隙内产生弧光并使温度进一步上升，当弧温达到 8 000~10 000 K 以后，触头间的中性粒子以很高的速度作不规则的运动并相互剧烈碰撞，也产生电离，这就是由于高温作用而使中性粒子碰撞产生的热电离。上述几种电离的结果，在触头间出现大量的离子流，这就是电弧。电弧形成后，热电离占主导地位。

电弧一方面烧蚀触头，降低电器的寿命和电器工作的可靠性，另一方面会使触头的分断时间延长，严重时会引起火灾和其他事故。因此，应采取适当措施熄灭电弧。

二、常用的灭弧方法和装置

熄灭电弧的方法很多，例如拉长电弧、降低温度、将长弧变为短弧、将电弧放置于特殊介质中、增大电弧周围气体介质的压力等。为熄灭电弧而采用的装置称为灭弧装置。一个灭弧装置可以采用某一种方法进行熄弧，但在大多数情况下则是综合采用几种方法，以增加灭弧效果，例如拉长和冷却电弧往往是一起运用的。

1. 拉长电弧

电弧拉长以后，电弧电压增大，改变了电弧的伏安特性。在直流电弧中，其静伏安特性上移，电弧可以熄灭。在交流电弧中，由于燃弧电压的提高，电弧重燃困难。

电弧的拉长可以沿电弧的轴向（纵向）拉长，也可以沿垂直于电弧轴向（横向）拉长，如图 7.1 所示。

1）机械力拉长

电弧沿轴向拉长的情况是很多的，电器触头分断过程实际上就是将电弧不断地拉长，刀开关中闸刀的拉开也是拉长电弧，电焊过程中将焊钳提高可使电弧拉长并熄灭。

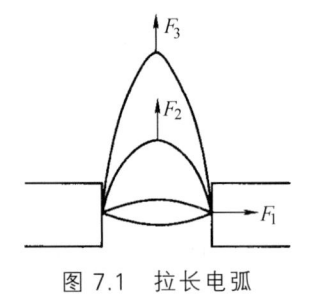

图 7.1 拉长电弧

2）回路电动力拉长

载流导体之间会产生电动力,如果把电弧看作一根软导体,那么受到电动力它就会发生变形,即拉长,如图7.2所示。

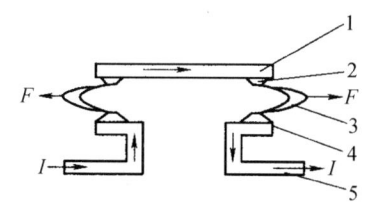

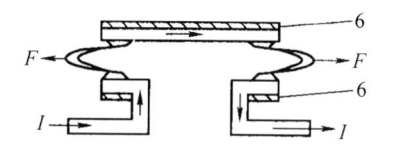

(a) 常用触头回路电动力吹弧　　(b) 增磁型触头回路电动力吹弧

图 7.2　触头回路电动力吹弧

1—触头桥；2—动触头；3—电弧；4—静触头；5—静触头座；6—磁性片

在一对桥式双断点结构形式的触头断开时,电弧受回路电动力 F 的作用被横向拉长,也就是图7.1中受 F_2 作用力的情况。横向拉长时电弧与周围介质发生相对运动,其冷却效果比纵向拉长的好。

在利用电路本身通过电流而产生的回路电动力拉长电弧时,要注意当回路电流较小时,其效果较差。

3）磁吹灭弧

当需要较大的电动力来拉长电弧时,可以让电弧在一个专门设置的磁场中受力的作用。这个产生专门用于熄弧的磁场的装置,一般称之为吹弧线圈,如图7.3所示。由于这个磁场力比较大,其拉长电弧的效果也较好,如图7.1中 F_3 作用力的情况。

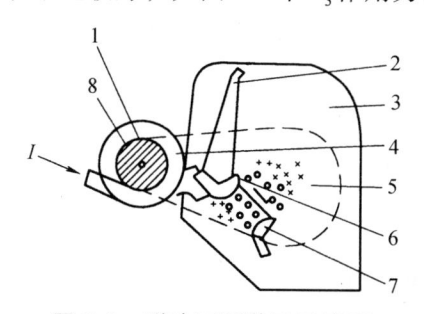

图 7.3　磁吹灭弧装置示意图

1—磁吹铁心；2—导弧角；3—灭弧罩；4—磁吹线圈；5—铁夹板；
6—静触头；7—动触头；8—绝缘套

由于磁吹线圈与电路的连接方式不同而形成串励线圈和并励线圈。当磁吹线圈与触头相串联而构成串励线圈时,若电流方向改变但磁场力方向不变,即磁吹方向不随电流的极性变化而改变。另一方向,吹弧力的大小与弧电流有关,弧电流越大,吹弧力越大,灭弧效果越好。当磁吹线圈与电路并联构成并励线圈时,它的特点与串励线圈上述两方面正好相反,即吹弧力的方向与弧电流方向有关,产生吹弧力磁场的大小与弧电流大小无关。还有一种不需线圈和电源也能产生和并励线圈同样效果的磁吹装置,那就是用永久磁铁。这样,其结构就可更趋简单。

图 7.3 中所示的导弧角 2 是根据回路电动力的原理而设置的。其作用是使电弧很快离开触头且按一定方向运动，以减小触头表面电弧的烧伤。

2. 灭弧罩

灭弧罩是让电弧与固体介质相接触，降低电弧温度，从而加速电弧熄灭的比较常用的装置。其结构形式是多种多样的，但其基本构成单元为"缝"。灭弧罩壁与壁之间构成的间隙称作"缝"。根据缝的数量可分为单缝和多缝。缝的宽度小于电弧直径的称窄缝，反之，大于电弧直径的称宽缝。根据缝的轴线间的相对位置关系可分为纵缝与横缝。缝的轴线和电弧轴线相平行的称为纵缝，相垂直的则称为横缝。

1）纵缝灭弧罩

图 7.4 所示为一纵向窄缝的灭弧情况。

当电弧受力被拉入窄缝后，电弧与缝壁能紧密接触。在继续受力情况下，电弧在移动过程中能不断改变与缝壁接触的部位，因而冷却效果好，对熄弧有利。但是在频繁开断电流时，缝内残余的游离气体不易排出，这对熄弧不利。所以此种形式适用于操作频率不高的场合。

图 7.5 所示为一纵向宽缝的灭弧情况。

宽缝灭弧罩的特点与窄缝的正好相反，冷却效果差，但排出残余游离气体的性能好。图 7.5 中所示情况是将一宽缝中又设置了若干绝缘隔板，这样就形成了纵向多缝。电弧进入灭弧罩后，被隔板分成两个直径较原来小的电弧，并和缝壁接触而冷却，冷却效果加强，熄弧性能提高。此外，由于缝较宽，熄弧后残存的游离气体容易排出，所以这种结构形式适用于较频繁开断的场合。

图 7.6 所示为纵向曲缝式灭弧罩的灭弧情况。

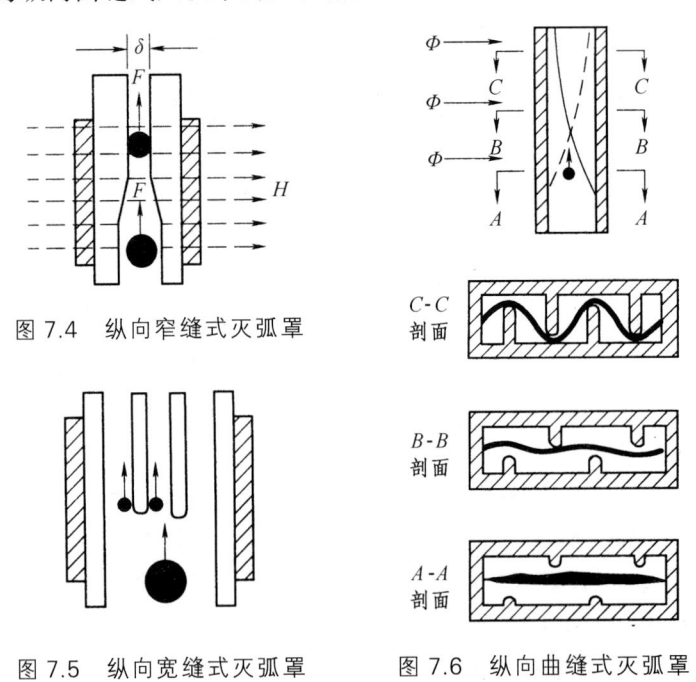

图 7.4 纵向窄缝式灭弧罩

图 7.5 纵向宽缝式灭弧罩

图 7.6 纵向曲缝式灭弧罩

纵向曲缝式又称迷宫式，它的缝壁制成凹凸相间的齿状，上下齿相互错开。同时，在电弧进入处齿长较短，越往深处，齿长越长。当电弧受外力作用从下向上进入灭弧罩的过程中，它不仅与缝壁接触面积越来越大，而且长度也越来越长，这就加强了冷却作用，具有很强的灭弧能力。但是，也正因缝隙越往深处越小，电弧在缝内运动时受到的阻力越来越大，所以这种结构的灭弧罩一定要配以较大的让电弧运动的力，否则其灭弧效果反而不好。

2）横缝灭弧罩

为了加强冷却效果，横缝灭弧罩往往以多缝的结构形式使用，也就是称为横向绝缘栅片，如图7.7所示。

当电弧进入灭弧罩后，受到绝缘栅片的阻挡，电弧在外力作用下发生弯曲，从而拉长了电弧，并加强了冷却。为了分析电弧与绝缘栅片接触时的情况，以图7.8来放大说明。

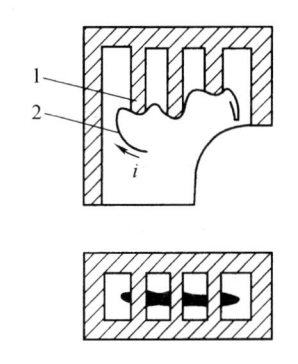

图 7.7　横向绝缘栅片式灭弧罩　　图 7.8　电弧在横向绝缘栅片式灭弧罩中的放大图

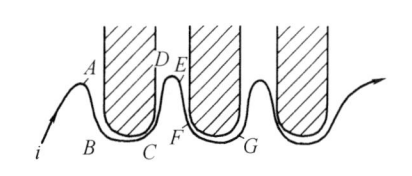

1—灭弧罩；2—电弧

设磁通方向为垂直向里，电弧 AB、BC 和 CD 段所受的电动力都使电弧压向绝缘栅片顶部，而 DE 段所受的电动力使电弧拉长，CD 段和 EF 段相互作用产生斥力。这样一些力的作用，使电弧拉长并与缝壁接触面增大而且紧密，所以能收到比较好的灭弧效果。

由于灭弧罩要受电弧高温的作用，所以对灭弧罩的材料也有一定的要求，如：受电弧高温作用不会因热变形、绝缘性能不能下降，机械强度好且易加工制造等。灭弧罩材料过去广泛采用石棉水泥和陶土材料，现在逐渐改为采用耐弧陶瓷和耐弧塑料，它们在耐弧性能与机械强度方面都有所提高。

3. 油冷灭弧装置

油冷灭弧是将电弧置于液体介质（一般为变压器油）中，电弧将油汽化、分解而形成油气。油气中主要成分是氢，在油中以气泡的形式包围电弧。氢气具有很高的导热系数，这就使电弧的热量容易散发。另外，由于存在着温度差，所以气泡产生运动，又进一步加强了电弧的冷却。若再要提高其灭弧效果，可在油箱中加设一定机构，使电弧定向发生运动，这就是油吹灭弧。由于电弧在油中灭弧能力比在大气中拉长电弧大得多，所以这种方法一般用于高压电器中，如油开关。

4. 气吹灭弧装置

气吹灭弧是利用压缩空气来熄灭电弧的。压缩空气作用于电弧，可以很好地冷却电弧，提高电弧区的压力，很快带走残余的游离气体，所以有较高的灭弧性能。按照气流吹弧的方向，它可以分为横吹和纵吹两类。气吹灭弧装置的绝缘件结构复杂，电流小时横吹过强会引起很高的过电压，故已被淘汰。图 7.9 表示了纵吹（径向吹）的一种形式。

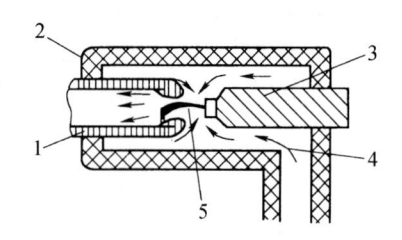

压缩空气沿电弧径向吹入，然后通过动触头的喷口、内孔向大气排出，电弧的弧根能很快被吹离触头表面，因而触头接触表面不易烧损。因为压缩空气的压力与电弧本身无关，所以使用气吹灭弧时要注意熄灭小电流电弧时容易引起过电压。由于气吹灭弧的灭弧能力较强，故一般运用在高压电器中。

图 7.9 气吹灭弧装置
1—动触头；2—灭弧室瓷罩；3—静触头；
4—压缩空气；5—电弧

5. 横向金属栅片灭弧

横向金属栅片又称为离子栅，它利用的是短弧灭弧原理。用磁性材料的金属片置于电弧中，将电弧分成若干短弧，利用交流电弧的近阴极效应和直流电弧的极旁压降来达到熄灭电弧的目的。

横向金属栅片灭弧情况如图 7.10 所示。

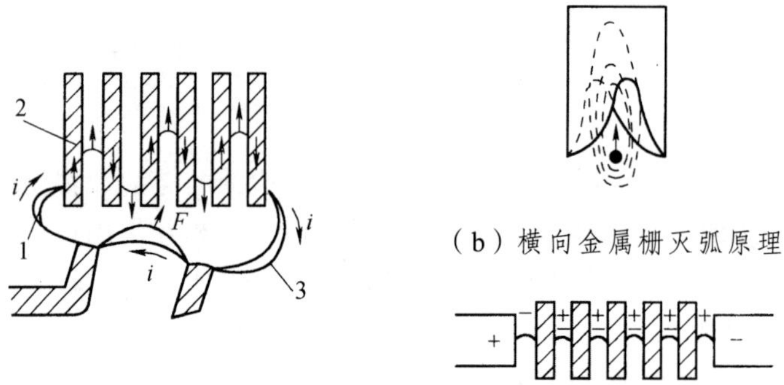

（a）横向金属栅对电弧的作用
（b）横向金属栅灭弧原理
（c）

图 7.10 横向金属栅片灭弧罩结构、原理图
1—入栅片前的电弧；2—金属栅；3—入栅片后的电弧

栅片的材料一般采用铁。当电弧靠近铁栅片时，由于铁片为磁性材料，所以栅片本身就具有一个把电弧拉入栅片的磁场力。当电弧被这个磁场力或外力拉入铁片栅中时，空气阻力较大。为了减少电弧刚进入铁栅片时的空气阻力，铁栅片作成楔口并交叉装置，如图 7.10（b）所示，即只让电弧先进入一半铁片栅中。随着电弧继续进入铁栅片中，磁阻减小，铁片对电弧的拉力增大，使电弧进入所有的铁片栅中。电弧进入栅片后分成许多串联短弧，电流回路产生作用于各短弧上的电动力使短弧继续发生运动。此时应注意短弧被拉回向触头方向运动的力，它会使电弧重燃并烧损触头。为了消除这种现象，可以采用凹形栅片和

O 形栅片。铁栅片在使用时一般外表面要镀上一层铜，以增大传热能力和防止铁片生锈。

横向金属栅片灭弧装置主要用于交流电器，因为它可将起始介质强度成倍的增长。对于直流电弧而言，因无近阴极效应，只能靠成倍提高极旁压降来进行灭弧。由于极旁压降值较小，要想达到较好的灭弧效果，金属栅片的数量太大，会造成灭弧装置体积庞大。

第三节 触 头

一、触头的接触面形式

载流导体及电器的导电回路中，两个导电零件通过机械连接的方式互相接触，以实现导电的现象称为电接触。电接触按工作方式可分为固定接触、滑动及滚动接触和可分合接触三大类。

1. 固定接触

两个导体用螺栓、铆钉等紧固件连接起来，在工作过程中接触面不发生相互分离和相对移动的连接，称为固定接触。如母线与电器接线端的连接、母线与母线的连接等。

2. 滑动及滚动接触

在工作过程中，一个接触面沿另一个接触面滑动或滚动，但不能分断电路的接触，称为滑动及滚动接触。如直流电机的电刷与换向器之间的连接、滑线电阻器的滑臂与电阻线之间的连接等。

3. 可分合接触

在工作过程中，两个接触面既可以分开又可以闭合的连接，称为可分合接触，又称触头（或触点）。触头总是成对出现的，一个是动触头，另一个是静触头。动、静触头分开用于分断电路；动、静触头闭合用于接通电路。可分合接触广泛用于各种断路器、接触器和继电器中。

触头是电器的执行部分，在电器感测部分（传动装置）的带动下，完成电器的分合动作。在动、静触头闭合接触时，依靠弹簧的压力使动、静触头紧密接触，以保证可靠的电接触。

按在电路中的作用，触头可分为主触头和辅助触头。主触头用于主电路，辅助触头用于辅助电路或控制电路。由于辅助触头常常起到电气联锁作用，所以又称为联锁触头。联锁触头又分为正联锁触头（常开触头）和反联锁触头（常闭触头）。在无电情况下，触头是断开的为常开触头；触头是闭合的为常闭触头。在特殊情况下，还有弧触头。

触头的接触形式分为点接触、线接触和面接触三种，如图 7.11 所示。

1）点接触

点接触是指在一个很小的面积或只有若干个点相接触的触头（如球面对球面、球面对平面），如图 7.11（a）所示。点接触用于 20 A 以下的小电流电器，如继电器的触头，接触器和自动开关的联锁触头等。由于接触面积小，保证其可靠工作所需的接触互压力也较小。

2）线接触

线接触是指两个导体沿着线或较窄面积接触的触头（如圆柱对圆柱、圆柱对平面），如图 7.11（b）所示。线接触的接触面积和接触压力适中，常用于几十安至几百安电流的中等容量电器，如接触器、自动开关及高压开关电器的触头。

3）面接触

面接触是指两个导体沿着较广的表面接触的触头（如平面对平面），如图 7.11（c）所示。其接触面积和触头压力较大，多用于大电流的电器，如大容量的接触器和断路器的主触头。

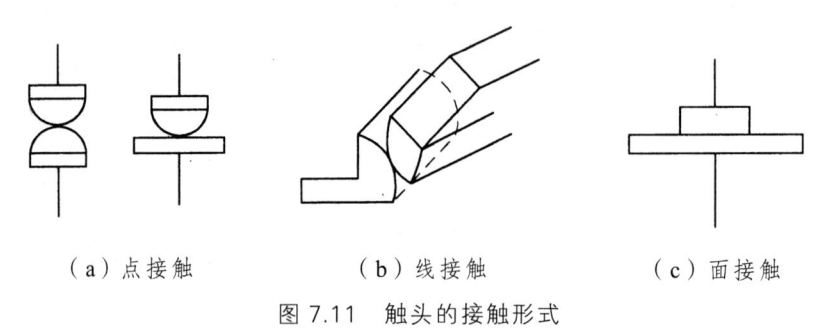

（a）点接触　　　（b）线接触　　　（c）面接触

图 7.11　触头的接触形式

二、触头的主要参数

触头的主要参数有开距 s、超程 r、初压力 F_0 和终压力 F_Z 等。

1. 触头的开距 s

触头处于断开位置时，动、静触头之间的最小距离称为触头的开距 s（或行程），如图 7.12（a）所示。用于保证触头分断电路时可靠地灭弧，并且具有必要的安全绝缘间隔。

2. 触头的超程 r

触头的超程是指电器触头完全闭合后，如果将静（或动）触头移开，动（或静）触头在触头弹簧的作用下继续前移的距离 r，如图 7.12（c）所示。超程是用以保证在触头允许磨损的范围内仍能可靠地接触，即触头压力的最小值。

（a）完全断开状态　　　（b）刚接触状态　　　（c）完全闭合状态

图 7.12　触头状态示意图

3. 触头的初压力 F_0

当动触头与静触头刚好接触，每个触头的压力称为触头的初压力 F_0，如图 7.12（b）

所示。触头的初压力是由调节触头预压缩弹簧来保证的。增大初压力可以降低触头闭合过程的弹跳。

4. 触头的终压力 F_Z

当动、静触头闭合终了时，每个触头上的压力称为终压力 F_Z，如图 7.12（c）所示。它由触头弹簧最终压缩量决定，此压力应使触头闭合状态时的实际接触面积增加，接触电阻低而稳定。

触头的工作情况主要有以下 4 种：

1）闭合状态

触头处于闭合状态时的主要任务是保证能通过规定的电流，且触头温升不超过允许值。主要问题是触头的发热及热和电动的稳定性，触头的发热是由接触电阻引起的，因此应设法减小接触电阻。

2）闭合过程

触头在闭合过程中会因碰撞而产生机械振动。主要问题是设法减小机械振动，减小触头的磨损，避免触头熔焊。

3）断开状态

触头处于断开状态时，必须有足够的开距，以保证可靠地熄灭电弧和必要的安全绝缘间隔。

4）开断过程

触头开断过程是触头最繁重的工作过程。当触头开断电路时，一般会在触头间产生电弧，这个过程的主要问题是设法熄灭电弧，减小由电弧而产生的触头电磨损。

三、触头的接触电阻

1. 接触电阻的产生

两个导电零件接触在一起实现电的连接，其导电能力显然比同样尺寸的完整导体要差。图 7.13 所示为一段完整的导体，通以电流 I，用电压表测得其 AB 长度上的电压降为 U，则 AB 段导体的电阻 R 为：

$$R = \frac{U}{I}$$

若将此导体截断，仍通以原来的电流 I，测得 AB 两点之间的电压降为 U_c，U_c 比 U 大得多，AB 两点之间的电阻 R_c 为：

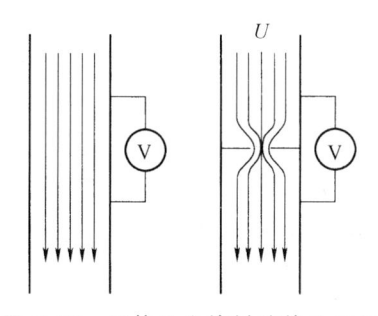

$$R_c = \frac{U_c}{I}$$

图 7.13 导体及电接触连接的电阻

R_c 除含有该段导体材料的电阻 R 外，还有附加电阻 R_j，即

$$R_c = R + R_j \tag{7.1}$$

称此附加电阻 R_j 为接触电阻，动、静触头接触时同样也存在接触电阻。

接触电阻 R_j 由收缩电阻 R_s 和表面膜电阻 R_b 组成，即

$$R_j = R_s + R_b \tag{7.2}$$

1）收缩电阻 R_s

接触处的表面，不可能是理想的平面，尽管经过精加工，但从微观角度分析，其接触面总是凹凸不平的，实际上只有若干小的突起部分相接触，如图 7.14 所示，实际接触面积比视在接触面积小得多。当电流通过实际接触面积时，电流只从接触点上通过，在这些接触点附近，迫使电流线发生收缩。由于有效接触面积（实际接触面积）小于视在接触面积，由此产生的附加电阻称为收缩电阻 R_s [参见图 7.13（b）]。

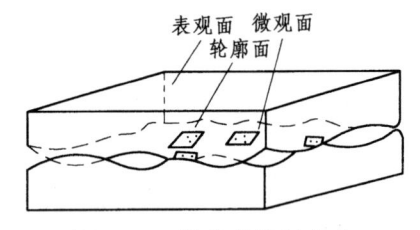

图 7.14 触头的接触状态

2）表面膜电阻 R_b

电接触表面，由于种种原因，覆盖着一层导电性很差的薄膜。例如金属的氧化物、硫化物等，其电阻系数远大于原金属，也可能是落在接触表面上的灰尘、污物或夹在接触面间的油膜、水膜等，由此而形成的附加电阻，称为表面膜电阻 R_b。

2. 接触电阻 R_j 的计算公式

接触电阻与触头材料、触头压力、接触面形式、表面状况等因素有关。由于膜电阻难于计算，故接触电阻 R_j 可用经验公式计算，即

$$R_j = \frac{K_j}{F^m} \tag{7.3}$$

式中　　R_j——触头接触电阻（Ω）；

　　　　F——触头压力（N）；

　　　　m——与触头接触形式有关的常数，其值在 0.5~1.0（对于点接触 $m=0.5$、线接触 $m=0.5~0.8$、面接触 $m=1$）；

　　　　K_j——与接触材料、接触表面加工方法、接触面状况有关的常数，其值可查阅相关资料。

3. 影响接触电阻的各种因素

人们一般希望得到低值而稳定的接触电阻以保证电接触的可靠工作。影响接触电阻的因素有接触压力、温度、化学腐蚀、触头表面情况、触头材料等。

1）接触压力

由式（7.3）可见，加大压力 F 可使接触电阻 R_j 减小，当压力很小时，接触压力微小的

变化都会使接触电阻值产生很大的波动。但当压力达到一定值后，接触电阻受压力变化的影响甚微。这是因为在压力作用下，两表面接触处产生弹性变形，压力增大，变形增加，有效接触面积增加，收缩电阻减小。而当压力达到一定值后，收缩电阻几乎不变，这是因为材料的弹性变形是有一定限度的，因而接触面积的增加也是有限的，故接触电阻不可能完全消除。

2）温　度

接触点温度升高后，金属的电阻率有所增加，但材料的硬度有所降低，使得有效接触面积增大。前者使收缩电阻 R_s 增大，后者使收缩电阻 R_s 减小，两相补偿，所以接触电阻变化甚微。但是，当触头电流长期超过额定值时，温度升高，引起接触面氧化，接触电阻则急剧上升，发热加剧，形成恶性循环。为保证接触电阻稳定，电接触的长期工作允许温度规定的较低。

3）化学腐蚀

单纯由化学作用引起的腐蚀称为化学腐蚀。如金属与干燥气体接触时，在金属表面生成相应的化合物，如氧化物、硫化物、氯化物等。

暴露在空气中的接触面（除铂和金外）都将产生氧化作用。空气中的铜触头在室温下（20~30 ℃）即开始氧化，但其氧化膜很薄，在触头彼此压紧的过程中就被破坏，故对接触电阻影响不大。而当温度高于 70 ℃ 时，铜触头氧化加剧，氧化铜的导电性能很差，使膜电阻急剧增加。因此，铜触头的允许温升都是很低的。银被氧化后的导电与纯银差不多，所以银或镀银的触头工作很稳定。

为减小接触面的氧化，可以将触头表面搪锡或镀银，以获得较稳定的接触电阻。

4）电化学腐蚀

采用不同的金属作触头对时，由于两金属接触处有电位差，当湿度大时，在触头对的接触处会发生电解作用，引起触头的电化学腐蚀，使接触电阻增加。

常用金属材料的电化顺序是金（Au）、铂（Pt）、银（Ag）、铜（Cu）、氢（H）、锡（Sn）、镍（Ni）、镉（Cd）、铁（Fe）、铬（Cr）、锌（Zn）、铝（Al），规定氢的电化电位为 0，在它后面的金属具有不同的负电位（如 Al 的电化电位为 -1.34 V），在它前面的金属具有不同的正电位（如 Ag 的电化电位为 +0.8 V）。选取触头对时，应取电化顺序中位置靠近的金属，以减小电化电势。例如不宜采用铝-铜做触头对。

5）接触表面粗糙度

表面粗糙度对接触电阻有一定的影响。接触表面可以粗加工，也可以精加工，至于采用哪种方式加工更好，要根据负荷大小、接触形式和用途而定。

对于大、中电流电器的触头表面，不要求精加工，最好用锉刀加工，重要的是平整。两个平整而较粗糙的平面接触在一起，接触点数目较多且稳定，并能有效地清除氧化膜。相反，精加工的表面，当装配稍有歪斜时，接触点的数目显著减小。

对于某些小功率电器，触头电流小到毫安以下，为了保证接触电阻小而稳定，则要求触头表面粗糙度越低越好。粗糙度低的触头不易受污染，也不易生成膜电阻。为达到这样低的粗糙度，往往采用机械、电或化学抛光等工艺。

6）触头材料

触头材料的电阻系数大的，接触电阻大。抗压强度越小，在同样接触压力下得到的实际接触面积就越大，接触电阻就越小。因此常在接触连接处，用较软的金属覆盖在硬金属上，以获得较好的工作性能。如铜触头搪锡等。

银的电阻率小于铜，但银比铜贵，所以采用铜表面镀银的工艺。

铝在常温下几秒钟内就氧化，氧化膜电阻较大。铝一般只用作固定连接，并常在其表面覆盖银、铜、锡等以减小接触电阻。

金、铂、铱等化学性能稳定，但价格昂贵，一般只用于小型电器的弱电流触头。

4. 减小接触电阻的方法

根据接触电阻的形成原因，减小接触电阻一般可采用下列方法：

（1）增加接触点数目。为此，应选择适当的接触形式，用适当的方法加工接触表面，并在接触处加一定的压力。

（2）采用本身电阻系数小，且不易氧化或氧化膜电阻较小的材料作为接触导体，或作为接触面的覆盖层。

（3）触头在开闭过程中应具有研磨过程，以擦去氧化膜。

四、触头的振动与熔焊

如图 7.15 所示，触头在闭合过程中可能发生振动。当动触头以速度 v_0 碰撞静触头时，静触头受到碰撞后获得速度 v_1，若 $v_1 > v_0$，则动、静触头又分离。以后，动触头继续移向静触头，静触头则在触头弹簧初压力 F_0 作用下，使速度 v_1 逐渐降低。于是动、静触头又重新接触，发生第二次碰撞。因此，触头的闭合过程是经历一系列碰撞后才完成的，这种现象为触头在闭合过程中的机械振动。

设触头间距离为 l，则在闭合过程中触头距离对时间的变化曲线 $l = f(t)$，如图 7.15（b）所示。

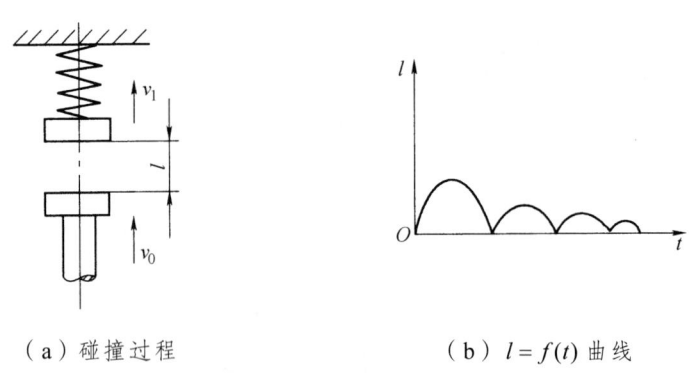

（a）碰撞过程　　　　（b）$l = f(t)$ 曲线

图 7.15　触头闭合过程中的碰撞

在触头闭合过程中，碰撞和摩擦的结果，使接触面产生的压皱、裂痕或塑性变形及磨损，统称为机械磨损，它与触头材料的硬度及接触面粗糙度有关。

触头的机械振动，不仅由于闭合过程中触头相互碰撞引起，触头间的收缩电动力也引起触头间的振动，特别是在触头间有短路电流通过时，电动排斥力更大，使触头间断续产生电弧。在电弧高温下，使触头金属表面熔化，当触头最终闭合时，动、静触头融焊在一起，再也不能打开。这种由于热效应而引起的触头熔接，称为触头的"熔焊"或"热焊"。必须指出的是，触头的"熔焊"可能发生在严重过载或短路情况下，在额定电流下触头不可能发生"熔焊"。

还有一种触头焊接现象，产生于常温下，通常称为"冷焊"。"冷焊"常常发生在用贵金属材料（如金与合金）制成的小型继电器触点中。其原因为贵金属表面不易形成氧化膜，纯洁的金属接触面在触头压力作用下，由于金属分子和原子之间化学亲和力的作用，使动、静触头表面牢固地结合在一起，产生"冷焊"现象。由"冷焊"产生的触头间的黏接力很小，但是在小型继电器中，由于使触头分开的力也很小，不能把"冷焊"粘接在一起的触头弹开，常常造成触头粘住不释放的现象。

五、触头的磨损

触头在多次接通和断开有载电路后，它的接触表面将逐渐产生磨耗和损坏，这种现象称为触头的磨损。磨损直接影响电器的寿命。

1. 磨损的原因

触头磨损包括机械磨损、化学磨损和电磨损。机械磨损是在触头闭合和打开时研磨和机械碰撞造成的，它使触头接触表面产生压皱、裂痕或塑性变形。化学磨损是由于周围介质中的腐蚀性气体或水蒸气对触头材料浸蚀所造成的，它使触头表面形成非导电性薄膜，致使接触电阻变大且不稳定，甚至完全破坏了触头的导电性能。这种非导电性薄膜在触头相互碰撞及触头压力作用下，逐渐剥落，形成金属材料的损耗。机械磨损和化学磨损一般很小，约占全部磨损的10%以下。

触头的磨损主要取决于电磨损。电磨损主要发生在触头的闭合和开断过程中，在触头闭合电流时产生的电磨损，主要是由于触头碰撞引起振动所产生的，在触头开断电流时所产生的电磨损，是由高温电弧所造成的。

2. 电磨损的形式

触头分断与闭合电路过程中，会产生金属液桥、电弧和火花放电等各种现象，引起金属转移、喷溅和气化，使触头材料损耗和变形，这种现象称为触头的电磨损。电磨损主要有液桥的金属转移和电弧的烧损两种形式。

1) 液桥的形成和金属转移

触头在断开过程中，动、静头间形成熔化的液态金属桥，称为液桥。触头断开前的瞬间，接触压力和接触点数目逐渐减小，这样就使接触点的电流密度急剧增加，促使接触处的金属熔化，形成金属液体滴。触头继续断开时，将金属液体滴拉长，形成液桥。实践证明，由于液桥的金属转移作用，经过很多次操作后，触头的阳极因金属损耗而形成凹坑，阴极金属增多形成针刺，凸出于接触表面。

在弱电流电器（如继电器）中，液桥对触头的电磨损起着重要影响。

2）电弧对触头的腐蚀

电弧对触头的腐蚀十分严重，电弧磨损要比液桥引起的金属转移高出 5~10 倍。当电弧的温度极高，触头间距离又较大时，一般都采用电动力吹弧的方法来熄灭电弧，加上强烈的金属蒸气气浪冲击，往往会把液态金属从触头表面吹出，向四周飞溅。这种磨损与小功率电弧的磨损是不同的，金属蒸气再度沉积于触头接触表面上的机率已大大减小，使触头的阴、阳极都遭到严重磨损，由于阳极温度高于阴极，所以阳极磨损更为严重。

3．减小触头电磨损的方法

减小触头电磨损，可从减小触头在开断过程中的磨损和减小触头闭合过程中的磨损两方面着手。

1）减小触头开断过程中的磨损，即减小触头开断时的电弧

（1）选择灭弧系统的参数，例如磁吹的磁感应强度 B。B 值过小，吹弧电动力太小，电弧在触头上停留时间较长，触头电磨损增加；B 值过大，吹弧电动力过大，会把触头间熔化的金属液桥吹走，电磨损也增加，因此，应选择恰当的 B 值。

（2）对于交流电器（如交流接触器）宜采用去离子栅灭弧系统，利用交流电流通过自然零点而熄弧，减小触头的电磨损。

（3）采用熄灭火花电路，以减小触头的电磨损。该方法是在弱电流触头电路中，在触头上并联电阻、电容，以熄灭触头上的火花。这种火花熄灭电路对开断小功率直流电路很有效。

（4）正确选用触头材料。例如，钨、钼的熔点和气化点高，因此，钨、钼及其合金有良好的抗磨损性能，银、铜的熔点和气化点低，抗磨损性能较差。

2）减小触头闭合过程中的磨损

触头闭合过程中的磨损，主要由触头在闭合过程中的振动引起，所以，想减小触头闭合过程中电磨损，必须减小触头的机械振动。

六、触头材料

触头所采用的材料关系到触头工作的可靠性，尤其是对触头磨损影响甚大。根据各种电器的任务和使用条件的不同，对触头材料性能的要求亦不同，一般要求如下：

1）电气性能

要求材料本身的电阻系数小，接触电阻小且在长期工作中能保持稳定。要求生弧的最小电流大和最小电压高，电子逸出功及游离电位大。

2）热性能

要求熔点高，导热性好，热容量大。

3）机械性能

要有适当的强度和硬度，耐磨性好。

4）化学性能

要具有很好的化学稳定性，在常温下不易氧化，或者氧化物的电阻尽量小，耐腐蚀。

此外，还要考虑材料的可加工性能好、价格便宜、经济适用。实际中是不可能同时满足以上各项要求的，只能根据触头的工作条件及负荷的大小，满足其主要的性能要求。

触头材料分为三大类，即纯金属、合金和金属陶瓷材料。

1. 纯金属材料

1）银

银是高质量的触头材料，具有高的导电和导热性能。银在常温下不易氧化，其氧化膜能导电，在高温下易分解还原成金属银。银的硫化物电阻率很高，在高温时也进行分解。因此，银触头能自动清除氧化物，接触电阻低且稳定，允许温度较高。银的缺点是熔点低，硬度小，不耐磨。由于银的价格高，一般仅用于继电器和小功率接触器的触头或用于接触零件的电镀覆盖层。

2）铜

铜是广泛使用的触头材料，导电和导热性能仅次于银。铜的硬度较大，熔点较高，易加工，价格较低。铜的缺点是易氧化，其氧化膜的导电性很差，当长时间处于较高的环境温度下，氧化膜不断加厚，使接触电阻成倍增长，甚至会使电流通路中断。因此，铜不适用于作非频繁操作电器的触头材料，对于频繁操作的接触器，电流大于 150 A 时，氧化膜在电弧高温作用下分解，可采用铜触头，并做成单断点指式触头。在触头分、合过程中有研磨过程，以清除氧化铜薄膜。

3）铂

铂是贵金属，化学性能稳定，在空气中既不生成氧化物，也不生成硫化物，接触电阻非常稳定，有很高的生弧极限，不易生弧，工艺性好。铂的缺点是导电和导热性能差，硬度低，价格昂贵。因此，不采用纯铂作为触头材料，一般用铂的合金作小功率继电器的触头。

4）钨

钨的熔点高，硬度大，耐电弧，钨触头在工作过程中几乎不会产生熔焊。但是钨的导电性能较差，接触电阻大，易氧化，特别是与塑料等有机化合物蒸气作用（例如在封闭塑料外壳内的钨触头），生成透明的绝缘表面膜，而且此膜不易清除，加工困难。因此，除少数特殊场合（如火花放电间隙的电极）外，一般不采用纯钨作触头材料，而与其他高导电材料制成陶瓷材料。

2. 合金材料

由于纯金属本身性能的差异，可将它们以不同的成分相配合，构成金属合金或金属陶瓷材料，使触头的工作性能得以改进。

常用的合金材料有银铜、银钨、钯铜、钯铱等。

1）银铜合金

适当提高银铜合金的含铜量，可提高其硬度和耐磨性能。但是，含铜量不宜过高，否则，会和铜一样易于氧化，接触电阻不稳定。银铜合金熔点低，一般不用作触头材料，主要用作焊接触头的银焊料。

2）银钨和钯铜

银钨和钯铜都有较高的硬度，比较耐磨，抗熔焊。有时用于小功率电器及精密仪器仪表中。

3）钯铱合金

钯铱合金使用较广泛，铱有效地提高了合金的硬度、强度及抗腐蚀能力。

3. 金属陶瓷材料

金属陶瓷材料是由两种或两种以上的彼此不相熔合的金属组成的机械混合物，其中一种金属有很高的导电性（如银、铜等），作为材料中的填料，称为导电相，另一种金属有很高的熔点和硬度（如钨、镍、钼、氧化镉等），在电弧的高温作用下不易变形和熔化，称为耐熔相，这类金属在触头材料中起着骨架的作用。这样，就保持了两种材料的优点，克服了各自的缺点，是比较理想的触头材料。

常用的金属陶瓷材料有银-氧化镉、银-氧化铜、银-钨、银-石墨等。

1）银-氧化镉

导电性能和导热性能好，抗熔焊，耐电磨损，接触电阻低且稳定，特别是在高温电弧的作用下，氧化镉分解为氧气和镉蒸气，能驱使电弧支点迅速移动，有利于吹灭电弧，故称银-氧化镉触头具有一定的自灭弧能力。此外，它的可塑性好，且易于加工。因此，它是一种较为理想的触头材料，广泛用于大、中容量的电器中。

2）银-氧化铜

与银-氧化镉相比，耐磨损，抗熔焊性能好，无毒，在高温下触头硬度更大，使用寿命长，价格便宜。试验结果表明，银-氧化铜触头比银-氧化镉触头在接触处具有更低且稳定的接触电压降，导电性能更好，发热情况较轻，温升较低。因此，近年来银-氧化铜材料得到了广泛的应用。

3）银-钨

具有银的良好的导电性，同时，又具有钨的高熔点、高硬度、耐电弧腐蚀、抗熔焊、金属转移小等特性，常用作电器的弧触头材料。随着含钨量的增加，其耐电弧腐蚀性能和抗熔焊性能也逐渐提高，但其导电性能下降。银-钨的缺点是接触电阻不稳定，随着开闭次数的增加，接触电阻增大，其原因在于分断过程中，触头表面产生三氧化钨、钨酸银等电阻率高的薄膜。

4）银-石墨

导电性好，接触电阻低，抗熔焊，耐弧能力强，在短路电流作用下也不会熔焊，其缺点是电磨损大。

第四节　传动装置

传动装置是电器的感测部分。传动装置接收外界的信号，并通过转换、放大、判断，作出有规律的反应，使电器的执行部分（触头）动作，输出相应的指令，实现控制的目的。在动车组电器中，主要采用电磁传动装置和电空传动装置。

一、电磁传动装置

电磁传动装置实际上就是一个电磁铁，通过电磁铁将电磁能转换成机械能，带动触头使之闭合或断开，它是电磁式电器的重要组成部分之一。电磁传动装置——电磁铁主要由吸引线圈、铁心（静铁心）、衔铁（动铁心）、铁轭和空气隙等组成，如图 7.16 所示。

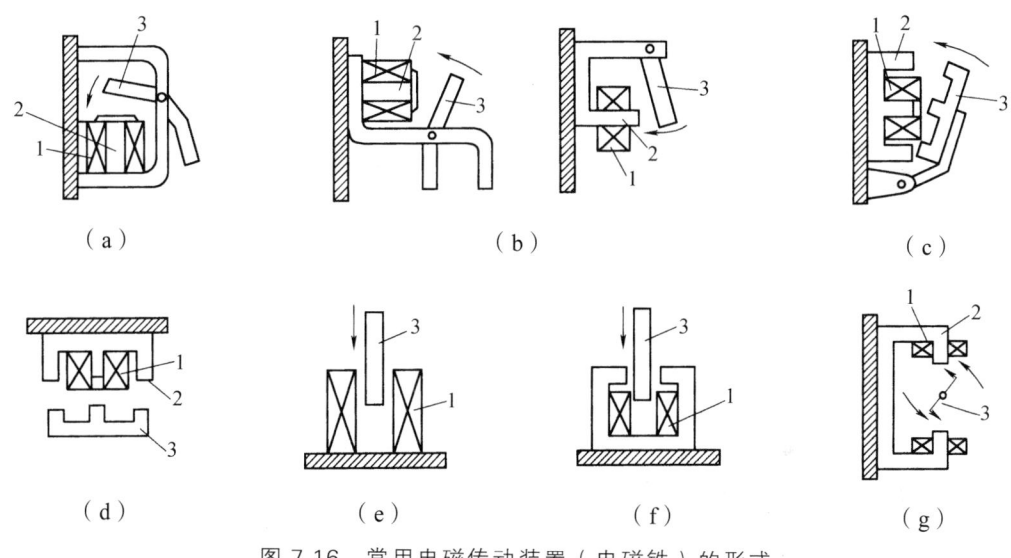

图 7.16　常用电磁传动装置（电磁铁）的形式

1—线圈；2—铁心；3—衔铁

1. 电磁铁的分类

电磁铁可根据线圈电流种类、磁路的形式、衔铁运动的方式、线圈接入电路的方式不同，分为多种形式和类型。

1）按线圈电流种类分类

（1）直流电磁铁。直流电磁铁的线圈中通过直流电流，当电流达到稳定以后，磁通是恒定的，导磁体中没有涡流和磁滞损耗，故其铁心和衔铁可以采用整块工程钢制成。

（2）交流电磁铁。交流电磁铁的线圈中通过交流电流，导磁体中的磁通是交变的，有涡流和磁滞损耗，故其铁心和衔铁一般采用电工钢片叠成。

2）按磁路形式和衔铁运动方式分类

（1）U 形拍合式。铁心制成 U 字形，而衔铁的一端绕棱角或转轴做拍合运动，如图 7.16（a）和图 7.16（b）所示。图 7.16（a）所示的电磁铁为衔铁绕棱角运动的 U 形拍合式，这种形式的电磁铁广泛用于直流电磁式电器（如直流接触器和直流继电器）中。图7.16（b）所示的电磁铁为衔铁绕转轴转动的U形拍合式，这种形式的电磁铁广泛用于交流电磁式电器中。

（2）E形拍合式和E形直动式。铁心和衔铁都制成E字形，并且都用电工钢片叠成，线圈套装在中间铁心柱上。E形拍合式如图7.16（c）所示，E形直动式如图7.16（d）所示，这两种形式的电磁铁都用于交流电磁式电器中。E形拍合式广泛用于60 A及其以上的交流接触器中。E形直动式广泛用于40 A以下的交流接触器和交流电压继电器、中间继电器及时间继电器中。

（3）空心螺管式。空心螺管式电磁铁只有空心线圈和圆柱衔铁，没有铁心，衔铁在空心线圈中作直线运动，如图7.16（e）所示。这种电磁铁主要用于交流电流继电器和供电系统用的时间继电器中。

（4）装甲螺管式。在空心线圈的外面罩上用导磁材料制成的外壳，圆柱形衔铁在空心线圈中作直线运动，如图7.16（f）所示。这种电磁铁常用于交流电流继电器中。

（5）回转式。铁心制成C形，用电工钢片叠成，两个可串接或并接的线圈分别绕在铁心开口侧的铁心柱上，而衔铁是Z形转子，如图7.16（g）所示。这种电磁铁应用于供电系统的电流继电器中。

3）按线圈接入电路方式分类

（1）串联电磁铁。电磁铁的线圈串接于电路中，如图7.17（a）所示。串联电磁铁的衔铁动作与否取决于线圈中电流的大小，但衔铁的动作并不影响线圈中电流的变化。串联电磁铁的线圈称为电流线圈，具有这种电磁铁的电器都属于电流型电器。为了不影响电路中负载的端电压和电流，要求线圈内阻小，所以，串联电磁铁的线圈导线截面积较粗，线圈匝数较少。

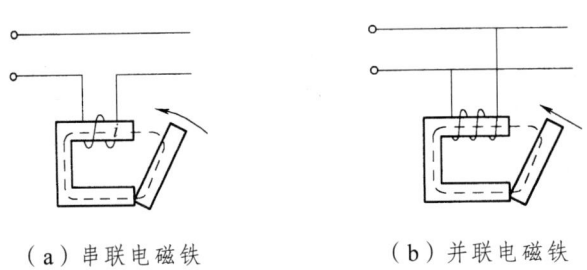

（a）串联电磁铁　　（b）并联电磁铁

图7.17　电磁铁接入电路的方式

（2）并联电磁铁。电磁铁的线圈并接于电路中，如图7.17（b）所示。并联电磁铁的衔铁动作与否取决于线圈两端电压的大小，并联电磁铁的线圈又称为电压线圈，具有这种电磁铁的电器都属于电压型电器。直流并联电磁铁的衔铁动作不会引起线圈中电流的变化，但对于交流并联电磁铁，衔铁动作会引起线圈阻抗的变化，从而引起线圈中电流的变化。由实验得知，对于U形电磁铁，衔铁打开时线圈中电流值为衔铁闭合后的6~7倍，对于E形电磁铁，可达10~15倍。电磁铁的线圈允许电流值，是根据衔铁闭合后电流值设计，所以，一旦线圈有电而衔铁由于某种原因闭合不上或频繁操作时，线圈易过热乃至烧坏，这也是交流电压型电器比直流电压型电器易损坏的原因之一。

2. 电磁铁的工作原理

图7.18所示为一个直流拍合式电磁铁。

在线圈3未通电时，衔铁1在反力弹簧7的作用下，处于打开位置，衔铁1与极靴2之间保持一个较大的气隙。当线圈通电后，在导磁体中产生磁通Φ，根据磁力线流入端为S极，流出端为N极的规定，在衔铁与极靴相对的端面具有异极性。由于异性磁极相吸，于是在铁心和衔铁间产生电磁吸力。当电磁吸力大于反力弹簧的反作用力时，衔铁被吸向铁心，直到与极靴接触为止。这个过程称为衔铁的吸合过程。当线圈中的电流减小或中断时，铁心中的磁通就变小，吸力也随之减小，当电磁吸力小于反力弹簧的反作用力时，衔铁就在反力弹簧作用下返回至打开位置，这个过程称为衔铁的释放过程。

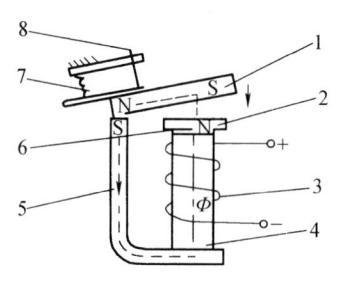

图7.18 电磁铁的工作原理

1—衔铁；2—极靴；3—线圈；4—铁心；5—磁轭；
6—非磁性垫片；7—反力弹簧；8—调节螺钉

二、电空传动机构

主电路电器通常采用电空传动装置。电空传动装置由压缩空气驱动装置和电空阀组成。电空传动装置按其结构形式分为汽缸式传动装置和薄膜式传动装置。

1. 电空阀

电空阀是借电磁吸力来控制压缩空气管路的导通或关断，从而达到远距离控制气动器械的目的。

电空阀按工作原理分开式和闭式两种。不管是开式电空阀还是闭式电空阀，从结构来说都由电磁机构和气阀两部分组成，工作原理也类似，其中闭式电空阀是应用较多的一种。其原理结构如图7.19所示。

其工作原理：当线圈有电时，衔铁吸合，阀杆动作，使上阀门关闭，下阀门打开，关断了传动汽缸和大气的通路，打开了气源和传动汽缸的通路，压缩空气从气源经电空阀进入传动汽缸，推动气动器械动作。当线圈失电时，衔铁在反力弹簧作用下打开，带动阀杆上移，使下阀门关闭，上阀门打开，关断了气源和传动汽缸的通路，打开了传动汽缸与大气的通路，传动汽缸的压缩空气经电空阀排向大气，气动器械恢复原状。其实际结构如图7.20所示。

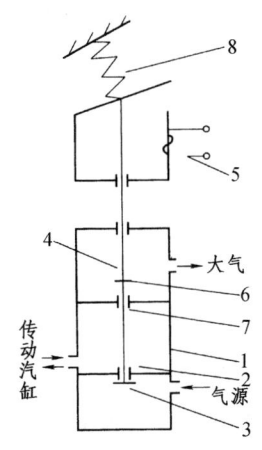

图7.19 闭式电空阀的原理结构

1—阀体；2—下阀门；3、6—磁块；4—阀杆；
5—电磁铁；7—上阀门；8—反力弹簧

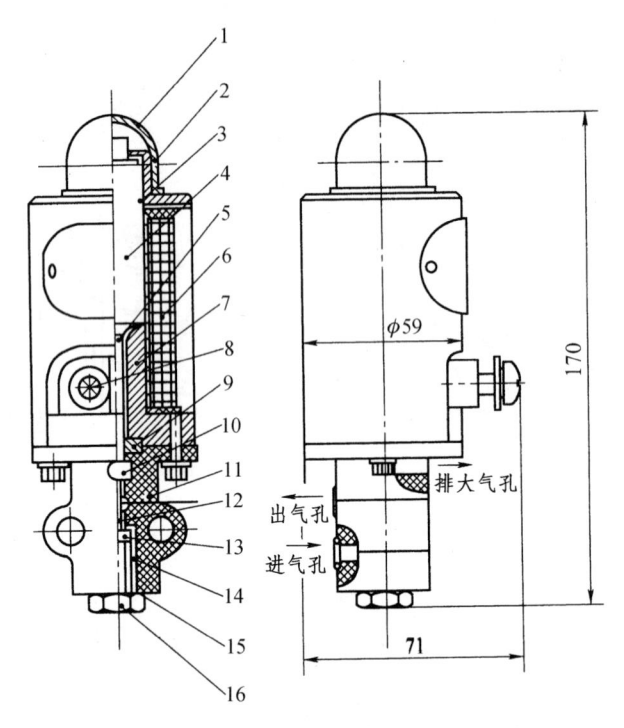

图 7.20 TFK1B 型电空阀结构简图

1—防尘罩；2—磁轭；3—铜套；4—动铁心；5—心杆；6—线圈；7—铁心座；8—接线座；9—滑道；
10—上阀门；11—阀座；12—阀杆；13—下阀门；14—弹簧；15—密封垫；16—螺母

2. 汽缸式传动装置

汽缸式传动装置主要由汽缸、活塞和电空阀等组成。它又可分为单活塞和双活塞两种，如图 7.21 所示。

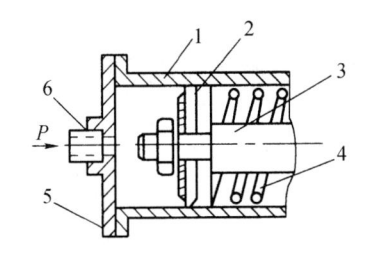

（a）单活塞汽缸式传动装置

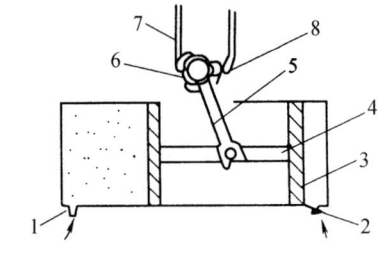

（b）双活塞汽缸式传动装置

1—汽缸；2—活塞；3—活塞杆；4—弹簧；
5—汽缸盖；6—进气孔

1、2—气口；3—活塞；4—活塞杆；5—曲柄；
6—转鼓；7—静触头；8—动触头

图 7.21 汽缸式传动装置

1）单活塞压缩空气驱动装置

图 7.21（a）所示为单活塞压缩空气驱动装置，汽缸内压缩空气的进入和排出是由电空阀控制的。当电空阀有电时，打开了风源与传动汽缸的通路，压缩空气由进气孔 6 进入汽缸 1 内，推动活塞 2 克服弹簧 4 的弹力向右移动，活塞 2 带动活塞杆 3 移动，以操纵电器触头的开断或闭合。当电空阀失电时，关闭风源至汽缸的通路，打开汽缸至大气的通路，

182

汽缸内的压缩空气排向大气，则活塞 2 在弹簧 4 的作用下向左移动，恢复原位。通常活塞由皮碗或耐油橡皮制成，活塞上涂有机油，以减小活塞运动时的摩擦阻力，并具有良好的密封性能。汽缸式传动装置的缺点是摩擦力较大，动作较慢，活塞磨损较多，因此，活塞使用寿命较短。在北方冬季运行时，由于润滑油冻结，使汽缸传动装置动作不灵活。它的优点是可按要求选择行程，以满足触头开距和超程的要求。

2）双活塞压缩空气驱动装置

图 7.21（b）所示为双活塞压缩空气驱动装置示意图。与活塞杆 4 相连的两个活塞均由压缩空气驱动，压缩空气由电空阀控制，它有两个工作位置：当气口 1 开通与气源的通路时，气口 2 则开通与大气的通路，压缩空气从气口 1 进入汽缸，活塞被推向右侧，活塞杆 4 带动曲柄 5 使转鼓 6 反时针方向转过一个角度，带动触头开闭转换，传动装置处在第一个工作位置；反之，若气口 2 开通与气源的通路，则气口 1 开通大气的通路，动作过程相反，传动装置处在第二个工作位置。该装置的活塞是通过涨圈与汽缸内侧进行配合的。由于双活塞压缩空气驱动装置所能控制的行程受一定的限制，且对被控制的触头不具有压力的传递等原因而较少采用。

3. 薄膜传动装置

薄膜传动装置结构如图 7.22 所示。

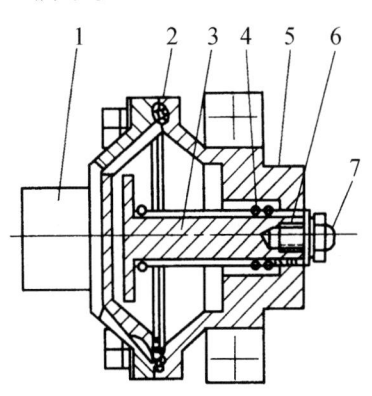

图 7.22 薄膜传动装置

1—汽缸盖；2—弹性薄膜；3—活塞杆；4—复原弹簧；5—汽缸座；6—衬套；7—杆头

当电空阀有电时，压缩空气进入汽缸内，作用在弹性薄膜 2 上的压力增大到大于右侧复原弹簧 4 的反作用力时，鼓动弹性薄膜 2，推动活塞杆 3 右移，驱动电器触头闭合或断开。当电空阀失电时，汽缸内的压缩空气排出，在复原弹簧 4 的反力作用下，使活塞杆 3 复原，驱动电器触头动作。

与汽缸传动结构相比，薄膜式传动的优点是动作灵活，摩擦和磨损较小，因此使用寿命较长。此外，它是靠薄膜突然变形驱动电器触头动作的，有利于触头断开时熄灭电弧。它加工制造方便，消耗金属材料较少，重量轻，在运行中不必润滑，维修较方便。薄膜式传动装置的缺点是行程由薄膜变形量决定，故其活塞杆行程较小。此外，在低温下薄膜材料丧失弹性，使变形处容易开裂。

复习思考题

1. 电器发热的原因是什么？
2. 什么叫电器的电动稳定性？
3. 常用的灭弧装置有哪些？
4. 触头的参数主要有哪些？
5. 接触电阻是怎样形成的？
6. 动车组电器常采用何种形式的传动装置？
7. 电磁传动装置一般由什么组成？
8. 以拍合式电磁铁为例，说明电磁传动机构的工作原理。
9. 简述闭式电空阀的工作原理。
10. 电空传动装置有何优点？
11. 简述单活塞压缩空气驱动装置的工作原理。

第八章　接触器和继电器

第一节　接触器基本知识

一、接触器的定义和基本特点

接触器是一种用于频繁、远距离接通和分断带有负载的较大容量电路场合的自动切换电器，在工业控制系统中应用非常广泛。其主要控制对象是电动机，也可用于控制其他电力负载，如电热器、照明灯、电焊机、电容器组等。与其他开关电器相比较，接触器具有以下特点：

（1）动作次数频繁，每小时开闭次数可达 150～1 500 次。

（2）能通、断较大电流，即有一定过载能力，但一般情况下只能开断正常额定电流，而不能开断短路或故障电流。

（3）具有失压保护功能，即电压降低很多时，能自动关断。

（4）可以实现一定距离的控制。

二、接触器的组成

1. 触头装置

触头分为主触头和辅助触头（联锁触头）。

主触头一般由动、静主触头和触头弹簧支持件、导电板、固定连接用螺钉等组成。它是接触器的执行部分，用于直接控制相应电路的通断。主触头接通和分断的是主电路，额定电流比较大。

辅助触头通常由两对以上常开联锁触头和两对以上常闭联锁触头组成，用于控制其他电器、信号或电气联锁等。它接通和分断的是控制电路，额定电流只有 5～10 A。

常开（动合）联锁触头指的是接触器的吸引线圈失电时处于断开状态的触头；与此相反，常闭（动断）联锁触头指的是接触器吸引线圈失电时处于闭合状态的触头。辅助触头与灭弧装置通常在产品上要分开安装，以防电弧弧焰的危害。

辅助触头与主触头是联动的，在接触顺序上要求主触头闭合前常开联锁触头应提前闭合，常闭联锁触头应滞后分断；主触头分断时常开联锁触头应同时或提前分断，常闭联锁触头应同时或稍滞后闭合。

2. 传动装置

传动装置包括驱使触头闭合的装置、开断触头的弹簧机构以及缓冲装置，用于可靠地驱使触头按规定要求动作。

3. 灭弧装置

灭弧装置一般与主触头配合使用，在主触头断开电路产生电弧时，用来及时地熄灭电弧、切断电路、保护触头，并保证电弧不会与其他金属或带电体接触。根据电流的性质、灭弧方法和原理，可以制成各种灭弧装置。

4. 支架和固定装置

支架和固定装置包括各部件间的连接、固定、支持和传动部分。它属于非工作部分，用于安装和布置电器各部件，使接触器构成一个整体。支架和固定装置应有足够的机械强度，并能对内部部件起到保护作用，保证接触器达到一定的寿命。

三、接触器的分类

1. 按主触头通、断电流性质分类

分为直流接触器和交流接触器。对于某些在触头系统中控制的是交流电路，而线圈接入的是直流电路的接触器，又称交直流接触器。

2. 按传动方式分类

分为电磁式接触器和电空式接触器。电磁式接触器采用电磁机构（即电磁铁）传动，在电磁式接触器中，按所采用的电磁铁线圈接入电路的方式不同，又可分为串连接触器和并连接触器；电空式接触器采用由电空阀控制的压缩空气传动的电空传动装置。电磁接触器一般应用于辅助电路中，而电空接触器适用于主电路中。

3. 按主触头所处介质环境分类

分为空气式接触器和真空式接触器。空气式接触器的主触头敞在大气中，采用的是一般的、常用的灭弧装置。而真空式接触器的主触头却密封在真空装置中，它利用的是真空灭弧原理，具有很高的切换能力。

4. 按主触头数目分类

分为单极接触器和多极接触器。单极接触器只有一对主触头，多极接触器有两对以上的主触头，它们分别用于控制单相和多相电路。

四、接触器的基本参数

接触器的基本参数除了额定电压、额定电流以外，还有以下几种：

1. 动作值和释放值

对电磁接触器主要指电压和电流的动作值和释放值。对电空接触器主要指电空阀的动作电压和释放电压（或汽缸相应的气压值）。

2. 切换能力

切换能力又称开闭能力、通断能力，指接触器的主触头在规定条件下能可靠地接通和分断的电流或电压值。在此电流（压）值下接通和分断负载时，不应发生熔焊、飞弧和过分磨损等现象，以保证接触器在较坏的条件下仍能可靠地工作。

3. 操作频率

操作频率指接触器在每小时内允许操作的次数。接触器的操作频率越高，每小时开闭的次数就越多，触头的工作任务也就越重，对交流接触器来说，其吸引线圈所受到的启动电流冲击次数和衔铁铁心受到的冲击次数也越多。操作频率直接影响到接触器的电气寿命和灭弧室的工作条件，对于交流接触器还影响到线圈的温升。对常用的交、直流接触器来说，操作频率有每小时150次、300次、600次和1 200次等几种规格。

4. 机械寿命和电气寿命

机械寿命指的是接触器在无负载操作下无零件损坏的极限动作次数。电气寿命指的是接触器在规定的操作条件下，且无零件损坏的极限动作次数。目前，接触器的机械寿命一般可达数百万次到千万次以上，而电气寿命则按不同的使用类别和不同的机械寿命级别有一定的百分比，一般为机械寿命的1/5左右。

5. 动作时间和释放时间

动作时间（即闭合时间）是指从电磁铁吸引线圈通电瞬时起，到衔铁完全吸合所需要的时间；释放时间（即开断时间）是指从电磁铁吸引线圈断电瞬时起，至衔铁完全打开所需要的时间。为了准确而可靠地控制有关电路，对接触器的动作时间也有一定要求，如：直流接触器的闭合时间一般为0.04~0.11 s，开断时间为0.07~0.12 s，交流接触器的闭合时间一般为0.05~0.1 s，而开断时间为0.1~0.4 s。

接触器除应满足以上基本参数的要求外，还应满足在85%额定电流时能吸合，而105%额定电流不会烧坏吸引线圈的要求。

另外，在选择接触器时还应考虑工作制的要求。

第二节　动车组用接触器的结构和原理

一、电磁接触器

电磁接触器采用的是电磁传动装置，通常又分为直流、交流、交直流三大类。

电磁接触器根据电磁传动系统与触头系统的不同布置方式，有平面布置和立体布置两种结构形式。电磁系统和触头系统呈左右布置，称平面布置方式；而电磁系统和触头系统呈上下布置，称立体布置方式。立体布置与平面布置方式相比，平面布置的接触器维护、检修方便，适合用于开断大电流的接触器，但其安装面积大；而立体布置的主要特点是安装面积要比平面布置结构的减少一半，但不便维修，较适合开断小电流的接触器。

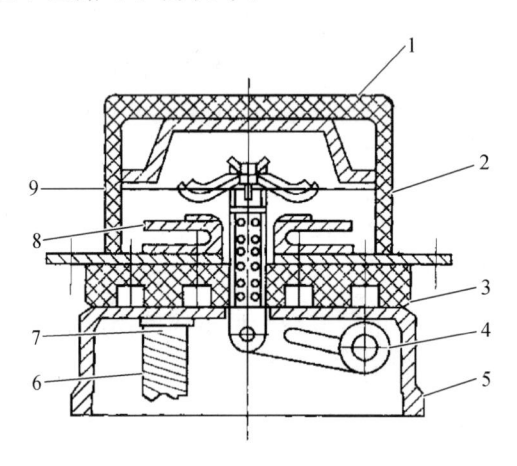

1. 交流电磁接触器

以三相交流电磁接触器为例，它适用于交流 50 Hz、电压为 380 V 的电路中操纵负载的接通或断开。

交流电磁接触器结构如图 8.1 所示，包括灭弧罩、栅片、底板、转轴、底座、触头支持件、静触头、动触头、消弧电阻等。交流电磁接触器磁路系统如图 8.2 所示，包括联锁触头、转轴、磁轭、线圈、短路环、衔铁等。

图 8.1 交流电磁接触器结构

1—灭弧罩；2—栅片；3—底板；4—转轴；5—底座；6—消弧电阻；
7—触头支持件；8—静触头；9—动触头

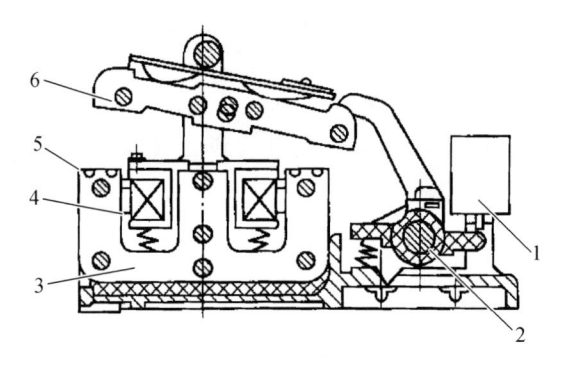

图 8.2 交流电磁接触器磁路系统

1—联锁触头；2—转轴；3—磁轭；4—线圈；5—短路环；6—衔铁

交流接触器的结构特点为：灭弧罩由高强度耐弧陶瓷制成，罩内有割弧栅片，每相还装有金属短弧片，可短接各触桥引出的电弧，采用这些措施可以促进交流电弧尽可能在第一个半波过零点时熄弧。为了保证接触器达到工作制的熄弧能力和电寿命要求，还在断口并联了消弧电阻。磁路系统采用硅钢片叠装而成的 E 形铁心，以减小磁滞和涡流损耗；为了减小交流吸力的脉动，在铁心的两端柱上设有短路环；整个磁系统采用弹性固定以提高机械寿命。为了适合列车上的直流控制，采用了双线圈结构，启动线圈和保持线圈的工作依靠接触器自身的一对常闭和常开辅助触头来完成。

2. 直流电磁接触器

直流电磁接触器的结构如图 8.3 所示，它采用整体软钢制成，衔铁绕磁轭的棱角转动。为了减小吸引线圈安匝数，以减小电磁结构尺寸，采用了具有极靴的铁心，选取小的气隙使磁阻减小；选取较大的杠杆比，从而使触头有较大的开距；为了防止剩磁在释放时将衔铁黏住，在衔铁的磁极端面处装有 0.1~0.2 mm 厚的紫铜片，也称非磁性垫片。接触器的触头系统采用铜质指型动主触头，直接安装在衔铁上，主静触头为 T 形，与弧角一起安装于支架上，主触头为单极常开式，带有由串联的吹弧线圈和石棉水泥灭弧罩构成的磁吹灭弧装置，灭弧罩为迷宫式曲缝结构。常开辅助触头在主触头的两侧，常闭辅助触头在衔铁的另一端。

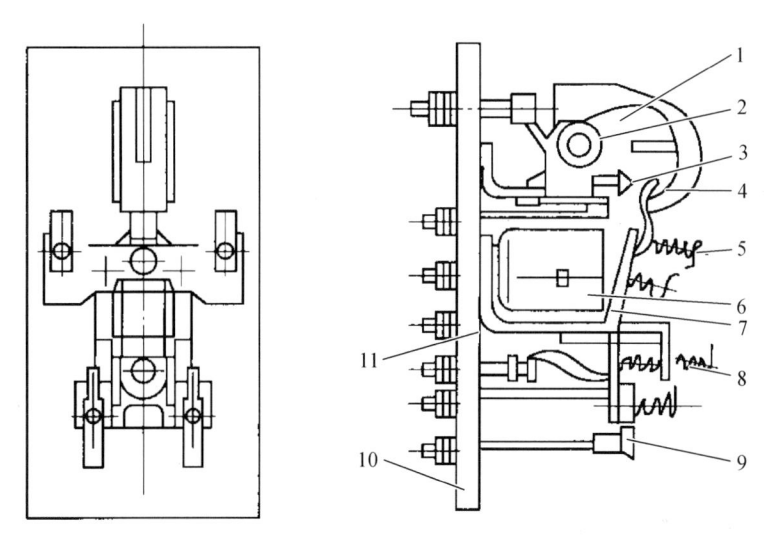

图 8.3 直流电磁接触器结构

1—灭弧罩；2—吹弧线圈；3—主静触头；4—主动触头；5—触头弹簧；6—吸引线圈；
7—衔铁；8—反力弹簧；9—辅助触头；10—底板；11—磁轭

直流电磁接触器工作原理可类比电磁铁的工作原理。当接触器的吸引线圈未通电时，衔铁在反力弹簧作用下处于打开位置，使常开触头断开、常闭触头闭合；而当吸引线圈得电时，铁心与衔铁产生的电磁吸力将衔铁吸合，带动常开触头闭合、常闭触头断开。

二、真空接触器

1. 真空接触器结构和原理

真空接触器由于其灭弧原理上的特点（依据以真空为灭弧介质的零点熄弧原理），比较适用于交流电路（若熄灭直流电弧，需采取适当的措施）。它比传统的空气交流接触器有更多的优点，具有耐压强度高，介质恢复速度快，接通、分断能力大，电气和机械寿命长等特点。

真空接触器主要组成部分与电磁接触器相似，所不同的是它的主触头密封在高度真空的玻璃或陶瓷圆筒内，构成真空灭弧室。由于真空既是一种很好的绝缘介质又是一种很好的熄弧介质，因此真空接触器触头只要分开很小距离就能可靠地熄灭电弧，它的开距比其他类型接触器要小得多。

单极真空接触器由真空开关管、联轴节、电磁驱动机构等组装在绝缘夹板上组成，结构如图8.4所示。

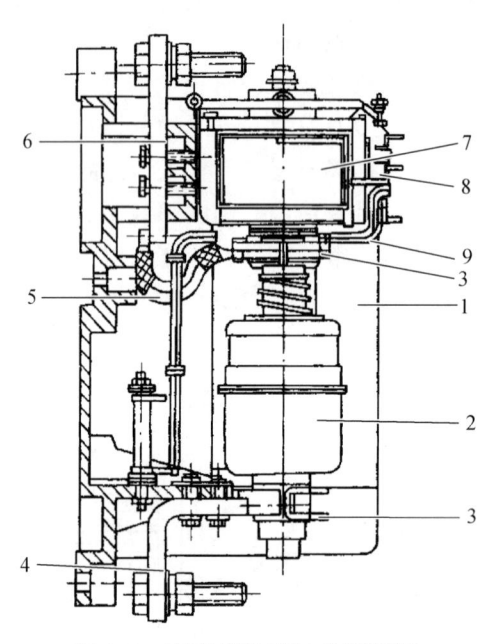

图8.4 真空接触器结构剖视图

1—基座；2—真空开关管；3—连接卡圈；4—下连接板；5—软连接；6—上连接板；
7—电磁驱动机构；8—辅助开关；9—联轴节

在真空接触器的基座上，驱动机构和装在其旁的辅助开关组件位于真空开关管的上方。真空开关管的动触头经联轴节组件和驱动机构连接，并经软连接和上连接板连接。真空开关管的静触头支杆经连接卡圈和下连接板连接。

在断开状态下，真空开关管的两触头拉开1.5 mm。由于在真空中断开，这么小的距离已能完全断开电路。触头被拉开的状态由驱动系统中的压力弹簧来实现。

真空接触器的触头和灭弧室的结构如图8.5所示，它是一个真空部件。静导电杆的上、

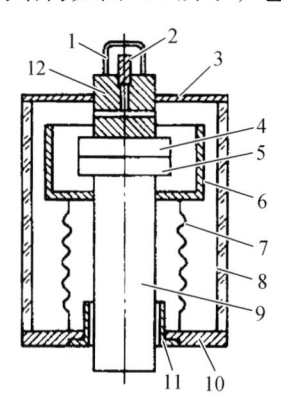

图8.5 真空开关管结构示意图

1—保护帽；2—排气管；3—上金属法兰盘；4—静触头；5—动触头；6—屏蔽罩；7—波纹管；
8—外壳；9—动导电杆；10—下金属法兰盘；11—导向套；12—静导电杆

下端分别焊接上金属法兰盘和静触头，动导电杆的上端部与动触头相焊接，稍下部焊有一金属屏蔽罩。屏蔽罩的下端与波纹管相连。波纹管的下部和导向套的端部焊接在下金属法兰盘上。上、下金属法兰盘间为玻璃或陶瓷的外壳。壳内的空气由排气管排出，上部设有保护帽。动触头上、下运动时，由导向套导向。

屏蔽罩的作用一是有效的凝结从触头间隙扩散出来的金属蒸气，以利于电弧熄灭；二是防止金属蒸气飞溅到绝缘外壳上，降低外壳内壁的绝缘强度；三是可提高灭弧后介质强度恢复速度。波纹管是可伸缩的弹性元件，利用波纹管的可伸缩性，可以保证外部操作力通过动导电杆使真空管内的动、静触头分、合而不会破坏真空管内的真空度，以防止漏气和保证机械寿命。

2. BMS15.15C 真空接触器

BMS15.15C 真空接触器为 CRH380AL 型动车组选用的真空接触器。

1）性能及额定参数

BMS15.15C 真空接触器规格值见表 8.1。

表 8.1 真空触器的规格值

项 目	规格值	备 注
牵引电路额定电压	AC 1 658 V（50/60 Hz）	
牵引电路额定电流	AC 1500 A/AC 1 300 A	单 独
主接点切断容量	AC 1 500V /5 000 A	
操作电路额定电压	DC 100 V	动作电压 DC 70～110 V
联动辅助接点	2 A	
操作电路输入电流	接入时：约 5 A（DC 100 V） 保持时：约 0.1 A（DC 100 V）	
质 量	18 kg	

2）电子电路的动作

接通动作：参见图 8.6。

电子电路输入电压达到规定值（DC 70 V 以下）时，则产生线圈驱动信号，输出端子即有励磁电流产生。在规定的时间、闭合电流流动后变为保持信号，实处电流成为保持电流（约 0.3 A）。

释放动作：

输入电压下降达到规定值（DC5V 以上）时，则停止保持信号切断输出电流。电子电路的输入端子插入了电涌吸收元件来抑制外来及内部的电涌电压。

三、电空接触器

电空接触器因其具有较大的开断能力，且有体积小、重量轻、传动力大等优点，在动车组上得到广泛的应用。电空接触器的工作原理如图 8.7 所示。

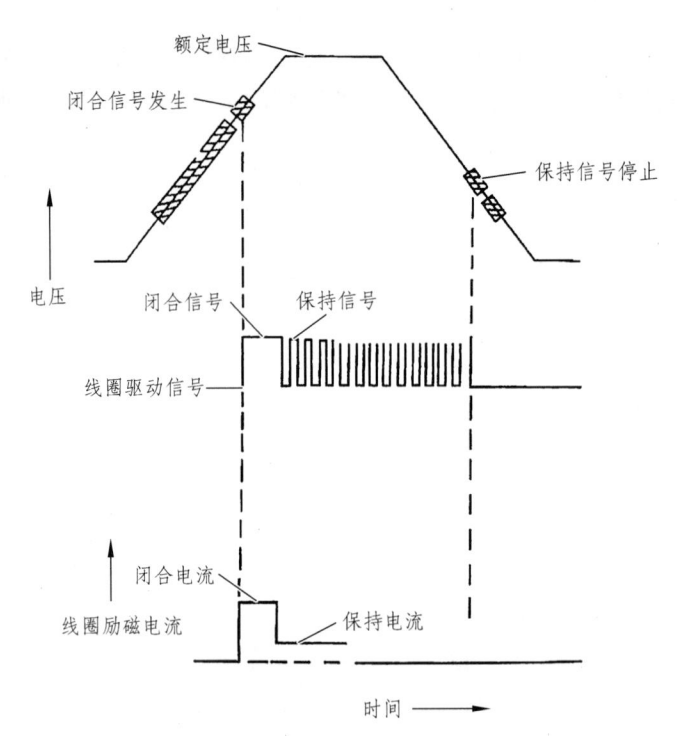

图 8.6 电子控制电路工作说明

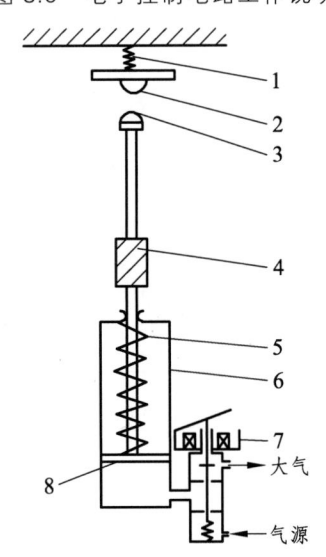

图 8.7 电空接触器工作原理示意图

1—缓冲弹簧；2—静主触头；3—动主触头；4—绝缘块及活塞杆；5—开断弹簧；
6—缸体；7—电空阀；8—活塞

典型电空接触器的结构如图 8.8 所示，主要由触头装置、灭弧装置和传动装置等组成。

（1）触头装置：主要由主触头和联锁触头组成。主触头为 L 形，采用线接触形式。它以紫铜触头为基座，表面镶有银碳化钨粉末冶金片，它有较好的抗熔焊、耐电弧、耐机械磨损和电磨损性能，且导电、导热性能好。联锁触头采用盒式桥式双断点触头，材料是纯银，两常开两常闭。

（2）灭弧装置：主要由灭弧罩、灭弧角、吹弧线圈及磁吹铁心等组成。灭弧罩的结构为横缝式，采用长短弧相结合的横缝螺圈式灭弧方式；灭弧角由 2 mm 厚黄铜板压制而成用来导弧；在磁吹线圈中装有磁吹铁心，线圈两端用左、右侧板夹紧，组成了接触器的磁吹灭弧系统。

（3）传动装置：主要由电空阀、传动汽缸、绝缘杆等组成。电空阀采用闭式电空阀；传动汽缸竖放，缸内有活塞及连杆等，绝缘杆用以隔离带电体。

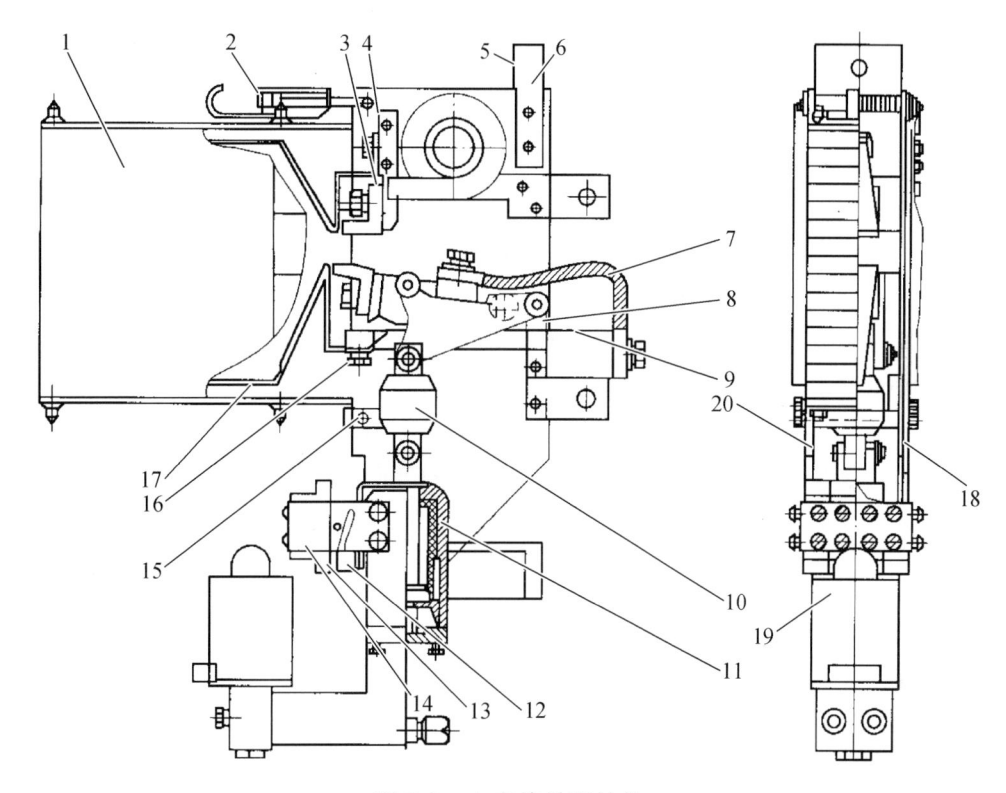

图 8.8 电空接触器结构

1—灭弧罩；2—挂钩；3—静触头弧角；4—静触头；5—吹弧线圈；6—安装杆；7—软联线；
8—杠杆出线座；9—杠杆支架；10—绝缘杆；11—传动汽缸；12—联锁板；
13—联锁触头；14—联锁支架；15—灭弧室支板；16—动触头弹簧；
17—动触头弧角；18—右侧板；19—电空阀；
20—左侧板

其动作原理是：当电空阀线圈得电时，压缩空气经电空阀进入传动风缸，推动活塞克服反力弹簧的作用力带动绝缘杆上移，并通过杠杆支架带动动触头与静触头闭合；当电空阀失电时，传动风缸内的压缩空气经电空阀排向大气，使活塞在反力弹簧作用下复位，带动绝缘杆、杠杆支架及动触头下移，与静触头分离，切断电路；触头带电分断时产生的电弧，在磁吹线圈的作用下，沿分弧角进入灭弧罩，被分割、拉长、冷却进而熄灭；主触头动作的同时，活塞杆通过联锁支架带动联锁触头作相应的分合转换。

第三节　继电器基本知识

一、继电器的定义及组成

继电器是根据输入量变化来控制输出量跃变的自动电器。在动车组控制电路中，继电器具有控制、保护或转换信号的作用。

不论继电器的动作原理、结构形式、使用场合如何千差万别，它们都是根据外界输入的一定信号来控制电路中电流的"通"与"断"的，也就是实现输出量的"跃变"。继电器一般由测量机构、比较机构和执行机构三部分组成。

测量机构是反应继电器输入量的装置，用于接收输入量，并将其转换成继电器工作所必须的物理量。比较机构是将输入量与其预设的整定值进行比较，根据比较结果决定执行机构是否动作。执行机构是反应继电器输出的装置，它根据比较的结果进行动作，作用于被继电器控制的相关电路中，以得到必须的输出量。

对于大部分继电器来说，输入量可能是电压、电流、功率等电量，也可能是液体或气体的静压力、动压力或热、光、声和机械力等非电量。其输出量则只能是电量，如触头的动作或电参数的变化等，如图 8.9 所示。

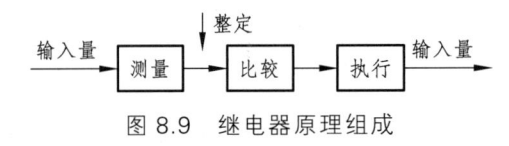

图 8.9　继电器原理组成

二、继电器的分类

继电器的用途很广，种类繁多，对不同类型的继电器要求不同，有时对同一种类型的继电器也需要从不同的方面去说明它的特性。因此，继电器有很多种分类方法：

（1）按继电器的用途分，可分为控制继电器和保护继电器。

（2）按输入量的物理性质分，有电量（如电压继电器、电流继电器）和非电量（如风压继电器、风速继电器）。

（3）按作用原理分，可分为电磁式继电器、电子式继电器和机械式继电器等。

（4）按执行机构的种类分，可分为有触点继电器和无触点继电器。有触点继电器的执行机构为触头，无触点继电器是通过触发器的翻转状态变化（晶体管的导通和截止）来完成控制电路的通和断，没有明显的开断点。

（5）按作用分，有电流继电器、电压继电器、时间继电器、中间继电器、压力继电器等。电流继电器是指当继电器线圈流过的电流达到规定值时动作的继电器，其吸引线圈与电路串联，故线圈直径较粗，匝数较少，多作过载或短路保护之用。电压继电器是指当继电器线圈两端电压达到规定值时动作的继电器，其吸引线圈与电路并联，故线圈直径较细，匝数较多，主要作控制用。时间继电器是指从接受信号至触头动作（或使输出电路的电参数产生跳跃或改变）具有一定的延时的继电器。中间继电器是指用来增加控制电路数目或将信号放大的继电器，它实际上也属于电压继电器。

三、继电器的特点

继电器一般不直接控制主电路或辅助电路,而是通过接触器或主电路及辅助电路中的其他电器对主电路及辅助电路进行控制的。与接触器相比较,继电器具有以下特点:

(1)继电器触头容量小,采用点接触形式,没有灭弧装置,体积和重量也比较小。
(2)继电器的灵敏度要求极高,输入、输出量应易于调节。
(3)继电器能反应多种信号(如各种电量、速度、压力等),其用途很广,外形多样化。
(4)继电器不能用来开断主电路及大容量的控制电路。

四、继电器的工作原理和继电特性

继电特性是指继电器的输入量与输出量之间的特定关系,是继电器最基本的输入-输出特性。

继电特性可以通过下面继电器工作过程的分析来得到。

图 8.10 为继电器的继电特性示意图,输入量用 X 来表示,输出量用 Y 表示。当输入量从零增加时,在 $X < X_{dz}$ 的过程中,衔铁不吸合,常开接点保持打开,继电器不动作,输出量 $Y = 0$;当 $X = X_{dz}$ 时,衔铁吸合,常开接点闭合,输出量即达到 $Y = Y_1$,继续增加 X 到 X_e(额定输入量),输出仍保持 Y_1(常开接点继续闭合)。当输入量 X 从 X_e 减少时,在 $X > X_{fh}$ 过程中,常开接点继续闭合,输出保持 Y_1 不变。当 $X = X_{fh}$ 时,输入量产生的吸力不足以吸合衔铁,衔铁释放,常开触头打开,继电器返回,输出量 Y 为零,继续减少输入量 X 到零,输出均保持在 Y 为零状态。

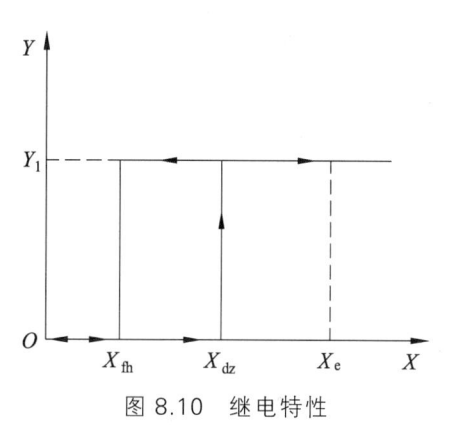

图 8.10 继电特性

可见,继电特性由连续输入、跃变输出的折线组成,图中 X_{dz} 称为接点动作值,X_{fh} 称为接点的返回值。

五、继电器的基本参数

1. 额定参数

额定参数指输入量的额定值及触点的额定电压、额定电流等。

2. 动作值

动作值是使继电器吸合动作所需要的最小物理量的数值,如电流继电器的动作电流,电压继电器的动作电压,风压继电器的动作风压等。

3. 释放值

释放值是使继电器释放动作所需要的最大物理量的数值,如电流继电器的释放电流,电压继电器的释放电压,风压继电器的释放风压等。

动作值和释放值又称为继电器的动作参数。

4. 整定参数

整定参数指继电器可以调整的参数。

继电器的动作参数需要有一定的调节范围,以满足被控对象或被保护对象对继电器的要求。调节继电器动作参数的过程叫做继电器的整定。多数控制继电器,凡是有动作参数要求的,一般都可以调整,如时间继电器的延时时间、电压继电器的动作电压等。

5. 返回系数

返回系数是指继电器输入量的释放值与动作值之比,用字母 K_{fh} 表示,即

$$K_{fh} = \frac{X_{fh}}{X_{dz}}$$

返回系数是继电器的重要参数之一,其值一般小于 1,而且可调。返回系数是根据被控对象或被保护对象的要求来确定的,对继电器的返回系数要求越高,继电器的结构越精密,价格也越高。实际上返回系数要求越高(即 K 值越接近于 1),说明释放值和动作值越接近,继电器的吸力特性和反力特性配合得越好。一般的电压或电流继电器属高返回系数的继电器,其返回系数规定大于 0.65。有些专用继电器对返回系数有特殊的要求。

6. 灵敏度

继电器的灵敏度指按要求整定好的继电器能吸合动作所需要的最小功率或最小安匝数。一般用动作功率或动作安匝来表示继电器的灵敏度。不同类型的继电器在安匝数相同时,消耗的功率可能不同,继电器消耗的功率越小,灵敏度越高。

7. 动作时间和释放时间

动作时间是指继电器自通电(或接受其他信号)起,到所有触点达到工作状态止所经过的时间间隔。释放时间是指继电器自断电(或接受其他信号)起,到所有触点恢复到释放状态止所经过的时间间隔。按动作时间或释放时间的长短,继电器可分为快速动作、正常动作和延时动作三大类。

六、继电器在线路中的表示方法

对电磁式继电器来说,其线圈是否有电,就决定着其触头处于闭合位还是断开位。因此,在线路图中,我们只要把继电器的线圈和它的各个触头表示出来,就能显示出该继电器在电气系统中的作用。为了区别各个不同用途的继电器,每一继电器都给以一定的名称,并用符号标注。在电路图中,这些代号就标注在该继电器的线圈或触头符号的旁边。继电器触头在电路图中按"上开下闭、左开右闭"的原则表示。

继电器和接触器的符号表示方法在电路图中一般都有说明。在电路图中,同一电器的线圈和触头(包括主触头和联锁触头)往往都不画在一起,但代号是相同的,以表示控制与被控制的关系。

第四节　动车组用继电器的结构和原理

一、电磁式继电器

电磁式继电器的测量机构是电磁铁，执行机构是触头。它具有工作可靠、结构简单、易于制造等特点，所以得到了广泛的应用。

1. 中间继电器

中间继电器在控制电路中作为逻辑传递的一个环节元件，用于增加信号数量、量值放大以及开闭逻辑状态转换。

直动立体布置结构的中间继电器如图 8.11 所示。主要由传动装置和触头（接点）装置组成。

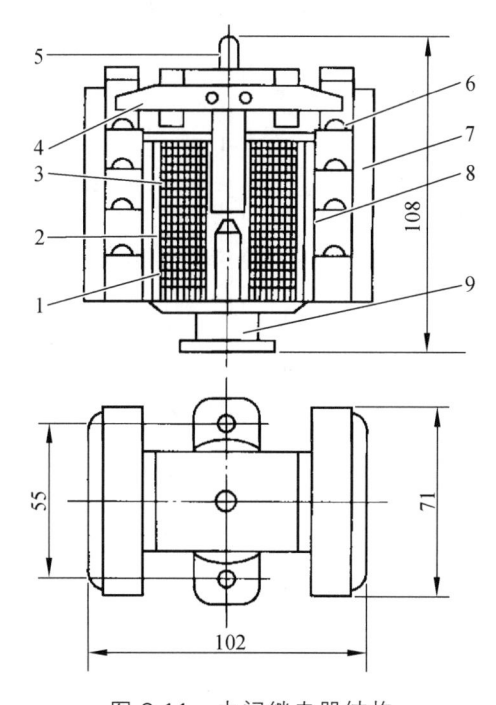

图 8.11　中间继电器结构
1—线圈；2—磁轭；3—铁心；4—衔铁；5—按钮；6—触头组；
7—防尘罩；8—反力弹簧；9—支座

传动装置：由直动螺管式电磁铁构成。铁心和线圈布置在继电器中央，为了获得较平坦的吸力特性和足够的开距，铁心采用锥形衔铁，继电器的反力特性依靠动触头支架上的一对拉伸弹簧调节，衔铁上还有手动按钮，以供检查及故障操作之用。

触头装置：接点（联锁触头）为 8 对桥式，可根据需要任意组合成 2 开 6 闭，4 开 4 闭，6 开 2 闭的方式，但必须注意两个触头盒中的常开常闭接点数应对称布置。为了防尘和便于观察接点，继电器带有透明的防尘罩。

2. 接地继电器

接地继电器用于主电路及辅助电路的接地保护，其结构如图 8.12 所示。主要由电磁系统、触头系统、指示器、接线端子及有机玻璃罩等组成，组装在由酚醛玻璃纤维压制成的底板上。接地继电器的磁系统为拍合式电磁铁并带有吸引线圈，指示器带有恢复线圈及螺管式磁路。有两对主触头和一对联锁触头，都是桥式断点，主触头由衔铁控由指示杆带动。

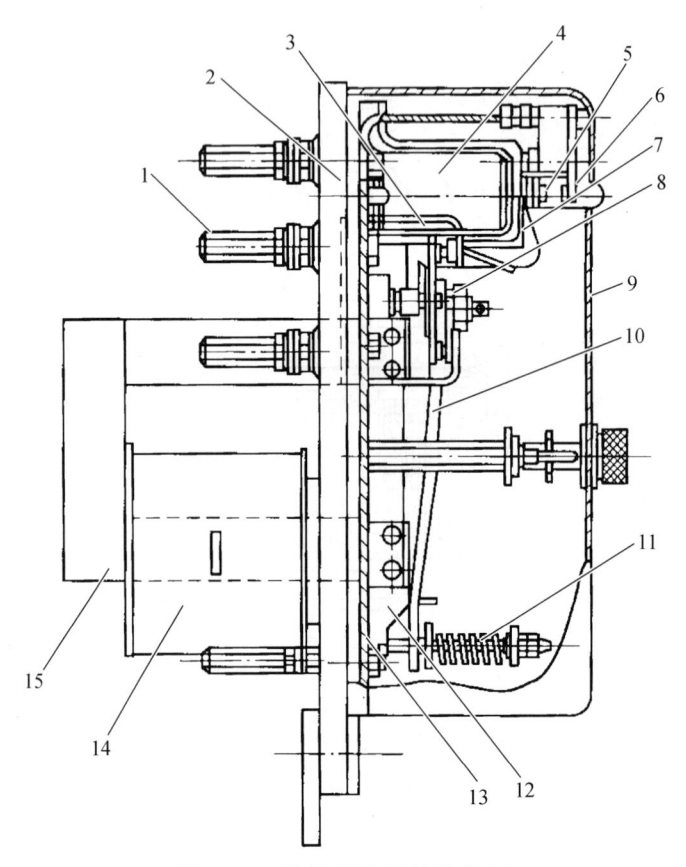

图 8.12 接地继电器结构简图

1—接线端子；2—底板；3—主触头；4—恢复线圈；5—联锁触头；6—指示杆；7—钩子；
8—扭簧；9—外罩；10—衔铁；11—反力弹簧；12—支座；
13—非磁性垫片；14—吸引线圈；15—铁心

接地继电器的工作原理分为正常工作情况、故障情况和恢复情况三种。

1）正常工作情况

在正常工作时，接地继电器的吸引线圈 14 两端的电压小于动作值，控制电磁铁产生的电磁吸力小于反力，衔铁 10 处于打开位置。同时，指示杆 6 被钩子 7 勾住，其涂红漆的顶部被压在透明外罩内，常开联锁触头处于打开位置。

2）故障情况

当出现接地故障时，控制电磁铁吸引线圈 14 的电压达到其动作值时，衔铁 10 在电磁吸力的作用下吸合动作，带动主触头3切换有关电路，使主断路器分断，达到保护目的。与此同时，衔铁10压迫钩子7的尾部，迫使钩子克服扭簧8的作用旋转，指示杆6脱扣，并使其涂红漆部分在指示杆显示动作弹簧的作用下跳出透明外罩，显示动作信号，这是一种机械信号；同时，常开联锁触头5也随之闭合，在司机室内显示相应的电信号。

3）恢复情况

当主电路接地故障消除时，衔铁10在反力弹簧11的作用下恢复原位，但指示杆6发出的机械信号仍保持，常开联锁触头仍处于闭合状态，故司机室内的电信号也仍然保持。

故障处理完毕，如需要继续投入运行，只有通过恢复电路环节，使恢复线圈短时得电，将指示杆重新吸入罩内，联锁触头断开，继电器才恢复正常状态。

3. 时间继电器

电子时间继电器作为控制电路中的时间控制元件，采用集成电路555或556作为功能单元的主要元件，用微型大功率密封中间继电器作为执行单元。集成电路和元器件固体封装于一个金属盒内，具有防电磁干扰、防尘和防震等作用，使整机工作更为可靠。

电子时间继电器的原理框图如图8.13所示，吸合延时时间继电器的功能单元主要由稳压电路、RC网络、时基电路（555或556）、输出接口电路及信号显示电路组成。释放延时时间继电器需要在此基础上增加控制电路（虚线表示）。时间继电器的执行单元为小型密封式电磁继电器，对负载实行多路控制。

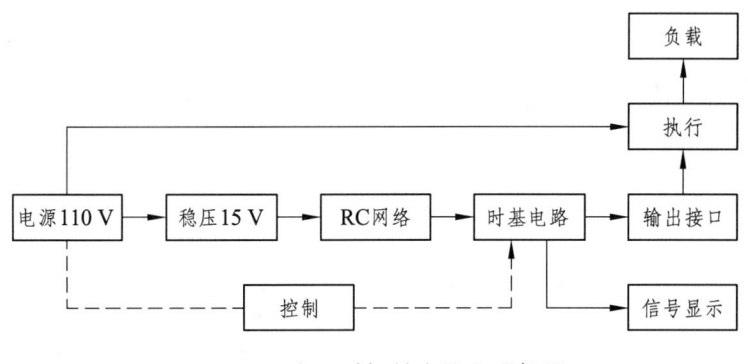

图8.13 电子时间继电器原理框图

4. 电流继电器

电流继电器作为主电路和辅助电路过流保护之用。如图8.14所示，该继电器磁系统是由呈角板形的磁轭、固定在磁轭上的圆形铁心、平板形衔铁所组成，衔铁绕磁轭棱角支点转动而成拍合式动作。磁系统上部衔铁一端装有反作用弹簧，继电器不通电时，借助于反作用弹簧的反力使衔铁打开。同样也利用改变反作用弹簧的压力大小来调节继电器动作电流整定值。在磁系统下部装有触头组，与衔铁支件连接，并由衔铁带动触头开闭。在铁心端的衔铁上装有非磁性垫片，利用调整非磁性垫片的厚薄来调节继电器的释放电流值，即调整返回系数。

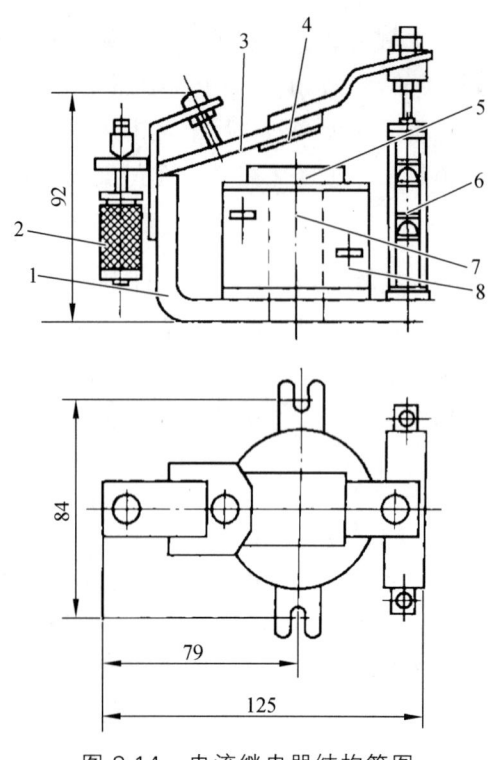

图 8.14 电流继电器结构简图
1—磁轭；2—反力弹簧；3—衔铁；4—非磁性垫片；5—极靴；
6—触头组；7—铁心；8—线圈

5. 风速继电器

风速继电器安装在变流装置、变压器等设备的通风系统的风道里，用来反映通风系统的工作状态是否正常，以确保通风系统有足够的风量，保护发热设备。

风速继电器的结构如图 8.15 所示，它属于机械式继电器，主要由测量、比较、执行 3 个环节组成。

测量环节是在风压力作用下绕轴转动的叶片装置，用以感测风速。比较环节由扭簧和反力弹簧等组成，以决定继电器是否有输出（动作）。执行环节是微动开关触头。在风叶轴上铆有传动块并套有轴套，在套上套有扭簧，通过扭簧和传动块将叶片上的力矩传到传动组件。

传动组件由传动板，滚轮和弹性传动件组成。传动块固定在轴套上，通过传动板上的拨杆、传动块又与扭簧相连，弹性传动件上端套在微动开关的支架上，下端装有滚轮，通过滚轮与传动板接触。

其动作原理是：当风速继电器叶片在风压力作用下转动时，传动块随着转动，传动块通过扭簧拨动传动组件，克服反力弹簧的作用，压迫微动开关动作，使其常开触头闭合，接通相应的控制电路正常工作。当通风系统发生故障无风量或风量很小时，风叶片在扭簧和反力弹簧的作用下恢复到原位，使继电器返回，微动开关释放，其常开触头打开，从而切断相应的控制电路。

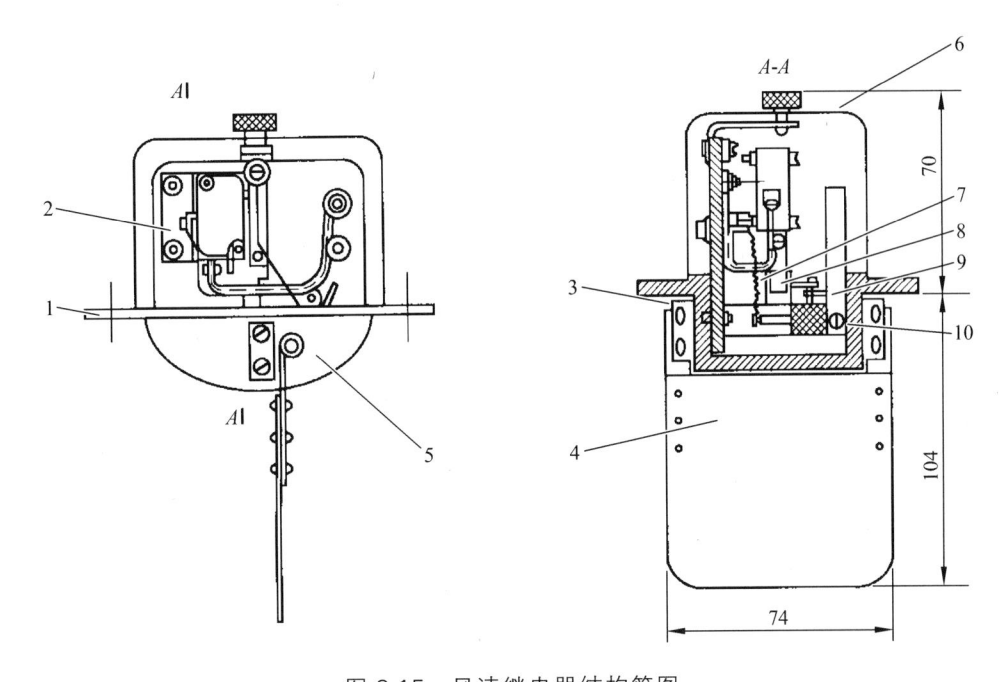

图 8.15 风速继电器结构简图

1—底座；2—微动开关；3—挡块；4—风叶；5—转轴；6—盖；7—反力弹簧；
8—传动组件；9—传动块；10—扭簧

继电器的动作整定风速值靠调节反力弹簧 7 来整定。反力弹簧 7 的反力则通过改变弹簧挂勾的上、下位置来调节。

6．风压继电器

风压继电器用作气路保护，当主断路器储风缸压力超过设定值时，压力继电器动作，触头闭合，接通主断路器合闸电路，主断路器方能合闸，防止在低气压下分合主断路器。

风压继电器的结构如图 8.16 所示。其作用原理是：支架组装 10 的传动件用铁片造型而成，它通过两个拉力弹簧活动穿装于支架组装的孔中。当风压低于设定值时，支架组装的传动件处于图示位，它与行程开关 9 的按钮分离。当气路中的空气压力达到设定值时，橡胶膜阀 13 在空气压力的作用下克服反力弹簧 6 的作用力推动活塞 11 上移，从而推动支架组装 10 的传动件，使它克服反力弹簧的作用，绕与支架组装的活连接点顺时针方向转动，触动行程开关 9 的按钮，行程开关开始动作。

7．典型动车组用继电器

CRH2 动车组总配电盘、控制继电器盘使用了可靠性高的继电器，即采用印刷电路板型多极继电器，这些继电器电路配置在不同的印刷电路板上。

印刷电路板型多极继电器型号构成如图 8.17 所示。

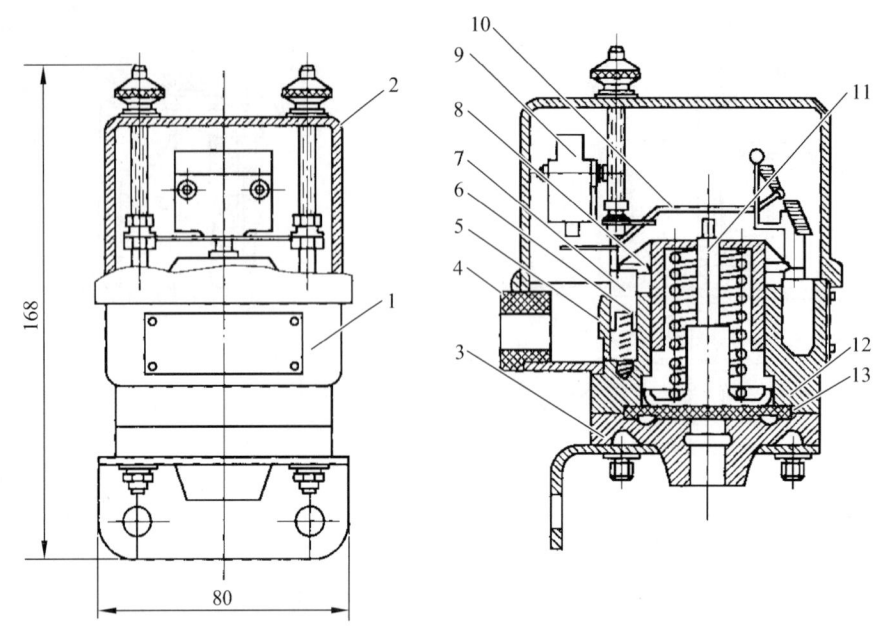

图 8.16　风压继电器结构简图

1—壳体；2—上盖；3—下盖；4—橡皮环；5、6—弹簧；7—止销；8—调节螺母；9—行程开关；
10—支架组装；11—活塞；12—阀体；13—橡胶膜阀

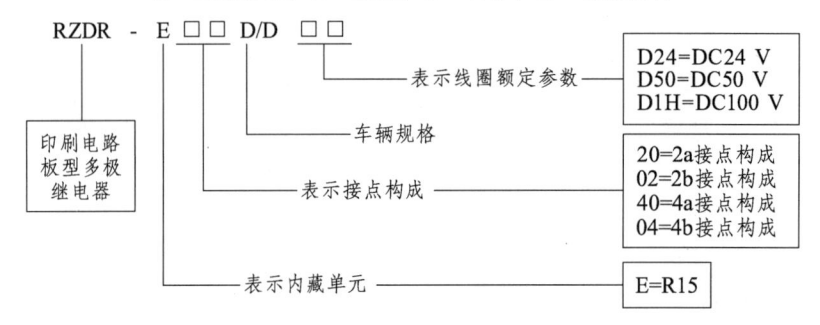

图 8.17　印刷电路板型多极继电器型号构成

8. 继电器的选用与保护

细致地了解各继电器的性能、参数和使用条件，正确地选择和使用继电器，是确保继电器及其被控制或保护对象可靠工作，正常运行的重要环节。

选用继电器的一般步骤：

（1）根据输入信号的性质、使用环境、动作频率、寿命要求以及工作制度和安装尺寸等因素选择继电器的种类和型号。

（2）根据输入信号的电气参数，选定继电器的输入参数。

（3）根据控制要求确定接点的种类。

（4）根据被控回路的多少，确定继电器接点的对数活组数。

（5）根据负载的性质与容量，确定继电器触点的容量。

对于动作频繁的继电器，其触点由于电弧和等烧损故障，会引起其接触电阻发生变化，进而引起继电器线圈输入电压降低。当线圈输入电压低于 85% 额定电压时，继电器不能正

202

常工作，为此，控制电路电压应选取较高值；采用低压控制时，建议采用并联型触点，以提高工作可靠性。对于触点接触电阻，应定期进行检查。

继电器触点用于开断直流感性负载时，一般在额定电压不变的情况下，开断电感性负载的电流只能为开断电阻负载的30%左右。造成开断电感性负载能力降低的原因是电弧的产生，此电弧是由于自感电势与电源电压叠加，接点间隙中的空气被击穿而放电。克服这种问题可以采取以下三种方法：

（1）在触点两端并联电容的电阻。在触点断开瞬间，电容器存储电感负载的能量，使供给触点的电弧能量减少并加快熄灭；触点再闭合时，电阻会限制电容对触点的放电电流，避免触点烧损。

（2）在电感负载两端并联电容和电阻。

（3）可在直流电路中使用的电感两端并联续流二极管。

9. 有触点继电器常见故障的处理

有触点继电器在使用过程中，由于各种原因，如产品质量不高、使用不当、维修不好等，常常发生各种各样的故障，最常见的有以下几种。

触头故障：

（1）由于触头的机械咬合（触头上形成的针状凸起与凹坑相互咬住）、熔焊及冷焊而产生无法断开的现象。

（2）由于接触电阻变大和不稳定，使电路无法正常接通的现象。

（3）由于负载过大，或触头容量过小，或负载性质变化等引起触头无法分、合电路的故障。

（4）由于电压过高或触头开距变小而出现触头间隙重新击穿的故障。

（5）由于电源频率过高或触头间隙电容过大而产生无法准确开断电路的故障。

（6）由于各种环境条件不满足要求而造成触头工作的失误。

（7）由于没有采用熄弧装置或措施，或参数选用不当而造成触头磨损，或产生不必要的干扰。

线圈故障：

（1）由于环境温度的变化（超过技术条件规定值）导致线圈温升超过允许值而引起线圈绝缘的损坏；由于潮湿而引起绝缘水平的严重降低；由于腐蚀而引起内部断线或匝间短路。

（2）由于线圈电压超过110%额定电压而导致线圈损坏。

（3）在使用维修时，可能由于工具的碰伤而使线圈绝缘损坏，或引起线折断。

（4）由于线圈电压接错，如额定电压为110 V的线圈接到220 V的电源电压上，或将交流电压线接到同样的等级的直流电压上而使线圈立即烧坏。

（5）交流线圈可能由于线圈电压超过110%额定电压，或操作频率过高，或当电压低于85%额定电压时因衔铁吸合不上而烧坏。

（6）当交流线圈接上电压时，可能由于传动机构不灵或卡死等原因，使衔铁不能闭合而使线圈烧坏。

磁路故障：

（1）棱角和转轴的磨损，导致衔铁转动不灵或卡死的故障。

（2）在有些直流继电器中，由于机械磨损，或非磁性垫片损坏，使衔铁闭合后的最小气隙变小，剩磁过大，导致衔铁不能释放的故障。

（3）交流继电器铁心上分磁环断裂，衔铁和铁心极面生锈或侵入杂质时，将一起衔铁振动，产生噪音。

（4）交流继电器E型铁心中，由于两侧铁心的磨损而使中柱的气隙消失时，将产生衔铁粘住不放的故障。

其他故障如：

各种零件产生变形或松动，机械损坏，镀层裂开或剥落，各带电部分与外壳间的绝缘不够，反力弹簧因疲劳而失去弹性，各种整定值调整不当，产品已达额定寿命等。

继电器产生故障的原因很多，除了要求生产厂商确保产品的质量以外，正确使用和认真维修也是减少故障、保证可靠工作的重要环节。

10. 继电器的维修

由于动车组工作条件恶劣，各继电器及部件的性能与参数也将随着工作任务与使用时间的改变而改变，而且还经常受到各种偶然因素的影响。因此，必须对这些情况经常地监视和及时地了解，对可能出现的各种异常现象及早地提防，对某一继电器或继电器的某一部件产生的故障及时地维修或更换，以确保各继电器的使用寿命，确保动车组正常而可靠地工作。所以，坚持预防为主的方针。建立必要的维修制度，对继电器进行经常的和定期的维修时十分必要的。

尽管继电器型号不同，检修方法也有区别，但是在检修时都应按一下共同的要求进行。

（1）继电器活动部分的动作应灵活、可靠、外罩及壳体应无损坏或缺少零件等情况。

（2）继电器线圈引出端子及外部连接线必须牢固、可靠，电磁继电路吸引线圈的阻值必须符合有关的技术规定。有指示件的继电器应检查指示件的自锁和释放作用，保证其正确、可靠。

（3）绝缘状态良好，磨耗件及易损坏（包括胶木件、外罩、分磁杯、非磁性垫片等）有缺损时应更新，各连接部分的紧固状态应良好。

（4）测量继电器触头厚度、开距、超程及终压力等技术参数，必须符合有关规程和工作文件的要求

（5）调整继电器动作参数的整定值，并加漆封固定。有特殊要求时，还应测量继电器的返回系数。

必要时，某些继电器在检修后还应做振动试验、触头压力及绝缘电阻测试等。

复习思考题

1. 接触器有什么特点？

2. 接触器由哪几部分组成？
3. 什么是接触器的动作值和释放值？
4. 什么是接触器的机械寿命和电气寿命？
5. 简述交流电磁接触器的结构特点。
6. 真空接触器有什么特点？
7. 简述电空接触器的动作原理。
8. 什么是继电器的继电特性？
9. 什么是继电器的返回系数？
10. 简述接地继电器的工作原理。
11. 电流继电器有什么作用？
12. 简述风速继电器的动作原理。
13. 风压继电器有什么作用？

第九章　网侧高压电气设备

第一节　受电弓

受电弓靠滑动接触而受流，是动车组与固定供电装置之间的连接环节，其性能的优劣直接影响到动车组工作的可靠性。随着动车组运行速度的不断提高，对其受流性能也提出了越来越高的要求。

用于动车组的受电弓应满足以下基本要求：

（1）受电弓的滑板与接触导线之间要保持恒定的接触压力，以实现比常规受电弓更为可靠的连续电接触。受电弓的滑板与接触导线之间的接触压力不能过大或过小。因此，受电弓的结构应保证滑板与接触导线在规定的受电弓工作高度范围内保持恒定不变且大小合适的接触压力。

（2）与常规受电弓相比，要尽可能减轻受电弓运动部分的质量，以保证与接触导线有可靠的电接触。运行中，受电弓将随着接触导线高度的变化而上下运动；在高速条件下，这种运动更为频繁，从而直接影响滑板与接触导线之间接触压力的恒定。由于接触压力除与接触网的结构、性能有关外，还与受电弓的静态特性有关，因此对于高速受电弓，除必须保证机械强度和刚度外，尽可能降低受电弓运动部分的质量，从而减小运动惯性，这样才能使受电弓滑板迅速跟上接触导线高度的变化，保证良好的电接触。

（3）由于高速运行时空气阻力很大，因此受电弓在结构设计上要作充分考虑，力求使作用在滑板上的空气阻力由别的零件承担，从而使受电弓滑板在其垂直工作范围内始终保持水平位置，以减小甚至消除空气阻力对滑板与接触导线间接触压力的影响。

（4）滑板的材料、形状、尺寸应适应高速的要求，以保证良好的接触状态及更高的耐磨性能。

（5）要求受电弓在其工作高度范围内升降弓时初始动作迅速，终了动作较为缓慢，以确保在降弓时快速断弧，并防止升降弓时受电弓对接触网和底架有过大的冲击载荷。

CRH系列动车组早期为时速200~250千米速度等级（以CRH2A为例），后又进一步生产出时速350千米速度等级的动车组（以CRH380B为例）。速度越快，对受电弓性能要求越高。本节主要介绍CRH2A型动车组上使用的DSA250型和CRH380B型动车组上使用的法维莱CX018型受电弓。

一、DSA250型受电弓

DSA250型受电弓适合中国既有线路和客运专线接触网，安装高度距轨面5 300~6 500 mm，其间用特高压配线连接，最高运用速度为250 km/h，受电弓安装自动降弓装置。

动车组正常运行时，采用单弓受流，另一台备用，处于折叠状态。

1. 结　构

升弓装置安装在底架上，通过钢丝绳作用于下臂。下臂、上臂和弓头由较轻的铝合金材料结构设计而成，DSA250型受电弓构成如图9.1所示。

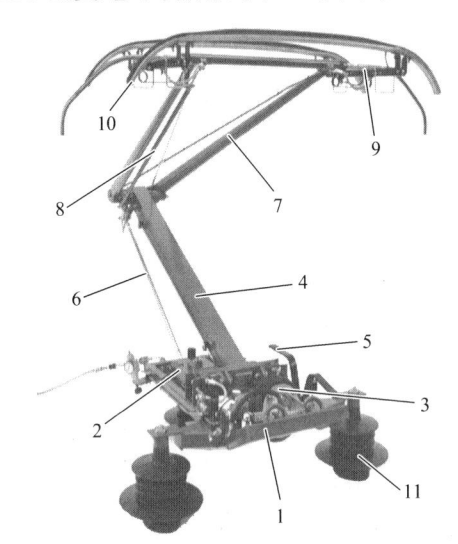

图9.1　DSA250型受电弓构成

1—底架；2—阻尼器；3—升弓装置；4—下臂；5—弓装配；6—下导杆；7—上臂；
8—上导杆；9—弓头；10—滑板；11—绝缘子

滑板安装在U形弓头支架上，弓头支架垂悬在4个拉簧下方，两个扭簧安装在弓头和上臂间，这种结构使滑板在机车运行方向上移动灵活，而且能够缓冲各方向上的冲击，达到保护滑板的目的，如图9.2所示。

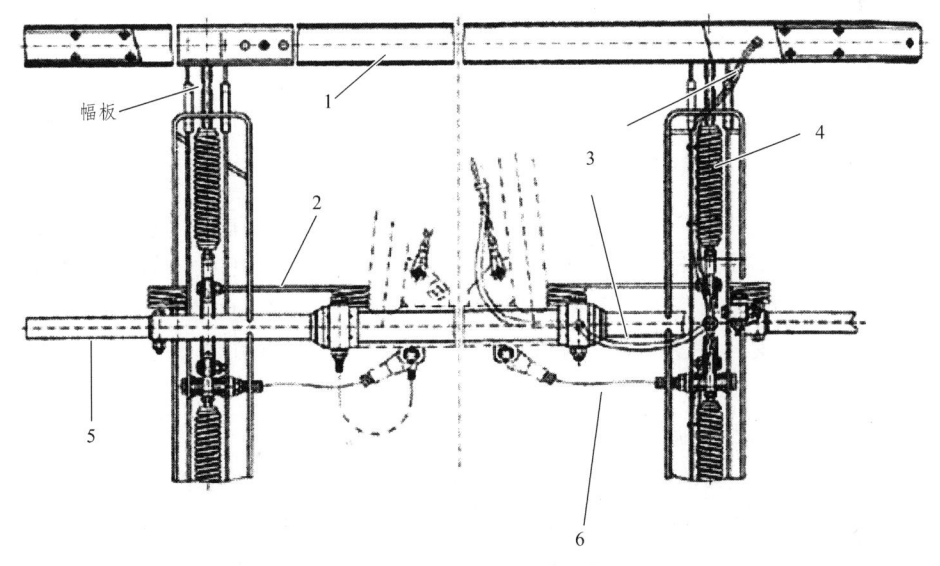

图9.2　DSA250受电弓弓头构成

1—滑板；2—扭簧；3—导气管；4—拉簧；5—集电头；6—编导线

对于不同型号和不同速度等级的机车，受电弓的空气动力学性能可以通过安装弓头翼片来进行调节（选装）。

气动元件安装在位于底架的控制盒内，自动降弓装置可以监测到滑板的使用情况，如果滑板磨耗到限或受冲击断裂后，受电弓会迅速自动降下，防止弓网事故进一步扩大。

当重联运行时，一旦前弓因故自动降弓后，滑板监测装置可以通过 TCMS 系统，实现后弓的连锁降弓，从而保护后弓免受损坏。ADD 关闭阀置于车内，当受电弓自动降弓后，如果对接触网没有造成损坏，而且对受电弓性能没有影响时，可关闭 ADD 关闭阀，重新升起受电弓。更换滑板后，应重新启动 ADD 装置。

2. 技术参数

（1）型号：DSA250；

（2）设计速度：250 km/h；

（3）试验速度：250（1±10%）km/h 275 km/h；

（4）额定电压、电流：25 kV/1 000 A；

（5）标称接触压力：70 N（可调整）；

（6）升弓驱动方式：气囊装置；

（7）输入空气压力：0.4～1 MPa；

（8）升弓时间/降弓时间：不大于 5.4 s/不大于 4 s

（9）静态接触压力为 70 N 时的标称工作压力：约 0.35 MPa；

（10）弓头垂直移动量：60 mm；

（11）材料：

① 滑板：整体钛滑板（铝托架、碳条），

② 弓角：钛合金，

③ 上臂、下臂：高强度铝合金，

④ 下导杆：不锈钢，

⑤ 底架：低合金高强度结构钢；

（12）质量：约 113 kg（不包含绝缘子）。

3. 升降系统的工作原理及动作

DSA250 型受电弓的升弓是由气动力驱动的，气动原理图如图 9.3 所示。压缩空气通过电控阀经过滤器进入精密调压阀，精密调压阀（3）用于调节受电弓接触压力，输出压力恒定的压缩空气，其精度偏差为 ±0.002 MPa。因为气压每变化 0.01 MPa 会使接触压力变化 10 N。精密调压阀在工作过程中，为保证输出压力稳定，溢流孔和主排气孔始终由压缩空气间歇性排出，属正常现象。

压力表 4 显示值仅作为参考，应以实测接触压力为准。单向节流阀 2 用于调节升弓时间。如果精密调压阀出现故障，安全阀会起到保护气路的作用。精密调压阀运用中不得随意改变其动作值，为保证各种控制阀正常使用，应严格防止水和其他杂质渗入。（注意机车上部件管接头的密封，并及时检查清理空气过滤器。精密调压阀的更换应采用原厂配件或装备部制定的产品。）

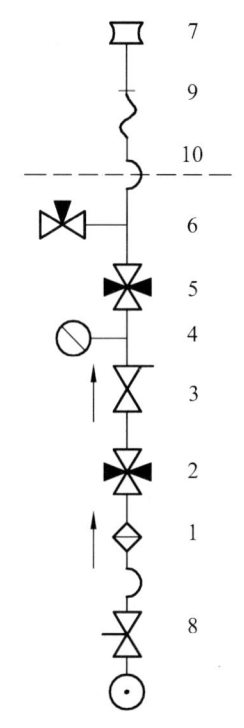

图 9.3 受电弓气动原理图

1—空气过滤器；2—单向节流阀（升弓）；3—精密调压阀；4—压力表；5—单向节流阀（降弓）；
6—安全阀；7—升弓装置；8—电空阀；9—绝缘管；10—车顶界面

自动降弓装置（ADD）的工作原理如图 9.4 所示，经过调压后的压缩空气进入到带有风道的碳滑板 5，如果滑板出现空气泄露，达到一定的压力差值后，快速降弓阀 2 动作，升弓装置 4 中的气体会从快速降弓阀中迅速排除，从而实现自动降弓。

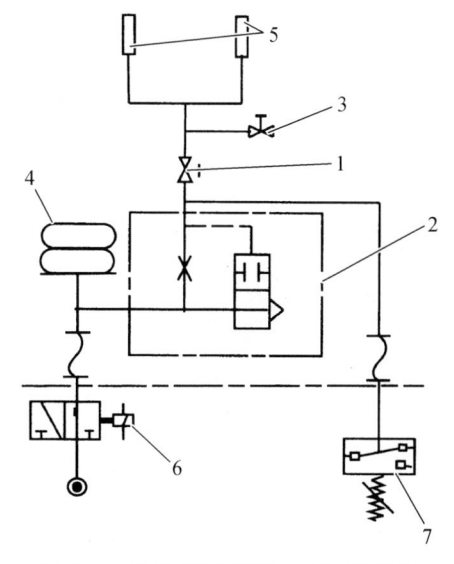

图 9.4 自动降弓装置 ADD 原理图

1—ADD 关闭阀；2—快速降弓阀；3—ADD 试验阀；4—升弓装置；
5—滑板；6—电磁阀；7—压力开关

滑板若存在微小裂缝和少量的漏气,受电弓仍能升起,则属于正常允许范围,滑板可继续使用。

装有主断分断装置的受电弓,如果滑板受到冲击泄露时,压差同时使得压力开关7产生一个电信号传输给机车主断分断装置,机车控制盒会切断主断路器。同时切断电磁阀6,停止供气,压缩空气会快速从机车主断分断装置的快排阀及受电弓的快速降弓阀2排出,迅速降弓,这样可避免在下降的过程中电弧对网线和受电弓的损坏。

在正常的升弓条件下,压力开关有延时功能,延时设置约为15~20 s。如果快速降弓阀和滑板间的气管断裂,自动降弓装置可以通过关闭阀(停止阀)1停止使用。

二、法维莱CX018受电弓

法维莱CX018型受电弓为了满足更快速度的需求,减轻了弓头的质量便于和接触网更有效的接触,通过风洞试验和3D动力试验台优化了高速下空气动力学性能,采用了计算机控制的专用气动控制单元等。在这些新技术的帮助下,使得该受电弓具有更低的接触网线磨损,更低的离线概率,更低的维护成本等优点。

1. 结　构

法维莱CX018型受电弓总体结构与DSA250型相近,如图9.5所示。受电弓由气囊组

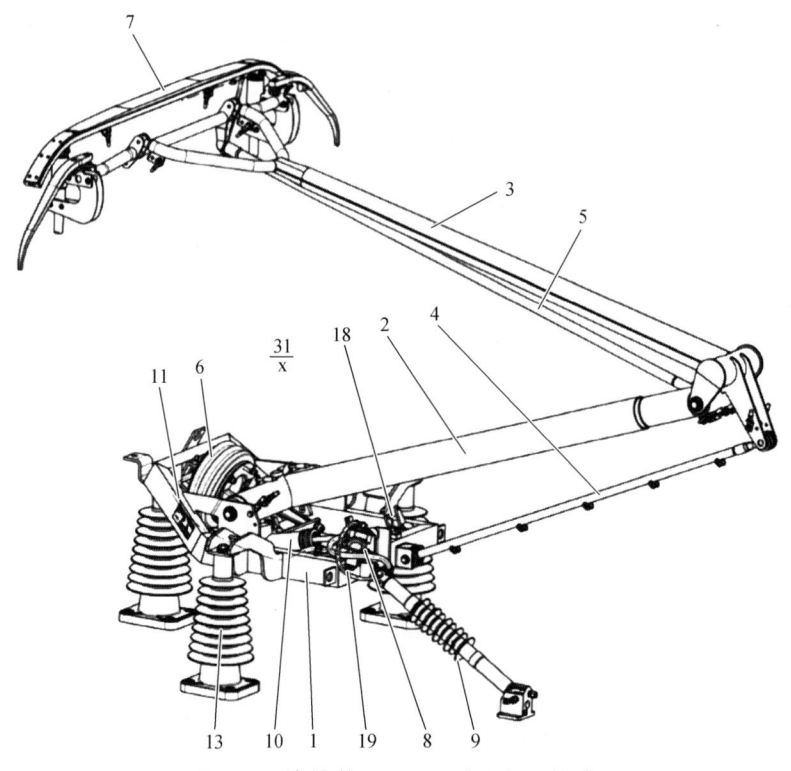

图9.5　法维莱CX018型受电弓构成

1—底架；2—下臂；3—上臂；4—下导杆；5—上导杆；6—平衡系统(气囊)；7—弓头；8—ADD装置；
9—APIM装置；10—减震器(阻尼器)；11—铭牌；13—绝缘子；14—APIM装置；
18—止挡；19—压缩空气管路

成的气动平衡系统控制，该气囊的压力空气由气动控制单元提供。在压力空气作用下气囊产生扭矩，通过凸轮及弹性连接轴作用在下臂的铰链处。从而使受电弓根据设定速度升弓。通过气动控制单元调整压缩空气的压力，在该压力作用下不断改变受电弓的升弓高度，使弓头和接触线之间保持一定的接触力。如果压力空气供应中断或者低压电源供应发生故障，受电弓会自动降弓。APIM 装置为受电弓提供压缩空气，也承担了电气绝缘的任务。降弓的控制方式是随着气囊内的压力空气排空后由重力作用自动实现。

弓头减轻了质量优化了结构，只有一个碳滑板，滑板支架安装在两个弹簧盒上方，通过弓头支架和上臂连接，如图 9.6 所示。

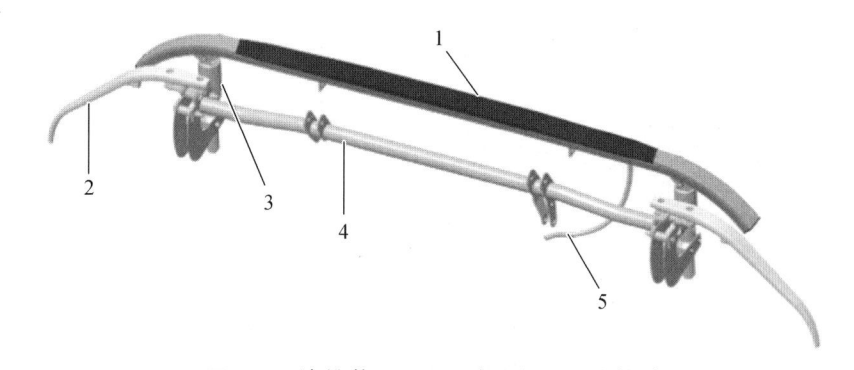

图 9.6　法维莱 CX018 型受电弓弓头构成

1—碳滑板；2—弓角；3—弹簧盒；4—弓头支架；5—气管

2. 技术参数

（1）弓头重量：11.99 kg；

（2）受电弓总重：151 kg；

（3）额定静止力：25 kV 接触网上 70 N；

（4）气路中的压力：最大 10 bars，最小 5 bars，初始 3 bars；

（5）受流板磨损：材料渗铜碳条，磨损高度 20 mm，宽度 54 mm；

（6）额定运行电压：AC 25 000 V；

（7）25 kV 电压下额定电流：静止状态（110 ℃ 30 min 以后）120 A，运行（固定）1000 A；

（8）最大运行速度（接触网电压 25 kV）：380 km/h。

3. 升降系统的工作原理及动作

受电弓的升弓动作信号由驾驶室通过激活主供风阀来实现。此阀提供的过滤压缩空气通过压力调节器进入受电弓气囊。大约 8 s 之后，受电弓上升到接触网高度，同时压力继续上升，直到它达到需要的静态接触力的要求开始正常工作。气囊内的压缩空气由控制系统控制，在气囊中压缩空气的作用下，扭矩通过凸轮及下拉杆传递到下臂的铰链处。使受电弓上臂和下臂抬升，从而实现升弓动作。通过一个压力调节器调整压缩空气压力，使处于工作位置的弓头和接触线之间保持一定的接触压力。如果空气供应中断或者滑板磨损，ADD 系统工作并排空气囊内的压缩空气，实现自动降弓，如图 9.7 所示。

受电弓的动态特性取决于与减震阻尼连接的两级悬挂。此系统能够保证高质量的受流性能。第一级悬挂由气囊完成功能。通过压力传感器将受电弓压力数据采集传递给计算机控制单元，计算机根据传感器数据和 MVB 总线传输的实时数据（速度、受电弓位置、接触网类型等）对接触压力进行调整。气动调节系统应确保保持气囊的压力恒定并与受电弓的升弓高度无关。

降弓命令由控制室内通过释放主供气阀而发出。通过该命令将气囊内的压力空气排出，受电弓在自重作用下降弓。

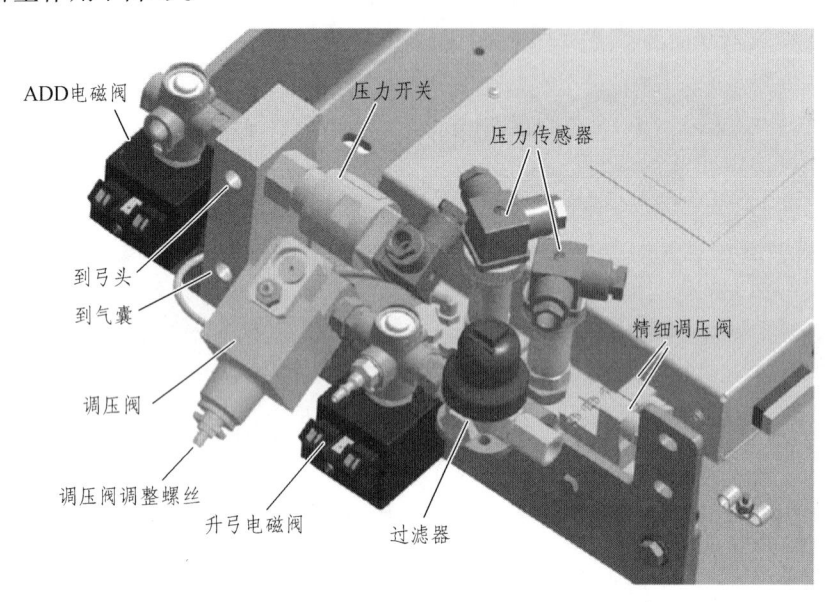

图 9.7　受电弓气动控制单元

三、受电弓检修与维护

虽然受电弓有不同的型号，但是检修维护的方法基本相同，动车所对受电弓检修维护作业主要以一级修和二级修为主。二级修包含一级修的内容，所以以二级修为例说明法维莱 CX018 型受电弓的二级修为例来讲解。

（1）检查弓角外形，磨损或裂缝不得超过 2 mm，如图 9.8 所示。（未磨损前 A 处厚度为 20 mm；B 处厚度为 19 mm）。

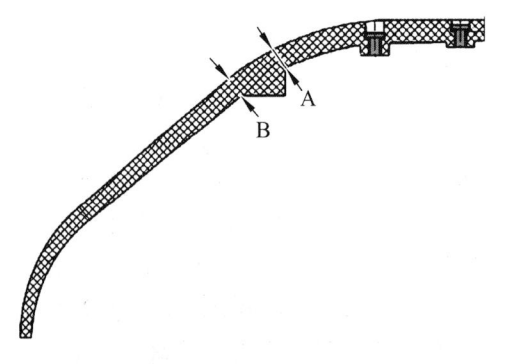

图 9.8　受电弓气动控制单元

（2）碳滑板磨耗程度及使用状态检查。

① 从碳条的上边缘测量至铝基板，碳滑板的高度≥5 mm。

② 对碳滑板进行声响检查，用一个100克的锤头或是一个开口的扳手敲击碳条，无迟钝或不延长的声音。

③ 检查碳滑板，出现裂纹或冲击后棱角≤0.5cm²，用粗糙的锉刀打磨至过渡圆滑。

④ 崩边与裂纹不得同时出现。碳滑板在厚度及宽度方向最大崩边不得超过总量的40%，长度方向不得超过100 mm。

⑤ 碳滑板不得存在1处以上距离滑板边缘200 mm以上的侧面裂纹。

⑥ 碳滑板纵向不得有裂纹。

⑦ 碳滑板不得出现有电弧损伤且贯通至铝基板的细裂纹。

（3）上臂橡胶止挡检查。

将受电弓升起，检查上臂橡胶止挡，不得有明显损伤。

（4）气囊检测。

① 检查气囊螺栓防松标记清晰，无错位。

② 气囊橡胶部件无裂纹损伤。

③ 气囊不得出现深度超过0.5 mm或内部组织编织线露出的裂纹。

（5）凸轮槽内油脂状态检查。

① 检查凸轮槽内油脂无过多灰尘。

② 检查凸轮槽内油脂充足。

（6）钢丝绳状态检查。

① 升降弓一次，检查凸轮内钢丝绳，线股损坏数量不得超过5根。

② 检查钢丝绳必须卡紧在凸轮内。

（7）检查APIM装置不得出现穿透性裂纹或碰撞痕。

（8）检查绝缘子无破损，无裂纹。

（9）下拉杆使用状态检查及更换标准。

① 检查下拉杆两端橡胶垫无脱出现象。

② 用手拉动下拉杆，下拉杆径向紧固无晃动。

（10）导电线使用状态检查。

① 检查弓头处导电线的扎带完好。

② 导电线破损不得超过总横截面积的5%。

第二节　主断路器

主断路器连接在受电弓与主变压器原边绕组之间，它是动车组总的电源开关和动车组的总保护电器。当主断路器闭合时，动车组通过受电弓从接触网上获得电能，投入工作；若动车组主电路和辅助电路发生短路、过载、接地等故障时，故障信号通过相关控制电路使主断路器自动断开，切断动车组总电源，防止故障升级。

主断路器属于高压断路器的一种，按其灭弧介质可分为油断路器、空气断路器、六氟化硫断路器和真空断路器等。动车组采用的是真空断路器。

真空断路器是以真空作为绝缘介质和灭弧介质，利用真空耐压强度高和介质强度恢复快的特点进行灭弧。与空气断路器相比，真空断路器具有结构简单、工作可靠、分断容量大、动作速度快、绝缘强度高、整机检修工作量小等诸多优点，因而在电力工业中得到了广泛应用。

一、CRH1 型动车组用主断路器

CRH1 型动车组有五个主断路器，如图 9.9 所示。断路器 2 和 3 为高压总线网侧断路器（LCBB），用于连接/断开没有弓或没有升弓的拖车上的网侧电压；断路器 1、5 和 4 为变压器网侧断路器（LCBT），直接向变压器供电。

高压总线网侧断路器在车顶连接高压电缆，主要起到隔离开关的作用，通常不用作切断电流，仅当高压电缆和车顶之间出现短路现象时起断路作用。为降低网侧电流设备发生短路的风险，5 个断路器由 TCMS 系统自动控制，按顺序断开/闭合，一般的开关顺序是 1→2→3→4→5；如果运行方向相反（Mc2 车启动），则开关顺序为 4→3→2→1→5；过分相区时，启动顺序稍有不同，根据不同的运行方向，顺序为 1→4→5（过分相时 2 和 3 为闭合状态）或 4→1→5。

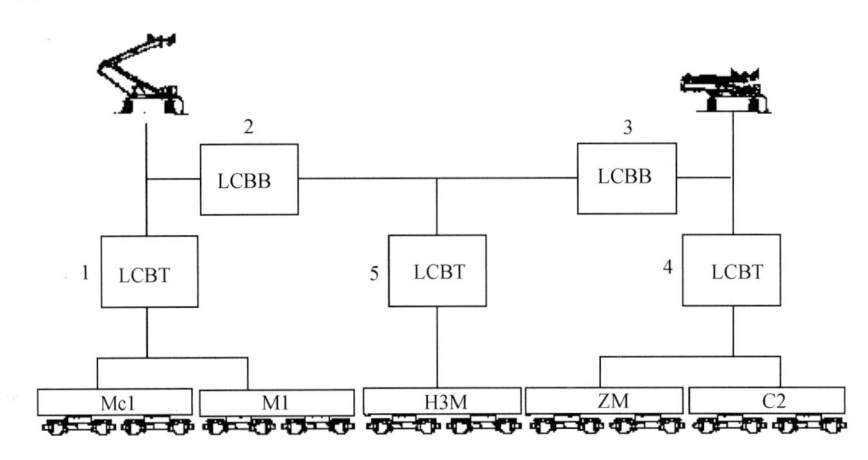

图 9.9　CRH1 型动车组主断路器位置

闭合高压断路器的网侧电压范围规定：如果网侧电压在 17.5～30 kV 时，可以合上网侧高压断路器；如果网侧电压高于 31.1 kV 超过 1 秒的时间，或高于 30.1 kV 超过 5 min 的时间，或低于 16.9 kV 超过 1 s 的时间，则网侧高压断路器断开。这 5 个主断路器的结构完全一致，如图 9.10 所示。

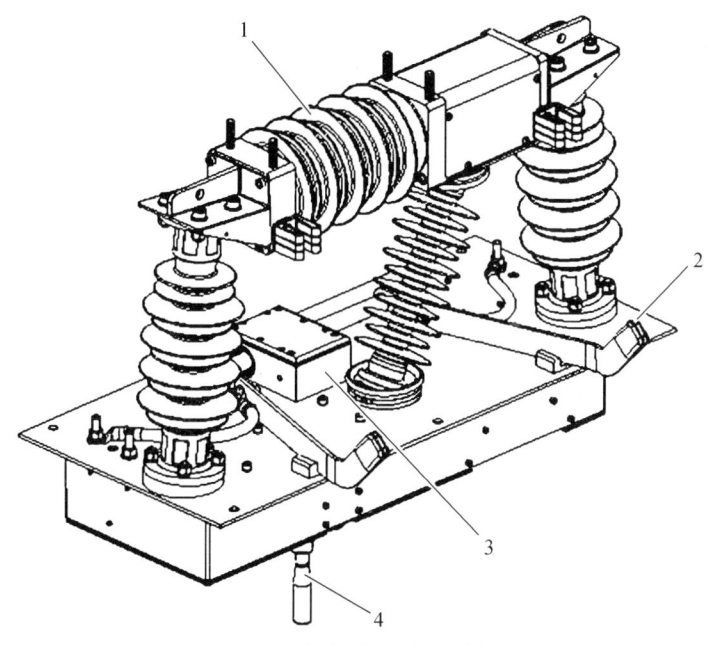

图 9.10 主断路器外形结构图

1—真空断路器总成（真空管）；2—接地开关刀闸；3—接地开关动作机构；4—接地开关接口

二、CRH2 型动车组用主断路器

CRH2 型动车组用采用 CB201 型真空断路器，每列动车组配置 2 台真空断路器，每台真空断路器控制一台牵引变压器。CB201 型真空断路器（通常称为 VCB）配置在动车底架下的高压设备箱内。

真空断路器主要由三部分组成，如图 9.11 所示。

（1）高压电流分断部分：由可开断交流电弧的真空开关管、静触头、动触头组成。动触头的操作由电空机械装置和合闸过程中的导向装置同时完成。

（2）隔离绝缘部分：由安装在底板上的支持绝缘子、内部的绝缘导杆、恢复弹簧、接触压力弹簧组成。绝缘导杆连接电空机械装置和动触头。

（3）电空机械装置（低压部分）：由空气管、压力开关、储风缸、调压阀、电磁阀、保持线圈、传动风缸及活塞组成。当空气压力达一定值时压力开关闭合，压缩空气方能进入储气缸。储气缸内的调压阀，用来调节储气缸内气压。

主要技术参数：

额定电压 ··· AC 30 kV（瞬间最大电压 AC 31 kV）

额定电流 ··· AC 200 A

额定频率 ··· 50 Hz

额定开断容量 ··· 100 MVA

额定闭合电流 ··· 10 000 A

额定瞬间电流 ··· 4 000 A（2 s）

额定断路电流 ··· 3 400 A

额定开断时间 …………………………… ≤0.06 s
寿命次数 …………………………………… 50 000次

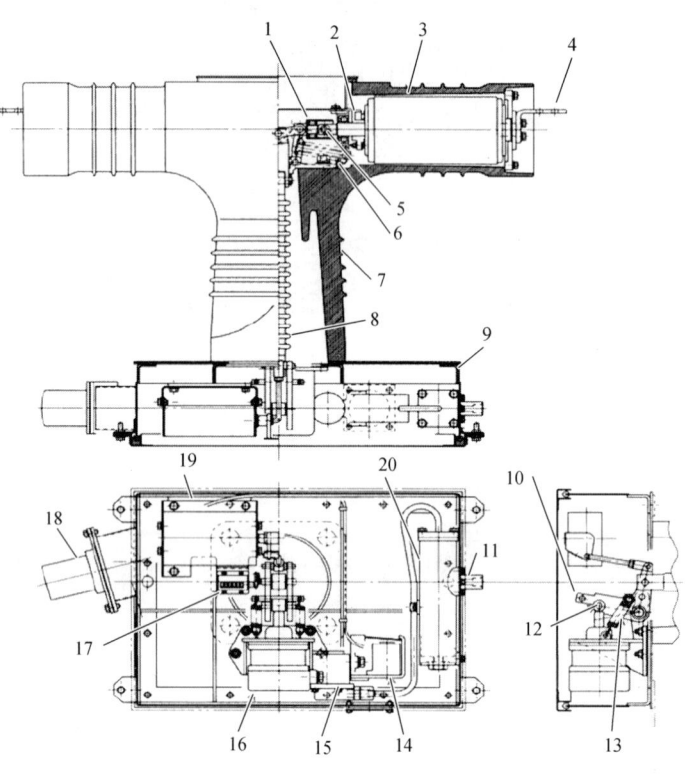

图9.11　CB201主断路器结构图

1—弹簧；2—集电子；3—真空管；4—主回路端子；5—连接销；6—断路器弹簧A；7—支持绝缘瓷瓶；8—绝缘操纵杆；9—操纵机构箱；10—主操纵杆；11—供风口；12—投入滚柱；13—断路器弹簧B；14—电磁阀；15—放大阀；16—操纵气缸；17—动作次数计；18—控制插头；19—辅助开关；20—空气罐

三、CRH3型动车组用主断路器

1. 结　构

CRH3型动车组用主断路器结构如图9.12所示，从上到下分为高压、中间绝缘和控制三个部分。

高压部分结构包括水平绝缘子、真空管和传动轴等。真空管安装于水平绝缘子内部，通过密封与大气隔离，真空管括动触头、静触头和瓷质外罩等。金属波纹管的设置既可保持密封，又可使动触头在一定范围内移动，保证动、静触头在一定的真空度下断开。真空度是真空管最重要的参数之一，真空管的开断能力与真空度密切相关。

中间绝缘部分包括垂直绝缘子和底板以及安装于车顶与断路器之间的O形密封圈。垂直绝缘子安装在底板上用以提供30 kV的绝缘要求，同时绝缘操纵杆通过垂直绝缘子的轴向中心孔，连接电空机械装置和真空管的动触头。底板安装于车顶，O形密封圈用以保证断路器与车顶之间的密封。

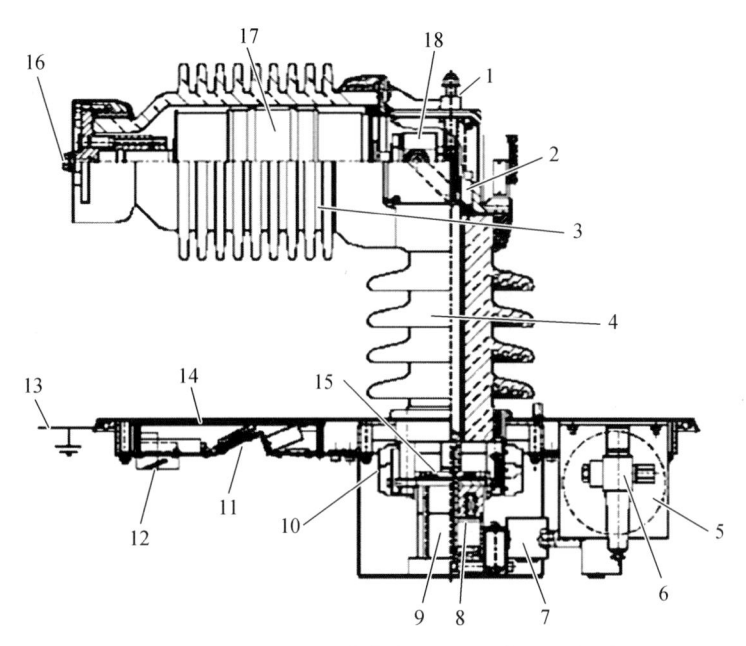

图 9.12　CRH3型动车组用主断路器结构图

1—高压输出端HV1；2—轴向稳定机构；3—水平绝缘子；4—垂直绝缘子；5—储风缸；6—调压阀；
7—电磁阀；8—保持线圈；9—传动气缸；10—辅助联锁触头；11—控制单元；12—插座；
13—车顶界面；14—底板；15—快速脱扣机构；16—高压输入端HV2；
17—真空管；18—触头压缩机构

　　控制部分包括储风缸、调压阀、压力开关、电磁阀、传动风缸、保持线圈、肘节机构、110 V控制单元等操纵控制部件。主断路器通过空气管路，在动触头快速合闸过程中提供必需的压力。储风缸要能够满足在动车组对断路器不供气的状态下，其残气至少能使断路器完成一次可靠动作；调压阀安装在断路器进气口与储风缸之间，通过对其气压值的整定，保证进入储风缸内的气压值，同时，调压阀上安装有一空气过滤阀，以保证进入储风缸气体的清洁与干燥；压力开关安装于储风缸上与调压阀相对一侧，与储风缸内气体相连，用以监控断路器合闸的最小气压值，当储风缸内气压低于其整定值时，就会自动断开，并通过低压控制线路将信息反馈给110 V控制单元，以使断路器拒绝进行操作；电磁阀控制储风缸内的气流的通断。传动风缸把空气压力转化为机械作用力；保持线圈安装于气缸上部，通过对气缸活塞的吸合，实现对断路器合闸状态的保持；肘节机构用以实现真空断路器分闸时的快速脱扣，保证断路器快速地分断；110 V控制单元安装在真空断路器底板下部，通过其对断路器的动作进行整体控制。

2．动作原理

1）合闸操作

只有满足如下条件，断路器才能闭合：

① 断路器必须是断开的；

② 须有充足的气压；

③ 保持线圈必须处于得电状态。

合闸步骤如图 9.13 所示。

① 按合闸按键，如图 9.14 所示。

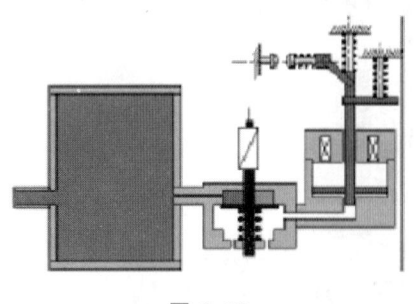

图 9.13

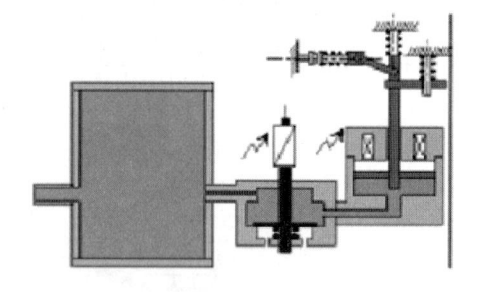

图 9.14

② 电磁阀得电，气路导通；压缩空气由储风缸经电磁阀流入传动气缸，推动活塞向上运动；主动触头随着活塞的移动而运动，如图 9.15 所示。

③ 恢复弹簧压缩，主触头闭合，触头压力弹簧压缩，如图 9.16 所示。

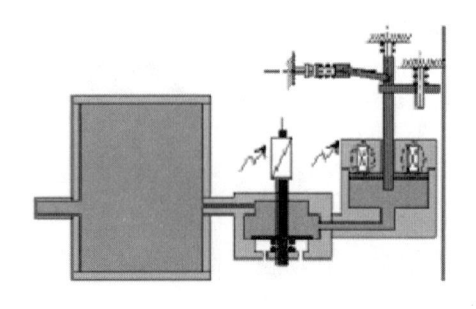

图 9.15

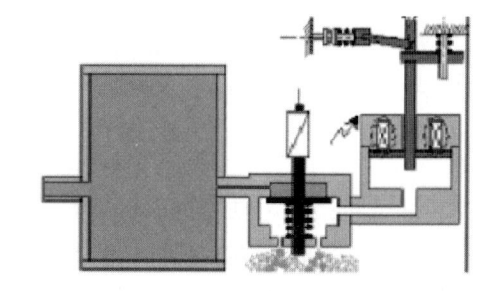

图 9.16

④ 活塞到达行程末端，保持线圈吸合活塞，电空阀失电，传动气缸内的压缩空气排出。主断路器合闸完成。

2）分闸操作

① 保持线圈失电；活塞在弹簧力作用下移动，如图 9.17 所示。

② 主触头打开，真空管灭弧；行程结束，活塞缓冲。主断路器分闸完成，如图 9-18 所示。

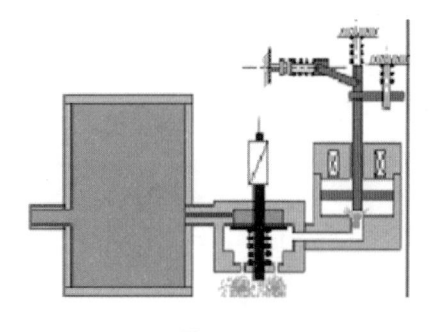

图 9.17

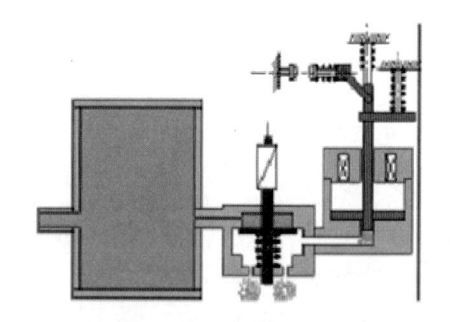

图 9.18

四、CRH5 型动车组用主断路器

CRH5 型动车组用上一个基本动力单元 1 个主断路器，并另设一个用来对两个受电弓进行隔离，全列共计 3 个。主断路器为真空型，额定开断容量为 440 MVA，额定电流为 1 000 A，额定断路电流为 16 000 A，额定开断时间小于 0.025 ~ 0.06 s。主断路器结构如图 9.19 所示。

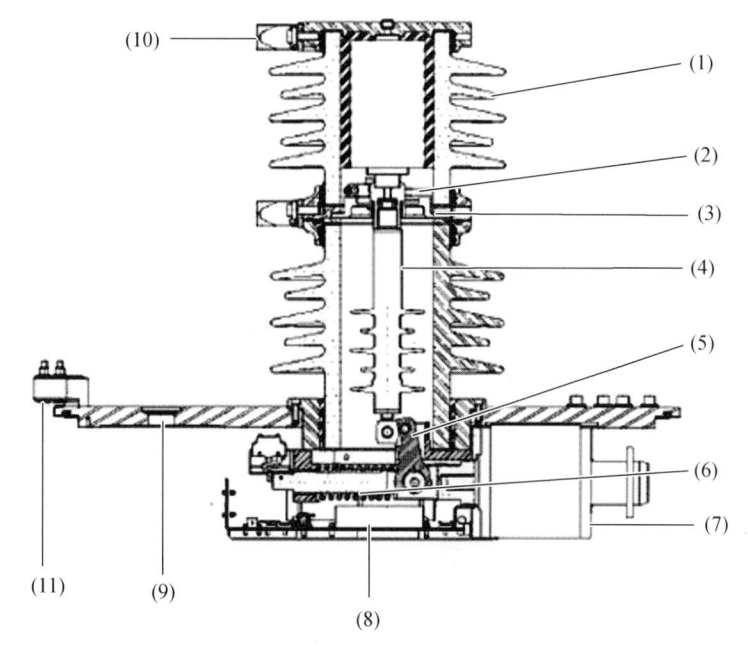

图 9.19 CRH5 型动车组用主断路器结构图

1—上部绝缘子，真空管模压在内部；2—电气连接；3—连接支撑；4—绝缘操纵杆；
5—传动杆；6—复位弹簧和 2 号操纵杆；7—电磁铁；8—移动控制板；
9—38 ks 孔；10—接地夹；11—38 ks 夹

主断路器（DJ）的合闸是通过控制电磁铁和其感应线圈动作来完成。电磁励磁是在切换之后（由设备内部的一个接触器完成），给设备内的电容充电大约 1 s。主断路器分闸可以通过给其感应线圈断电来完成。

合闸时：电磁铁向 2 号操纵杆提供机械力。2 号操纵杆通过传动杆推动绝缘操纵杆（比率为 3）。施加的力约为 260 kg，对于 9.1 mm 触点间隙的合闸速度为 0.5 m/s。

分闸时：当电磁铁断电时，复位弹簧将带动操纵杆，主触点分断。分闸速度约为 0.55 m/s。

在每个阶段的过程中，辅助触点通过电气接口向列车监控系统通报 VCB 状态。如果主触点被卡住，则由一个辅助触点提供信息。

第三节 高压互感器

一、概 述

在电力系统中，高电压和大电流是不能直接测量的，需要把高电压、大电流变换成

低电压、小电流,再供给测量仪表及控制回路使用。互感器又称为仪用变压器,是电流互感器和电压互感器的统称。能将高电压变成低电压、大电流变成小电流以便实现测量,以及提供自动控制设备的标准化控制信号,同时用来隔开高电压系统,以保证人身和设备的安全。

互感器和变压器原理完全一样,如图9.20所示。电流互感器匝数少的原边绕组与待测电路串联,匝数多的副边绕组与电流表相连。当铁心未饱和时,互感器的电流比和电压比可以用下式来计算:

$$K_I = \frac{I_1}{I_2} \approx \frac{W_2}{W_1} \quad \text{(一般电流互感器的 } I_2 = 5 \text{ A)} \tag{9.1}$$

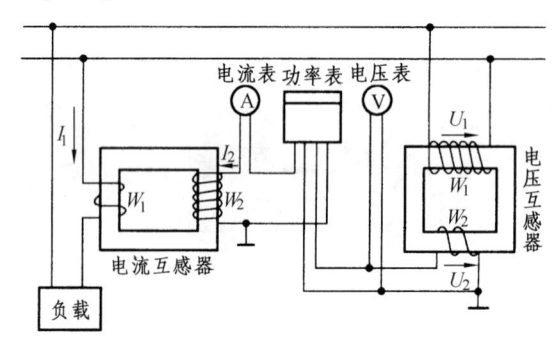

$$K_U = \frac{U_1}{U_2} \approx \frac{W_1}{W_2} \quad \text{(一般电压互感器的 } U_2 = 100 \text{ V)} \tag{9.2}$$

图 9.20 互感器作用原理示意图

由此可见,只需要一只考虑放大 K_I 或 K_U 倍值刻度的电流表或电压表同一只专用的电流互感器或电压互感器配套使用,即可直接读出大电流或高电压值,即

$$I_1 = K_I I_2 \tag{9.3}$$

$$U_1 = K_U U_2 \tag{9.4}$$

互感器虽与变压器相似,但从两者的用途来看,变压器除了用来变压和有时变相外,主要用于传输电能,而互感器则是把原边电路的电压、电流准确地反映给副边电路。所以,它与电力变压器在结构和要求都有所区别。其主要特点如下:

(1)电流互感器的原边绕组同主电路串联,通过原边的电流就是主电路的负载电流 I_1,与副边电流 I_2 无关;而电力变压器的原边电流却是随副边电流的改变而改变的。

(2)由于串接在电流互感器副边的测量仪表或继电器电流线圈的阻抗都很小,所以,电流互感器的正常工作状态接近于短路状态,这也是同变压器不同的。

电流互感器原边额定电流 I_{1e} 与副边额定电流 I_{2e}(一般均为 5 A)之比称为互感器的额定电流比,即

$$K_e = \frac{I_{1e}}{I_{2e}} \approx \frac{W_2}{W_1} \tag{9.5}$$

式中　K_e——额定电流比，注明在铭牌上；

　　　W_1、W_2——原、副边绕组匝数。

电流互感器在运行中由于励磁和铁心损耗，需要很小一部分励磁电流，因而实测的原、副边电流比 K 就不能在各种负载下都等于额定电流比 K_e。如果实测的副边电流为 I_2，原边电流仍用 $K_e \cdot I_2$ 来计算，则计算结果与实际的原边电流 I_1 间就会存在误差，这个误差通常用百分比表示为：

$$f_i = \frac{K_e I_2 - I_1}{I_1} \times 100\% = \frac{K_e - K}{K} \times 100\% \quad (9.6)$$

式中　K——$K = I_1/I_2$，实际电流比；

　　　f_i——比差。

除了比差外，励磁电流还会引起原、副边电流的相角差。相角差是指实测的原边电流相量同反转 180°后的副边电流相量间的夹角，用"分"来表示。

作为测量用的电流互感器，其比差和角差直接影响到测量结果的正确程度，因此，比差和角差是这种互感器的最主要特性。比差和角差不但随原边电流的变化而略有改变，而且还随副边电路的负载阻抗 Z_2 的增大而增加。因此，同一电流互感器可能以几种不同的准确度级工作。为了限制误差范围，对每一个电流互感器都规定了一个额定的负载，并标注在铭牌上。所谓额定负载是指电流互感器误差不超过某一范围的副边最大负载，以"Ω"表示。

用于短路保护的电流互感器，由于短路时原边绕组中流过的电流大大超过额定电流，致使磁路饱和，误差大大增加。所以，作为这种用途的互感器的主要特性是饱和倍数，而不是角差。所谓饱和倍数，就是当原边电流超过额定值并继续增加到使比差恰等于负 10% 的原边电流同额定电流之比，用额定原边电流的倍数来表示。

如果由于某种原因，电流互感器的副边未接入仪表或继电器，必须将互感器副边绕组短接，也就是说，电流互感器在使用时，其副边只能短路而不能开路。因为在正常运行时，电流互感器的励磁安匝仅为原边安匝的很小部分，其极大部分用于与副边的安匝平衡。如果副边开路，则抵消一次侧线圈的安匝 $I_2 \cdot W_2$ 为零，此时，原边安匝全部用于激磁，使磁通增加，便会造成以下后果：

（1）铁心因强烈磁化而产生剩磁，增加测量误差。

（2）使副边绕组出现很高的尖峰电压，危及工作人员的安全和测量仪表的绝缘。

（3）使铁心的铁耗猛增而过热，甚至烧坏互感器。

为保证工作人员安全，还必须将电流互感器的外壳和副边绕组的一端可靠接地，以防原、副边绕组间绝缘一旦损坏，原边的高压窜入低压的副边，引起触电和仪表损坏。

二、动车组用互感器

1. CRH1 型动车组用互感器

（1）TP1、TP2、TP 顶部各有一个电压互感器（25 kV/25 V），该电压互感器测量网侧电压及频率，检测的电网频率通过 TCMS 自动设置动车组设备的工作频率，通过测量的电压值来监视电网电压,如果电网电压超出允许工作范围,就要降下受电弓,切断列车与电网的联系。

(2) TP1 和 TP2 车顶各有一个电流互感器(800 A/5 A),主要检测流过受电弓的电流,TP1、TP2 和 TP 车主变压器各带一个电流互感器(400 A/5 A),主要检测流过变压器的电流。这些电流互感器起到短路保护作用,如果发生短路或电流大到一定程度,就要断开主断路器,保护用电设备及供电系统安全。

2. CRH2 型动车组用互感器

(1) 采用高压电压互感器检测接触网电压。一个基本动力单元配置 1 个电压互感器(25 kV/100 V),全列车共配置 2 台。

(2) 采用 BB-S 隔离型高压电流互感器(200 A/5 A),用于检测牵引变压器原边电流值。一个基本动力单元配置 1 个电流互感器,全列共设置 2 个电流互感器。

3. CRH3 型动车组用互感器

(1) 每个动力单元车顶安装一个电压互感器绕组与受电弓连接,用于测量和监视电网接触线的电压,电压互感器(25 kV/150 V/150 V)位于受电弓与主断路器之间。全车配置 2 台。如图 9.21 所示。

图 9.21 CRH3 型动车组用电压互感器
1—受电弓底架接线端子;2—电压互感器一次侧接线端子;3—电压互感器封装绝缘子

(2) 每个动力单元车顶安装一个过流电流互感器(500 A/1 A),接到主断路器后方,用于测量动车组的电流。车顶另外安装一个牵引单元电流互感器(250 A/1 A),接在主变压器之前,用于监测主变压器,测量主变压器的线电流。在主变压器箱中,主变压器下段安装有一个回流(接地)电流互感器(250 A/1 A),用于测量主变压器回流电流。CRH3

上的电流互感器均采用穿心式，主电缆从互感器铁心中心穿过，作为原边绕组（1匝）。副边绕组在铁心上，末端连接负载（如电流表）。如图9.22和图9.23所示。

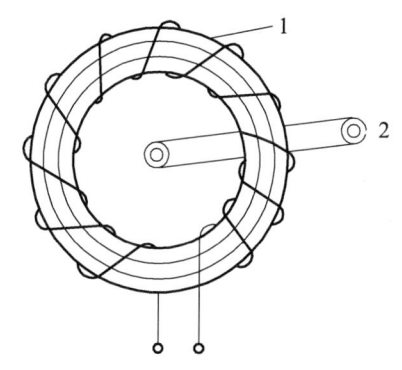

图9.22 穿心式电流互感器结构

1—铁心；2—原边绕组（高压电缆）；3—副边绕组（接负载）

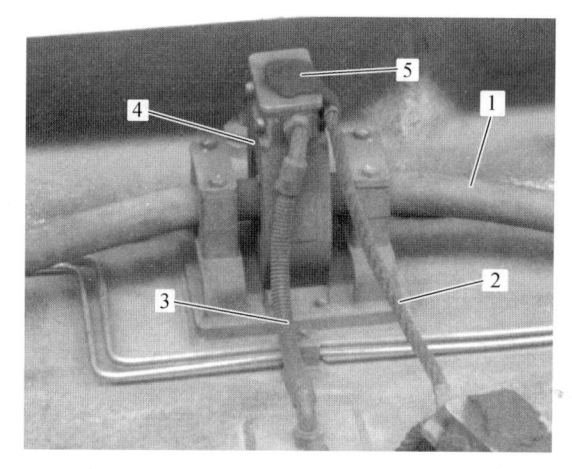

图9.23 CRH3型动车组用电流互感器

1—原边绕组（高压电缆）；2—接地线；3—副边绕组出线；4—铁心和副边绕组；5—接线盒

4. CRH5型动车组用互感器

CRH5型动车组用采用了集成测量仪，是将过去需要由多个独立组件共同保障的多种功能整合到一个一体装置中。

由于列车上电压高、电流大导致电磁环境恶劣，所有的电缆都易发生耦合干扰。电子装置的输入端受到这些干扰后会把这些干扰转变成错误的信号，并能造成有害操作或者保护障碍。一个降低干扰的好方法是通过电流信号发送信息。电流信号通常不太被电磁场干扰。另一个措施则是采用光纤来传输信号。如图9.24所示。

集成测量仪直接产生许多与线电流和线电压成正比例的"电流模式"的独立信号。这些信号能被发送到离信号源很远的不同装置上，且没有干扰问题。同时由于集成测量仪中所有组件的集成，系统整体体积减小了。紧凑设计保证了机械和电子的简化安装。为实现相同功能所必需的装置的减少，使得运行阶段列车的管理和维护更加简单。

（1）线路电流传感器（TAL）是由2个单元组成的，都位于相同金属箱；它们通过一

223

个光纤互相连接；与高压连接的单元由一个安培计式变压器组成，这里第二单元从光纤接受信号并提供一个模拟输出（总数量为 2 个信号形成冗余）。也通过以前数字输出（用于线路电压通信）提供关于电流瞬时值的信息。

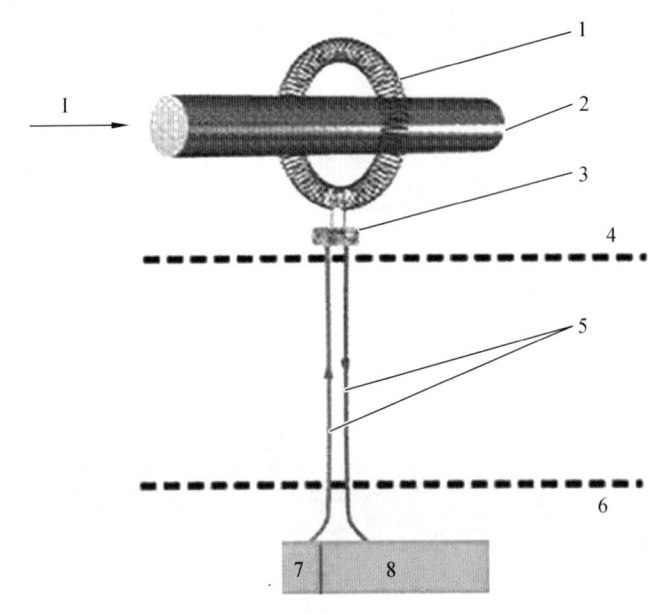

图 9.24　集成测量仪原理图

1—空心线圈；2——次绕组；3—电子线路板；4—高压侧；5—光纤；6—低压侧；
7—光源；8—二次处理系统

由传感器产生的 2 个模拟输出，用一个带有微处理器的 2 个电子模块来（冗余）处理。这些模块的任务是"牵引局部控制"。它们被称为 CLT 并且固定在车辆底架上 HV 箱内，这些模拟输出的目的是：

① 检测在 AC 25 kV 线路供电的情况下由一个列车吸收电流的能力，目的是在相关控制台显示器上有效显示线路电流值。

② 快速（在 100 ms 内）分闸相关电路主断路器实现最大电流保护；该保护是通过打开一个适合来中断电路的主断路器自身的控制电路继电器触点来生效的。当传感器 TAL 中电流循环出现峰值时该动作发生，在相关合闸的主断路器超过 4 s（目的是不考虑由于牵引变压器的电磁电流造成的插入峰值）的条件下，超过设定保护值。

③ 对于主断路器可能出现的故障（短路）进行诊断确认。

（2）线路电压传感器（TPM）测量由受电弓收集的线路电压值并检查其频率特征。该传感器只在测量频率在 31~60 Hz 范围内和电压有效值超过 5 kV 时正确工作，由列车 24 V 蓄电池供电。测量结果通过光纤发送到一个电子设备，该电子模块配备一个微处理器。TPM 还与每个牵引变流器的牵引调整器(TCU)有接口：2 个诊断数字输出（总数为 4 个输出形成冗余）通知有关设备条件/故障；1 个有着瞬时线电压和电流的数字输出，以便于向能量计 IO 模块提供数据；8 个电气独立模拟输出，具有与线路电压的瞬时值成比例的 50 mA 电流信号。

通过以上这些功能线路电压传感器达到以下目的：

① 允许 5 个牵引变压器在输入阶段（4 象限）的操作。
② 允许通过牵引控制装置（TCU）调整牵引力，像悬链线的功能一样。
③ 将线电压信号输入到保护系统。
④ 将线电压信号输入到能量计。

第四节　避雷器

一、概　述

避雷器是一种限制过电压的保护装置，通常由火花间隙和非线性电阻组成，其基本工作原理如图 9.25 所示。它与被保护物并联，当出现的过电压危及被保护物时，避雷器放电，使高压冲击电流泄入大地，尔后，它仍能恢复原工作状态，截止伴随而来的正常工频电流，使电路与大地绝缘。过电压越高，火花间隙击穿越快，从而限制了加于被保护物上的过电压。

击穿电压的幅值同击穿时间的关系称为伏-秒特性。为使避雷器能可靠地保护被保护物，避雷器伏-秒特性至少应比被保护物绝缘的伏-秒特性低 20%～25%，如图 9.26 所示；另外，避雷器在放电时，应能承受耐热及机械应力等变化而本身结构不致损坏。

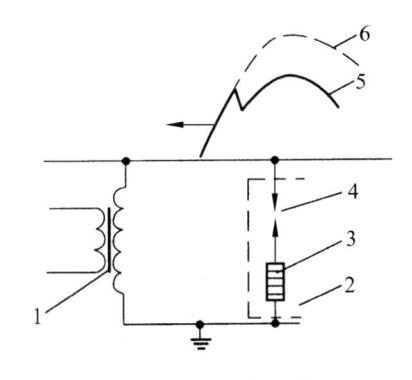

图 9.25　避雷器的工作原理

1—被保护变压器；2—避雷器；3—非线性电阻；
4—火花间隙；5—被限制的过电压波；
6—未被限制的过电压波

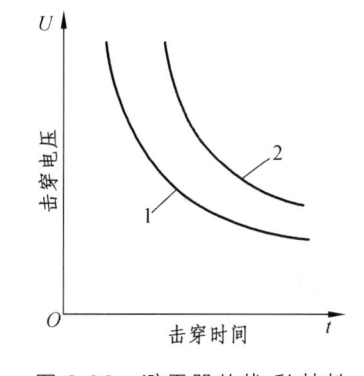

图 9.26　避雷器的伏-秒特性

1—避雷器的伏秒特性；2—被保护物绝缘的伏秒特性

避雷器的主要类型有保护间隙、管形避雷器、阀形避雷器和氧化避雷器等。

二、氧化锌避雷器

氧化锌避雷器是专用的过电压防护装置，主要用于高压电气设备的绝缘，使之免受大气过电压和操作过电压的损害。

1. 工作原理

氧化锌避雷器主要元件氧化锌阀片是以氧化锌为主要成分，并附以多种精选过的、能产生非线性特性的金属氧化物添加剂用高温烧结而成的。它具有相当理想的伏-安特性（相当于稳压二极管的反向特性），其非线性系数为 0.025 左右。

该避雷器优异的伏-安特性可使氧化锌阀片在正常工作电压下呈高电阻，使流过阀片的电流非常小，且大部分为电容电流，这样小的电流不会烧坏氧化锌阀片，可视为绝缘体，从而实现无间隙。当系统出现超过某一电压动作值的电压时，阀片呈低电阻，使流过阀片的电流急剧增加，并将冲击电流迅速泄入大地，从而保护了与其并联的电力机车电气设备的绝缘。电压恢复到正常工作范围时，电流又非常小，避雷器又呈绝缘状态，因此，该避雷器不存在工频续流，也不影响系统的正常工作。

2. 结构及特点

典型氧化锌避雷器结构如图 9.27 所示，它主要由顶盖、避雷器单元、瓷套及底板等组成。该避雷器具有以下特点：

（1）是理想的全天候避雷器。与放电间隙相比，不存在间隙放电电压随气候变化而变化的问题。

（2）防污性能好，适用范围广。因为设计了防污型瓷套，保证了足够的爬电距离，故污秽不影响间隙电压，所以，在重污秽地区比传统避雷器有很大的优越性。

（3）防振性能好。对芯体采取了防振及加固措施，减少了各部件之间的相对位移，使芯体牢固地固定在瓷套内，适应了机车运行中振动频繁的要求。

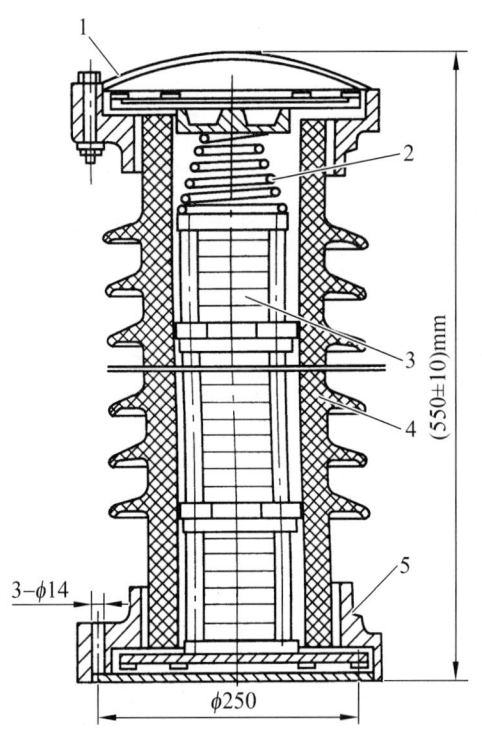

图 9.27 氧化锌避雷器结构简图

1—盖板组装（包括密封件等）；2—弹簧体；3—芯体（包括 ZnO 阀片等）；
4—瓷套；5—底板组装

（4）防爆性能好。使用了压力释放装置，在法兰侧面开一缺口，使气体定向释放。当避雷器在超负载动作或意外损坏时，瓷套内部压力剧增，使得压力释放装置动作，排出气体，从而保护瓷套不致爆炸，确保即使出现意外情况，车顶设备仍然完好，并能可靠运行。

（5）非线性系数好，阀片电荷率高，保护性能优越，它不但能抑制雷电过电压，而且对操作过电压也有良好的抑制作用。

（6）无续流，不存在灭弧问题，使地面变电站因机车引起的不明跳闸故障大为减少。

（7）体积小，重量轻，通流容量大，抗老化能力强，运行寿命长。

3. 动车组避雷器

CRH1型动车组的防雷主要采取避雷器和接地装置相配合的方式。在受电弓后直接安装避雷器会限制由接触网传入的瞬时过电压（如雷电的入侵）对列车电气设备的危害；再进一步通过RC-滤波器和电感器相配合，最大限度地减少网侧断路器开合时产生的瞬时过电压。

车内设备等接地保护。采用将配电保护地线、防雷接地、直流逻辑地线、静电地线、屏蔽地线、车体和设备的金属外壳实现电气连接，保持所有接地的等电位。列车的每一节车厢通过两个接地电刷接地，同时，车与车之间通过车体上的两根电缆相互连接。

当车体遭受雷击时，接地装置要求满足10 kA以上的冲击电流。采用四套安装在每根车轴上的EC-3（QZ）型防雷接地装置，直接将车体和车轴（车轮）短接，每套接地装置耐受冲击电流为25 kA以上。接地装置的冲击接地电阻不应大于4 Ω，同时接地装置的接地电阻应不大于0.05 Ω。

CRH2型动车组采用LA205型交流避雷器，避雷器由采用聚合物制成的瓷管与氧化锌组件组成。氧化锌组件由14单元组成，每个单元采用弹簧强力固定、并配有止振橡胶。氧化锌组件安装在绝缘瓷管内，用氮气密封。如果避雷器由于大电流而短路，内部压力异常上升，则通过特殊薄金属板的放压装置向外释放高压气体。

CRH3型动车组每个动力单元在车顶配有2个避雷器，分别安装在受电弓和主断路器后方，技术参数如图9.28铭牌所示。

图9.28 CRH3避雷器铭牌

CRH5 型动车组避雷器，一个基本动力单元 2 个，全列共计 4 个。额定电压为 31 kV，限制电压为 107 kV。避雷器上出现的故障（短路），由车载诊断系统通过电流互感器在相关断路器打开的情况下读取。

复习思考题

1. 用于高速列车的受电弓应满足什么要求？
2. 简述 DSA250 型受电弓升降系统工作原理。
3. 法维莱 CX018 受电弓碳滑板如何检修？
4. 主断路器有什么作用？
5. 真空断路器的结构包括哪几部分？
6. 简述 CRH1 型动车组主断路器的启动顺序。
7. 简述 CRH3 型动车组主断路器的动作原理。
8. 电流互感器有什么作用，又有什么特点？
9. CRH5 型动车组上用的集成测量仪有什么特点？
10. 避雷器有什么作用？

参考文献

[1] 张龙. 电力机车电机[M]. 北京：中国铁道出版社，2013.
[2] 乔宝莲. 电力机车电器[M]. 北京：中国铁道出版社，2008.
[3] 祁冠峰. 电力机车电器[M]. 北京：中国铁道出版社，2008.
[4] 刘志明. 动车组设备[M]. 北京：中国铁道出版社，2012.
[5] 宋雷鸣. 动车组传动与控制[M]. 北京：中国铁道出版社，2013.
[6] 杜德昌. 电动机结构与维修[M]. 北京：电子工业出版社，2007.
[7] 胡崇岳. 现代交流调速技术[M]. 北京：机械工业出版社，2005.
[8] 徐安. 城市轨道交通电力牵引[M]. 北京：中国铁道出版社，2002.
[9] 《CRH380AL型动车组》编委会. CRH380AL型动车组[M]. 北京：中国铁道出版社，2014.